Studies in Talmudic Logic
Volume 9

Analysis of Concepts and States in Talmudic Reasoning

In this book we deal with combinations of concepts defining individuals in the Talmud. Consider for example Yom Kippur and Shabbat. Each concept has its own body of laws. Reality forces us to combine them when they occur on the same day. This is a case of "Identity Merging".

As the combined body of laws may be inconsistent, we need a belief revision mechanism to reconcile the conflicting norms. The Talmud offers three options:

1 Take the union of the sets of the rules side by side

2. Resolve the conflicts using further meta-level Talmudic principles (which are new and of value to present day Artificial Intelligence)

3. Regard the new combined concept as a new entity with its own Halachic norms and create new norms for it out of the existing ones.

This book offers a clear and precise logical model showing how the Talmud deals with these options.

Volume 1
Non-Deductive Inferences in the Talmud
Michael Abraham, Dov Gabbay and Uri Schild

Volume 2
The Textual Inference Rules Klal uPrat. How the Talmud Defines Sets
Michael Abraham, Dov Gabbay, Gabriel Hazut, Yosef E. Maruvka and Uri Schild

Volume 3
Talmudic Deontic Logic
Michael Abraham, Dov Gabbay and Uri Schild

Volume 4
Temporal Logic in the Talmud
Michael Abraham, Israel Belfer, Dov Gabbay and Uri Schild

Volume 5
Resolution of Conflicts and Normative Loops in the Talmud
Michael Abraham, Dov Gabbay and Uri Schild

Volume 6
Talmudic Logic
Andrew Schumann

Volume 7
Delegation in Talmudic Logic
Michael Abraham, Israel Belfer, Dov Gabbay and Uri Schild

Volume 8
Synthesis of Concepts in Talmudic Logic
Michael Abraham, Israel Belfer, Dov Gabbay and Uri Schild

Volume 9
Analysis of Concepts and States in Talmudic Reasoning
Michael Abraham, Israel Belfer, Dov Gabbay and Uri Schild

Volume 10
Principles of Talmudic Logic
Michael Abraham, Dov Gabbay and Uri Schild

Studies in Talmudic Logic
Series Editors
Michael Abraham, Dov Gabbay, and Uri Schild
dov.gabbay@kcl.ac.uk

Analysis of Concepts and States in Talmudic Reasoning

Michael Abraham
Israel Belfer
Dov Gabbay
and
Uri J. Schild*

Bar Ilan University
*and Ashkelon Academic College

ISBN: 989-1-84890-092-9

College Publications
Scientific Director: Dov Gabbay
Managing Director: Jane Spurr
Department of Computer Science
King's College London, Strand, London WC2R 2LS, UK

http://www.collegepublications.co.uk

Printed by Lightning Source, Milton Keynes, UK

-

Identity Merging and Identity Revision in Talmudic Logic: An outline paper

M. Abraham, I. Belfer, D. Gabbay and U. Schild

Abstract

Suppose we are given a monadic theory T about the constants x and y. So T is built up in classical logic from monadic predicates $\{P1, P2, ...\}$ and the classical connectives and the quantifiers and possibly the equality symbol $=$. For example the theory T may have in it $P(x)$ and $\neg P(y)$. We now add to the theory the revision input $x = y$. The new theory may be inconsistent. We need a belief revision mechanism to revise T so that it is consistent with the input. This is a very specific form of input and belief revision, of the form which we are calling "identity merging". We present in outline how the Talmud deals with this type of revision.

1 Background and orientation

Suppose we are given a monadic theory $\mathbf{T}$ about the constants x and y. So $\mathbf{T}$ is built up in classical logic from monadic predicates $\{P_1, P_2, \ldots\}$ and the classical connectives $\{\neg, \wedge, \vee, \rightarrow\}$ and the quantifiers $\forall, \exists$ and possibly the equality symbol $=$.

For example the theory $\mathbf{T}$ may have in it $P(x)$ and $\neg P(y)$.

We now add to the theory the revision input $x = y$. The new theory is $\mathbf{T}_{x=y}$, $\mathbf{T} \cup \{x = y\}$ is inconsistent. We need a belief revision mechanism to revise $\mathbf{T}$ so that it is consistent with the input. This is a very specific form of input and belief revision, of the form which we are calling "identity merging". We need not necessarily deal with a language with identity. If we do not have "=" in the language, we can still take $\mathbf{T}$ and take a new variable z and substitute in $\mathbf{T}$ the variable z for every free occurrence of x or of y. We will get a new theory which we can denote by $\mathbf{T}(x = y = z)$ which is inconsistent (containing $P(z)$ and $\neg P(z)$) and in need for revision.

We have three options here for revision.

1. Use the well known AGM machinery, [1, 2];
2. Use the Talmudic Logic approach;
3. Use some new approach taking advantage of the specific form of the revision problem.

Let us give some examples before we continue.

Example 1.1 *Consider a university sysem with a Rector x and Head of Department of Informatics y. The university has regulations which say among others that:*

1. *The Rector can offer a position to a candidate and this is legally binding.*
2. *A Head of Department can offer a position to a candidate (in his department) but it is not legally binding, but is subject to approval by the Rector. The Head of Department should use a standard letter form which makes this clear.*

Suppose now that there is a big fight between the Head of Department and his professors and the Head resigns and there is no agreement about a successor. Someone has to run the day-to-day matters of the Department, and so the Rector becomes acting Head of this Department for the time being. The Rector in his capacity as Head, offers a position in the Department to a candidate c. The standard letter which one sends in such a case says that this offer still requires the approval of the Rector but that the Department and its Head are confident that the Rector will approve the offer.

In this case the Head, who writes the letter as Head, is also the Rector, who needs to approve the appointment. The question is:

> *Is this letter binding or not?*[1]

We have:

> *Rector writes* $\to$ *binding*
> *Heads writes* $\to \neg$ *binding*

If we revise by the input Rector = Head, do we take binding or $\neg$ *binding?*

Commonsense says that this is a binding offer.

Example 1.2 *This is a real example recently discussed in the American press. It relates to the Boston terrorist bombing. The terrorists were American citizens and so there were two options:*

1. *Viewed as terrorists, send them to military trial or even to Guantanamo Bay detention camp.*
2. *Treat them as American citizens and send them through the American legal system.*

In principle what is happening here is that we have two bodies of laws and regulations:

$$\mathbf{T}_1(\mathbf{a}) = \textit{Rules for } \mathbf{a}\textit{, a typical terrorist}$$
$$\mathbf{T}_2(\mathbf{b}) = \textit{Rules for } \mathbf{b}\textit{, a typical US citizen.}$$

The input, forced upon us by the real world, is $\mathbf{a} = \mathbf{b}$.

[1]This actually happened to D. Gabbay in 1972.

The aim of this paper is to formalise and introduce the Talmudic approach. The approach is general and can be used in AI as an alternative methodology to AGM.

The AGM approach would simply take out from $\mathbf{T}$ one of $\{P(z), \neg P(z)\}$ and restore consistency (assuming P is atomic).

The Talmudic approach will do something different. To introduce it, however, we begin with describing an intermediate nonmonotonic approach which is not the Talmudic one, but has an independent interest and would lead into the Talmudic approach.

The nonmonotonic approach (ANM vs. AGM) says that the language of $\mathbf{T}$ (i.e. $P_1, P_2, P_3, \ldots$) is only a surface language $\mathbb{M}$ and the fact that $\mathbf{T}$ contains $P(x)$ and $\neg P(y)$ stems from deeper level nonmonotonic considerations in a deeper langauge $\mathbb{L}$. When we revise with $x = y = z$, we have to go to the deep level nonmonotonic theory governing P, x and y and see what happens there and then decide whether to contract $P(x)$ or to contract $\neg P(y)$. This is best understood when actually defined. Let us propose an ANM model.

Definition 1.3

1. *Let $\mathbb{M}$ be the monadic classical predicate language with unary predicates $\{P_1, P_2, \ldots\}$ and variables and constants $\{x, y, z, c_1, c_2, \ldots\}$. Let $\mathbb{L}$ be an expansion of $\mathbb{M}$ with additional predicates $\{A, B, \ldots\}$.*

2. *With each constant c and predicate P of $\mathbb{M}$ we associate a family of predicates from $\mathbb{L}$ (which include P and c). Let us use the notation $\mathbb{F}(P, c)$ for this family. For example, let*

$$\mathbb{F}(P, a) = \{A\} \cup \{P, a\}$$
$$\mathbb{F}(P, b) = \{B\} \cup \{P, b\}.$$

(We will not repeat "$\{P, c\}$" any more.)

3. *Assume that we have a nonmonotonic consequence $\Vdash$ governing the language $\mathbb{L}$ and a theory Δ of facts for the new predicates $\{A, B \ldots\}$ of $\mathbb{L}$ which contains $\mathbb{M}$.*

4. *Assume that our surface theory $\mathbf{T}$ is the result of Δ. Namely*

$$P(x) \in \mathbf{T}_{\Delta, \mathbb{F}} \text{ iff } \Delta \restriction \mathbb{F}(P, x) \Vdash P(x).$$

5. *We say that $\mathbf{T}_{\Delta, \mathbb{F}}$ is derived from Δ using $\Vdash$.*

Example 1.4 *Consider the surface predicates and constants P, a, b.*

Let

$$\mathbb{F}(P, a) = \{A\}$$
$$\mathbb{F}(P, b) = \{B\}$$

Assume our non-monotonic logic for $\mathbb{L}$ relies on more specificity and that we have a theory Δ with the following rules:

$$\begin{array}{l} A(a) \to P(a) \\ B(b) \to \neg P(b) \\ A(b) \wedge B(b) \to P(b) \\ A(a) \\ B(b) \end{array}$$

Our theory $\mathbf{T}$ *will contain therefore* $P(a)$ *and* $\neg P(b)$*.*

Now let us see what happens if we add the input $a = b$*. This makes* $\mathbb{F}(P, a)$ *and* $\mathbb{F}(P, b)$ *become* $\mathbb{F}' = \mathbb{F}(P, a) \cup \mathbb{F}(P, b)$*.*

But now, because of more specificity

$$\Delta \restriction \mathbb{F}' \Vdash P(b)$$

and so we revise by contracting $\neg P(b)$*.*

We realise that perhaps the nonmonotonic system may not resolve the issue. We can rely on another level and language to resolve the issue. The details are not so important as the overall approach.

This is, however, not how the Talmud handles the case.

The above discussion of the obvious solution now has prepared us for the introduction of the Talmudic approach, as well as providing us with the means of comparison.

A theory can be revised by introducing new items of data which affect what it can prove. A theory can be revised also by cancelling or restricting the proof rules it can use. The latter method is used in resolving logical paradoxes. The data is fixed and leads to a paradox (inconsistency or unintuitive results). So one blocks some of the proofs and thus resolves the paradox.The Talmud revises by using a hierarchy of rules cancellations as we explain in the next section.

2 The Talmudic approach

Let us look at a well knowm example (x is universally quantified):

1. Bird(x) $\to$ Fly(x)
2. Penguin(x) $\to$ Bird(x)
3. Penguin(x) $\to \neg$ Fly (x)
4. Penguin (a)

We say that in the above data since Penguin is a more specific bird, then it wins and so we deduce $\neg$Fly(a). Let us look now at the following data:

5. Aeroplane 747 Flight BA101 $\to$ Land at Heathrow
   $A \to L$.

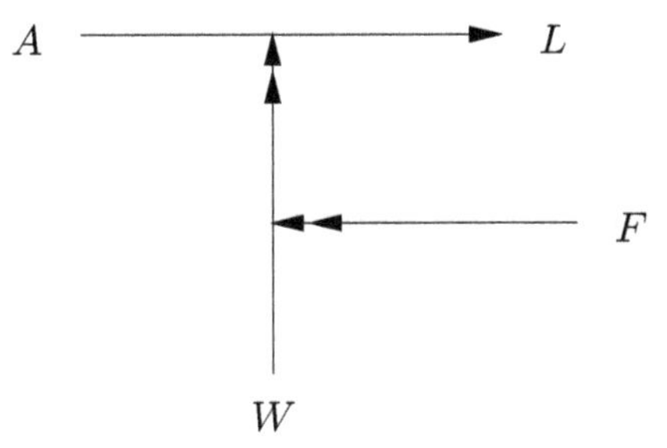

Figure 1:

6. Aeroplane 747 Flight BA101 and Bad Weather → ¬ Land at Heathrow
   $A \wedge W \to \neg L$

7. Aeroplane 747 Flight BA101 and Bad Weather and Short on Fuel → Land at Heathrow
   $A \wedge W \wedge F \to L$.

We may look at this again using the principle that the more specific assumptions (i.e. the antecedent of the rule contains more conjuncts than the other rule) win. So if we have only the information that an Aeroplane 747 Flight BA101 wants to land, we conclude that it can land. If we also add the conjunct that the weather is bad then it cannot land and if we even further add the conjunct that it is also short of fuel then it can land.

The Talmud looks at this differently as in Figure 1. W and F are meta-level principles.

The basic principle is $A \to L$. The weather conditions involve a meta-level principle which cancel the arrow leading from A to L.

The fuel shortage is involved in another meta-level principle which cancels the cancellation. So we are not dealing here with more specific knowledge but we are dealing with levels of meta-knowledge and a calculus of cancellations. The appropriate modelling of this is higher level attack and support (argumentation) networks.

Let us give some examples.

Example 2.1 *This example is really from Talmudic logic, recast in everyday modern situation.*

1. *The story runs as follows:*

   We have a duty to maintain our homes. We also have the instinct to save money. We believe in professional people doing jobs for us, but if we can do it properly ourselves, then we do it ourselves, and not call the expert and thus save money.

   So, if the kitchen sink is blocked, we do not call a plumber to do the job but do it ourselves and save money (a plumber home visit costs about $50 just to come, independent of the job he does).

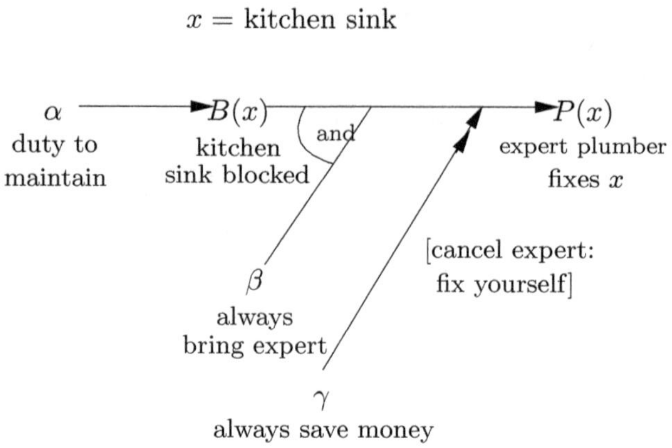

Figure 2:

If the problem is more serious, say a blocked toilet, then better call a plumber and not take the risk of doing the job yourself. This case does need an expert!

Figures 2 and 3 describe these rules. The description is intuitive and not formal. The meaning of the nodes and arrows can be read intuitively from the figures.

The question arises what to do if both the sink and the toilet are blocked? If we just take the union of the two figures, (i.e. union of Figure 2 and Figure 3) i.e. update that the two plumbers a and b are equal, we will get that we call a plumber, the plumber does the toilet and at the same time we do the sink ourselves. It is more reasonable, however, since the plumber is already coming (and the $50 call fee is to be paid anyway) to have the plumber do the sink as well.

Thus the "merging" of the two cases, i.e. merging of the two figures with $a = b$*, is not just a union of the graphs but is such that additional double arrows are added, in this case the double arrow*

$$P(y, b) \twoheadrightarrow ((x \textit{ and } \beta) \rightarrow P(x, a)).$$

2. *We now explain our notation.*

   (a) $x, y, \ldots$ *denote objects like* $x =$ *kitchen sink,* $y =$ *toilet.*

   (b) B, P *denote predicates which when applied to objects give states:*
   $B(x) =$ *kitchen sink is blocked.*
   $P(x, z) =$ *kitchen sink is repaired by plumber* z*.*

   (c) α, β, γ *are policies. For example*
   $\alpha =$ *policy to maintain your house*
   $\beta =$ *policy to always use experts*

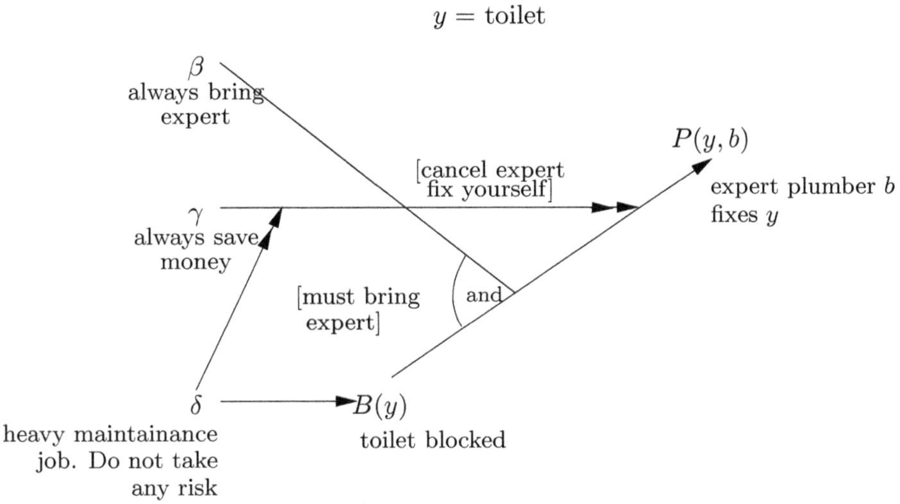

Figure 3:

both sink and toilet blocked and we use same plumber, i.e. $a = b$

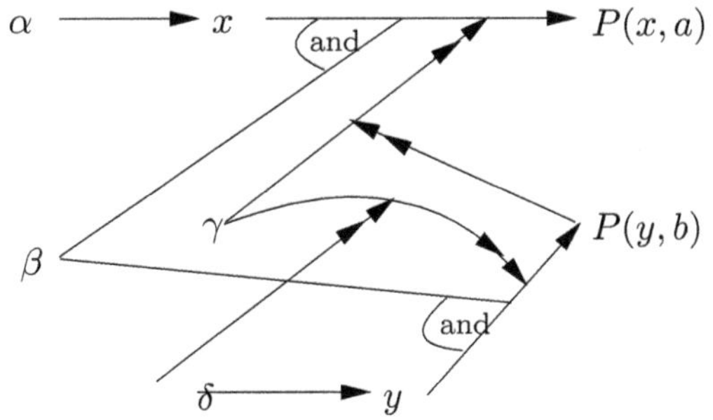

Figure 4:

$$B(x) \xrightarrow{\pi} P(x, a)$$

Figure 5:

$$\pi \to B(x) \to P(x, a)$$

Figure 6: Alternative notation to Figure 5

γ = *policy to always save money*
δ = *policy to not take any risk, if possible.*

(d) *A word about our notation: We denote the transition from one state to another by an arrow.*

Figure 5 shows such notation. The π annotates the arrow. This means that because of policy π we take action and move from $B(x)$ to $P(x, a)$.

It may be that several policies come together and are involved in motivating some action, or it may be the case that some policies may cancel or overrule other policies. So we allow for alternative notation which we can use as well, when there are lots of policies to denote.

Figure 5 can be equivalently presented as Figure 6 or as Figure 7.

(e) *Cancellation is done by double arrow.*

Figure 8 shows some cancellation from policies

i. *π_1 and π_2 support together the move from $B(x)$ to $P(x, a)$.*
ii. *π_3 cancels the support of π_1 but allows the action to go forward on the basis of π_2.*
iii. *π_5 cancels the move to $P(x, a)$ no matter what, but also does not think that the support of π_4 to $Q(y)$ is a reason to cancel $\pi_2 \to P(x, a)$.*

Remark 2.2 *The perceptive reader might think that the model of arrow cancellations as presented in Figures 2, 3 and 4 is nothing special and is just a*

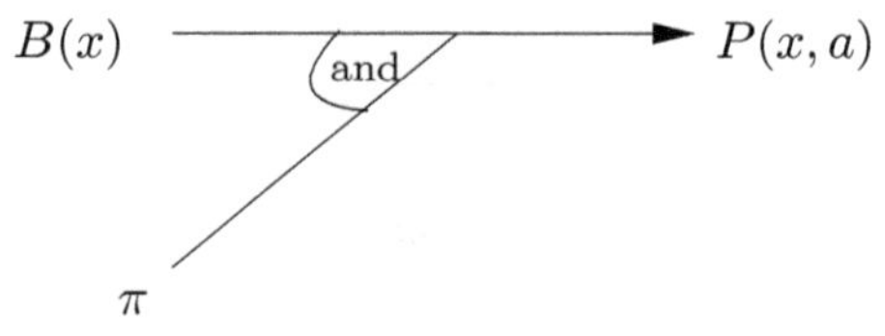

Figure 7: Alternative notation to Figure 5

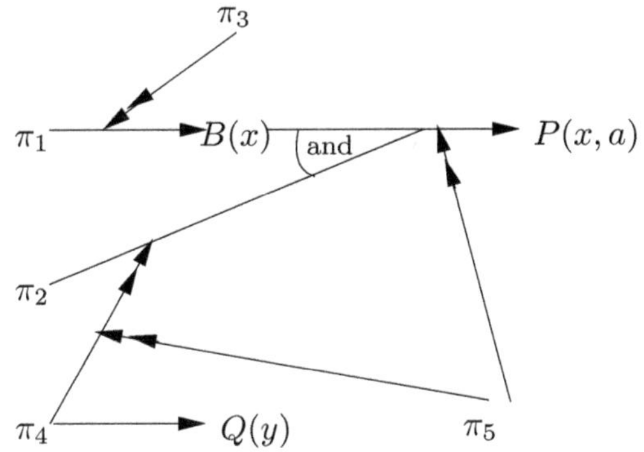

Figure 8:

notational variant of defeasible logic with specificity. Thus using the notation of Example 2.1 we can write a defeasible database Δ with the following universal formulas clauses, with w, z universal variables.

1. $B(w) \wedge \alpha \wedge \beta \wedge \gamma \to \neg P(w, z)$

2. $B(w) \wedge \alpha \wedge \beta \wedge \gamma \wedge \delta(w) \to P(w, z)$

If we instantiate (1) with $w = x, z = a$ and (2) with $w = y, z = b$ we get

1*. $B(x) \wedge \alpha \wedge \beta \wedge \gamma \to \neg P(x, a)$.
This is Figure 2 with $x =$ sink and $z =$ plumber a.

2*. $B(y) \wedge \alpha \wedge \beta \wedge \gamma \wedge \delta(y) \to P(y, b)$
This is Figure 3 with $y =$ toilet and $z =$ plumber b.

If we put (1) and (2*) together in the same database and add the input $a = b = e$, then the database is consisent and the same plumber e will repair the toilet but not the sink. Defeasible logic based on specificity cannot tell us that because we have (2*) with $P(y, e)$ plumber e, we reverse and defeat (1*) and conclude $P(x, e)$ as well.*

However, if we use the figures with the cancellation arrows, it is easier to model this feature. Figure 9 sums it all up. This is a predicate argumentation network involving joint attacks and higher order attacks, see [3].

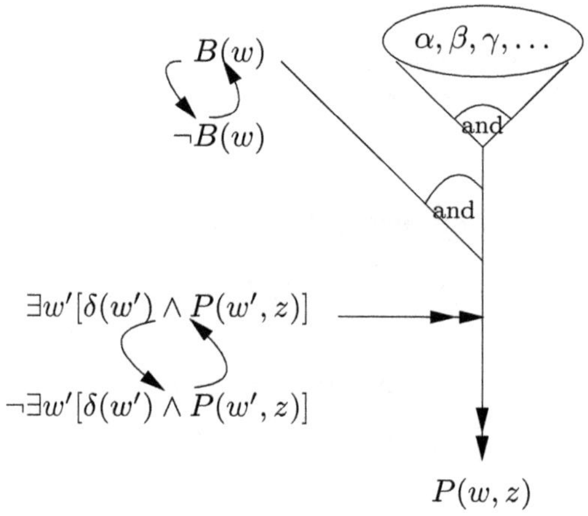
$B(w)$
$\neg B(w)$
$\alpha, \beta, \gamma, \ldots$
and
and
$\exists w'[\delta(w') \wedge P(w', z)]$
$\neg\exists w'[\delta(w') \wedge P(w', z)]$
$P(w, z)$

Figure 9:

References

[1] C. E. Alchourròn, P. Gärdenfors, and D. Makinson. On the logic of theory change: Partial meet contraction and revision functions. *Journal of Symbolic Logic*, 50:510–530, 1985.

[2] `http://en.wikipedia.org/wiki/Belief_revision`

[3] D. Gabbay . Abstract argumentation frames with predicates, quantifiers and synchronized attacks. In preparation.

מחקרים בלוגיקה תלמודית
כרך ט

אנליזה של מושגים ומצבים בחשיבה התלמודית

בספר זה אנו עוסקים בסוגים שונים של הרכבת מושגים בתלמוד. אנו מבחינים כאן בין הרכבות מושגיות המכונות 'הרכבה שכונית' ו'הרכבה מזגית' (המושגים שאובים משיטתו העיונית של הרב יוסף ראזין, בעל **צפנת פענח**), שמומשלות בהתאמה לתערובת פיסיקלית ולתרכובת כימית. בהרכבה שכונית שני המרכיבים נוכחים זה לצד זה מבלי לאבד את תכונותיהם, ואילו בהרכבה מזגית המרכיבים מותכים למשהו בעל אופי שונה משניהם. בחלקו הראשון של הספר אנחנו עוסקים בשאלה כיצד חכמי התלמוד ופרשניו קובעים את אופיין של התרכובות המושגיות הללו, ומציעים לכך הסבר במונחי מודל שכולל נטרולים של תכונות סמויות. בחלקו השני של הספר אנו עוברים לעסוק בתרכובות דו קומתיות, בהן ישנו מעמד שונה לשני המרכיבים: האחד בסיסי והשני 'רוכב' על גביו. לפעמים לשני אין כלל קיום בלא הראשון ש'נושא' אותו. אנו מצביעים על ההבדלים בין שלושת סוגי ההרכבה הללו, ומציעים מודל לוגי שייצג זאת בצורה שיטתית ומדוייקת יותר.

כרך א
מידות הדרש ההגיוניות:
היסקים לא דדוקטיביים בתלמוד
מיכאל אברהם, דב גבאי ואורי שילד

כרך ב
מידות הדרש הטקסטואליות
כללי ופרטי: הגדרה אינטואיטיבית של קבוצות בתלמוד
מיכאל אברהם, דב גבאי, גבריאל חזות, יוסף מרובקה ואורי שילד

כרך ג
לוגיקה דאונטית לאור התלמוד
מיכאל אברהם, דב גבאי ואורי שילד

כרך ד
לוגיקה של זמן בתלמוד
מיכאל אברהם, ישראל בלפר, דב גבאי ואורי שילד

כרך ה
הכרעת קונפליקטים ולולאות נורמטיביות בתלמוד
מיכאל אברהם, דב גבאי ואורי שילד

כרך ו
לוגיקה תלמודית (באנגלית)
אנדרו שומן

כרך ז
לוגיקה של שליחות בתלמוד
מיכאל אברהם, ישראל בלפר, דב גבאי ואורי שילד

כרך ח
סינתזה של מושגים בחשיבה התלמודית
מיכאל אברהם, ישראל בלפר, דב גבאי ואורי שילד

כרך ט
אנליזה של מושגים ומצבים בחשיבה התלמודית
מיכאל אברהם, ישראל בלפר, דב גבאי ואורי שילד

כרך י
עקרונות הלוגיקה התלמודית (באנגלית)
מיכאל אברהם, דב גבאי ואורי שילד

מחקרים בלוגיקה תלמודית
עורכי הסדרה:
מיכאל אברהם, דב גבאי ואורי שילד
dov.gabbay@kcl.ac.uk

אנליזה של מושגים ומצבים בחשיבה התלמודית

מיכאל אברהם

ישראל בלפר

דב גבאי

ואורי שילד*

אוניברסיטה בר אילן

*והמכללה האקדמית אשקלון

978-1-84890-092-9

College Publications
Scientific Director: Dov Gabbay
Managing Director: Jane Spurr

http://www.collegepublications.co.uk

Printed by Lightning Source, Milton Keynes, UK

1

הקדמה כללית

ספר זה הוא התשיעי בסדרה 'מחקרים בלוגיקה תלמודית', שמבוססת על מחקרים שבוצעו במסגרת קבוצת הלוגיקה התלמודית באוניברסיטת בר-אילן. מחקרים אלו משלבים כלים לוגיים ותלמודיים קלאסיים בכדי לרדת לשורש התובנות הלוגיות שמצויות בתלמוד.

כפי שכבר כתבנו גם בספרים הקודמים, המטרה של הסדרה כולה היא כפולה: 1. יבוא – כלומר שימוש בכלים לוגיים מודרניים, והבאתם לשדה התלמודי, בכדי לנתח סוגיות תלמודיות והלכתיות עמומות ולהבהיר אותן. 2. יצוא – העברת תובנות מהעיון הלוגי בתלמוד, והוצאתן אל ההקשרים הלוגיים הרחבים יותר, תוך ניסיון להעשיר באמצעותם את הלוגיקה הכללית, וגם לפתור בעיות שונות שקיימות בה.

הכרך השמיני בסדרה, **סינתזה של מושגים בחשיבה התלמודית**, עסק בדרך בה התלמוד ומפרשיו יוצרים מושג חדש על ידי סינתזה בין כמה מושגים קיימים. ראינו שהדרך לעשות זאת היא הבחנה במאפיינים השונים, הלכתיים ועובדתיים, של שני המושגים הבסיסיים (=האבות) והתכתם לכלל מושג חדש (=תולדה). ראינו שיש אפשרות לבנות מושג שמכיל את המאפיינים המושתפים של שני מושגי האב (זהו הליך של 'הצד השווה'), ויש אפשרות לבנות מושג על בסיס צירוף של המאפיינים השונים של כל אחד ממושגי האב (כינינו זאת 'הבנייה מושגית').

בהקדמה לכרך ההוא כתבנו שזו רק תחילת המחקר שלנו על יחסים בין מושגים בחשיבה התלמודית. ואכן הכרך הזה הוא במידה רבה המשך של הכרך ההוא, שכן כאן אנחנו ממשיכים לעסוק במניפולציות שונות על מושגים

ומצבים קיימים שיוצרות מושגים חדשים ומצבים חדשים. בין היתר, אנחנו עושים כאן אנליזה של מושגים קיימים, ובוחנים אפשרות להשמיט כמה מרכיבים ממושג קיים. כמו כן, נראה דוגמאות לתהליכי מטמורפוזה, כך שבין שני מושגים קוטביים ניתן ליצור סדרת מושגי ביניים בקירבה שונה לכל אחד מהקטבים.

נסיים בשתי נקודות חשובות. ראשית, כאשר אנחנו מדברים על מושגים הלכתיים, בה במידה אנחנו עוסקים במצבים הלכתיים. מצבים שונים מיוצגים בהלכה על ידי מושגים מתאימים. לכן אנליזה של מושגים ושל מצבים הם אותו תהליך עצמו בשני מישורים שונים (המצב בעולם עצמו והמושג הוא הייצוג הלשוני של המצב). שנית, האנליזה אינה אלא צדה האחר של הסינתזה. אנחנו נראה לא פעם בספר הזה שאנליזה של מושגים הלכתיים מגלה לנו שהמושג אותו ניתחנו מורכב ממושגים אחרים, בתהליכים של סינתזה שתוארו ונדונו בספר הקודם. במצבים כאלה האנליזה שאנחנו עושים אינה אלא שחזור של הסינתזה שנעשתה על ידי חכמים קודמים.

תוכן העניינים

חלק ראשון:

אנליזה של הרכבות בקומה אחת

פרק ראשון

הרכבה שכונית והרכבה מזגית

מבוא

בפרק זה נבחן כמה מקרים שבהם נעשית אנליזה של מושג, והיא מגלה שהוא מורכב בצורות שונות ממושגים אחרים. זוהי הדגמה לטענתנו בסוף ההקדמה שהספר הזה הוא צדו האחר של הספר על סינתזה של מושגים בתלמוד.

המונחים 'הרכבה שכונית' ו'הרכבה מזגית' שאובים מתורתו של רבי יוסף ראזין (הרוגצ'ובר), בעל **צפנת פענח**, שניתח את ההלכה במסגרת מערכת מושגית פילוסופית שרובה ככולה מבוססת על **מורה הנבוכים** לרמב"ם.[1] אך נפתח את דברינו דווקא בדיון של בן עירו של הרוגצ'ובר, ר' מאיר שמחה מדווינסק, בעל **אור שמח** על הרמב"ם.

יו"כ שחל בשבת כהרכבה שכונית

יו"כ שחל בשבת הוא צירוף של שני ימים 'טהורים': יו"כ ושבת. התפיסה המקובלת של צירופים הלכתיים כאלה היא שמדובר בחיבור פשוט של שני סוגי הימים. לפי התפיסה הזו, יו"כ שחל בשבת הוא חבילה של שני ימים שונים שהצטרפו במקרה לתאריך אחד, כלומר שניהם שוכנים זה לצד זה אבל לא מתערבבים זה עם זה. בלשונו של ר' יוסף ראזין, הרוגצ'ובר, קרוי מצב

---

[1] שיטתו מוצגת בהרחבה בספר **מפענח צפונות**, לרב מנחם מנדל כשר, מכון צפנת פענח, ירושלים תשלו. הפרק השמיני של הספר מוקדש כולו לשני סוגי ההרכבה הללו.

כזה "הרכבה שכונית", כלומר ההרכבה בין שני האבות (שבת ויו"כ) היא כשכנים ששוכנים זה לצד זה. התוצר אינו באמת תולדה, שהיא יום מסוג שונה, אלא צירוף פשוט של האבות. בשפה מודרנית יותר ניתן לומר שזוהי תערובת ולא תרכובת.

דוגמה לדבר, אם יש כהן שהוא גם מלך, אזי אותו אדם משמש בשני כובעים: כהן ומלך. יחולו עליו הדינים של כהן והדינים של מלך. כאשר אזרח של עיר כלשהי נבחר לתפקיד ממלכתי, הוא משמש בשני כובעים בלתי תלויים: אזרח העיר פלונית, ובעל התפקיד הממלכתי. לפחות כל עוד אין סתירה, יחולו עליו החובות והזכויות של שני הכובעים שהוא חובש.

אם ניישם את התפיסה הזאת ביחס ליו"כ שחל בשבת, אזי כאשר נרצה לדעת מה הדינים שנוהגים ביום כזה עלינו לחבר את הדינים של שני הימים שהצטרפו בו. לדוגמה, אנו נתפלל ביום כזה תפילות של שבת ושל יו"כ (בקיצורים המתבקשים מהחפיפה). אדם חולה שנאלץ לאכול ביום הזה, ודאי חלה עליו חובת קידוש, שהרי מצד השבת שבזה הוא חייב בקידוש, ומצד יו"כ אין מניעה לעשות קידוש (אלא רק אין חובה לעשות זאת).

ומה לגבי הקרבנות ביום כזה? כידוע, הכהנים הם שמקריבים את הקרבנות בבית המקדש. בכל ימות השנה, כל כהן כשר יכול להקריב את כל הקרבנות. אולם ביום הכיפורים עבודת היום נעשית כולה על ידי הכהן הגדול בלבד. מה קורה כאשר יום הכיפורים חל בשבת? ביום כזה ישנם קרבנות שהם קרבנות של יום כיפור, וקרבנות אחרים כמו מוספים של שבת. את הקרבנות של יום כיפור ודאי מקריב רק הכהן הגדול, כמו בכל יום כיפור רגיל. אולם מה הדין לגבי קרבנות השבת שמובאים באותו יום? לכאורה גם כהן הדיוט יכול להקריב אותם, שהרי מדובר בקרבנות שבת רגילים שבדרך כלל מוקרבים על ידי כהן הדיוט. רק מקרה הוא שכעת זה נעשה ביום הכיפורים.

בלשון ההלכה ניתן לומר שמדין שבת שבו – יוקרבו מוספי השבת על ידי כהן הדיוט, ומדין יום כיפור שבו – יוקרבו קרבנות היום על ידי כהן גדול. כך

בדרך כלל גוזרים את ההלכות שחלות על הרכבות שכוניות בהלכה. זוהי המשמעות של המודל שרואה את שני הימים האלו כשני שכנים שהאחד לא 'מדבר' עם השני (כלומר לא משפיע עליו).

טיפול בסתירות בתמונה השכונית

השאלה שמתעוררת לגבי המודל הזה היא לגבי איסור האכילה. עד עכשיו עסקנו בדוגמאות שמצד אחד יש בהן חובה ולצד השני אין חובה (זו רשות). למשל, ביו"כ אין חובה לעשות קידוש, ובשבת יש חובה לעשות זאת. בשבת יש חובה להקריב מוספי שבת, וביו"כ אין חובה לעשות זאת. אבל המצב באיסור האכילה הוא שונה. בשבת יש חובה לאכול ואילו ביו"כ אסור לאכול (ולא רק שאין חובה). במצב כזה אי אפשר לגזור באופן פשוט את ההלכות ביום המורכב מההלכות בשני הימים הטהורים.

להלכה, אנו לומדים ממקורות שונים שביו"כ שחל בשבת אסור לאכול, אבל כאמור זו לא נגזרת פשוטה של ההרכבה. כדי להכריע בשאלה כזאת נדרש פסוק או סברא מיוחדת. אין כאן מכניזם לוגי כללי כמו שיש במקרים הקודמים (שבהם הסתירה אינה חזיתית).

ניתן להביא דוגמה לדבר מדיני ספיקות. גם ספק הוא מצב שבו יש שני צדדים, ואנחנו מתייחסים אליהם כאילו שניהם נכונים. לדוגמה, יש לפנינו חתיכה מסופקת, שכן אנחנו לא יודעים האם הבשר הזה הוא כשר או טרף. מכיון שאיננו יודעים, והכלל הוא שעלינו ללכת לחומרא (באיסור תורה), ההתייחסות היא שמבחינתנו כאילו יש כאן בשר שהוא גם כשר וגם טרף. ההכרעה המתחייבת היא ללכת על בטוח, ובמצב שלנו לא לאכול את הבשר. מצד הבשר הטרף יש איסור לאכול אותו, אבל מצד הבשר הכשר שבו רק אין חובה לאכול אותו. השורה התחתונה היא שללכת על בטוח משמעותו לא

לאכול. אם מישהו אינו אוכל את הבשר הוא ודאי אינו מסתבך באיסור. אם כן, ההחמרה פירושה לא לאכול את הבשר הזה.

עד כאן הנחנו שיש פתרון אוניברסלי להרכבות כאלה: תמיד ללכת לחומרא. אבל בסוגיה בסוף פרק ראשון של מסכת כתובות (טו ע״ב) אנחנו מוצאים דוגמה לסיטואציה שבה הצעד החמור כלל אינו מוגדר. הגמרא שם דנה באדם שמצא תינוק מושלך ברחוב, והוא לא יודע האם התינוק הזה הוא יהודי או גוי. יש לכך כמה וכמה השלכות הלכתיות המנויות שם. לדוגמה, האם אותו תינוק מחויב במצוות כמו יהודי או רק במצוות שהגויים מחוייבים בהן. הגמרא שם קובעת שמעמדו של התינוק מוכרע לפי אופיה של הסביבה (הולכים אחר הרוב). בסביבה שרובה גויים אנחנו מניחים שהוא גוי, ובסביבה שרובה יהודים ההנחה היא שהוא יהודי. מה קורה כאשר מספר היהודים והגויים שקול בדיוק? במצב כזה נכנסים דיני הספיקות לתמונה, והתינוק נחשב ספק יהודי ספק גוי.

כפי שראינו, במצב כזה עלינו ללכת לחומרא. משמעות הדבר היא שאנחנו מתייחסים למצב כזה כאילו יש כאן אדם שהוא גם יהודי וגם גוי. לכן מספק יהיה אסור לתינוק לאכול חזיר (בגלל צד היהודי שבו) והוא יהיה חייב להניח תפילין (גם בגלל צד היהודי שבו). האם יש מצבים הפוכים? כלומר שהחומרא תהיה לנהוג כמו גוי? בדרך כלל – לא. הסיבה לכך היא שאין פעולה שמותרת ליהודים ולגויים היא אסורה (נאריך בכך בחלק השני של הספר). אבל בכל זאת ישנם מצבים שבהם ההכרעה אינה ברורה, וזאת כאשר דבר מסוים אסור לגוי, אבל הוא אינו רק מותר ליהודי אלא מוטל עליו כחובה. לדוגמה, לגוי אסור לשמור שבת ואסור ללמוד תורה (ראה סנהדרין נט ע״א). אם כן, זהו מצב שההכרעה בו אינה מוגדרת, שכן אין כאן מצב שהוא חומרא. אם התינוק הזה ישמור שבת הוא עבר איסור מצד הגוי שבו. אם הוא יחלל שבת הוא עבר איסור מצד היהודי שבו. אין כאן מצב בו הוא הולך על בטוח. מה, אם כן, עליו לעשות? להלן נשוב לשאלה זו.

שיטת הרמב"ם לגבי מוספי שבת ביוה"כ[2]

עד עתה תיארנו תמונה של הרכבה שכונית. בדוגמה של יו"כ שחל בשבת, אנחנו רואים את היום המתקבל כהרכבה של יו"כ ושבת זה לצד זה. ליום הזה יש שתי פנים, וההלכות שחלות בו הן תוצאה של חיבור של שני הצדדים (למעט המקרים הבעייתיים עליהם הצבענו למעלה).

אך הרמב"ם בהל' עבודת יום הכיפורים פ"א ה"א-ב פוסק:

...נמצאו כל הבהמות הקרבים ביום זה חמש עשרה: שני תמידין, ופר, ושני אילים ושבעה כבשים כולם עולות, ושני שעירים חטאת אחד נעשה בחוץ ונאכל לערב והשני נעשה בפנים ונשרף, ופר כהן גדול לחטאת והוא נשרף.

עבודת כל חמש עשרה בהמות אלו הקריבין ביום זה אינה אלא בכהן גדול בלבד, אחד כהן המשוח בשמן המשחה או המרובה בבגדים, <u>ואם היתה שבת אף מוסף שבת אין מקריב אותו אלא כהן גדול</u>, וכן שאר העבודות של יום זה כגון הקטרת הקטורת של כל יום והטבת הנרות הכל עשוי בכהן גדול...

הרמב"ם קובע כאן שביו"כ שחל בשבת גם מוספי השבת מוקרבים ע"י הכהן הגדול בלבד.

לכאורה הדברים תמוהים מאד, שהרי מדובר בקרבנות של שבת, שהיא יום רגיל לעניין זה, ומדוע יידרש כאן דווקא כהן גדול? בעל **אור שמח** שם, פ"ד

---

[2] להרחבת הדיון בשתי הדוגמאות שיובאו כעת, ראה בספרו של מיכאל אברהם, **שתי עגלות וכדור פורח**, בית-אל, ירושלים תשסב, בתחילת פרק ד של השער השני, ובעיקר בהארה 10 שם. נציין כי חלק ניכר מן הדיון בשער השני של הספר ההוא עוסק במשמעותם ומהותם של מושגים בכלל.

ה״א, מביא ראיה לדברי הרמב״ם מסוגיית הבבלי זבחים צא ע״א. בסוף דבריו הוא מסביר את סברתו של הרמב״ם:

וכן נ״ל דקדושת יוהכ״פ חיילא על שבת ג״כ, להקדישו בשבות מכל אכילה, דקדושת יוהכ״פ גם לשבת אהני שיוקדש בענות נפש.

הוא מסביר שכוונת הרמב״ם לומר שכל הקרבנות שקרבים ביוה״כ שחל בשבת, כולל מוספי השבת, נחשבים כמו קרבנות יוה״כ עצמו, שקדושתו חלה גם עליהם. לכן גם הם צריכים להיעשות בכהן גדול.

בהמשך דבריו שם, **האו״ש** מסיק מכך מסקנה נוספת, הלכה למעשה:

ולכן ביוהכ״פ שחל בשבת וחולה שיש בו סכנה שצריך לאכול מורה אני דלא מקדש גם על שבת, דזה קדושת שבת אז שלא לאכול בו, ופשוט:

הוא קובע כאן שחולה שצריך לאכול ביוה״כ שחל בשבת מחמת סכנת חיים אינו חייב בקידוש היום, גם כאשר יום הכיפורים חל בשבת. היה מקום לומר שעל אף שביו״כ רגיל אין חובת קידוש (שהרי לא אוכלים בו), ביו״כ שחל בשבת יהיה חיוב קידוש מצד השבת שבזה. הוא מחדש (אף שמלשונו עולה שזה נראה לו פשוט) לאור דברי הרמב״ם שאין לעשות קידוש גם אם יו״כ חל בשבת.

מהו ההיגיון שעומד מאחורי הפסיקה הזאת? נראה שלדעתו הרמב״ם מבין שיום כיפור שחל בשבת אינו צירוף של שני ימים ש׳נפלו׳ זה על זה באופן מקרי. במינוח שפ גשנו למעלה, זו אינה הרכבה שכונית. הצירוף הזה מגדיר יום שבמהותו הוא שונה משניהם, יום מסוג שלישי. לכן ההלכות שחלות בו אינן צירוף גרידא של הלכות שני הימים שמרכיבים אותו, אלא יש לו הלכות משלו (אף שיש קשר להלכות של הימים שמרכיבים אותו. ראה על כך להלן).

זוהי הסיבה לכך שקרבנות מוספי השבת מובאים על ידי כהן גדול, כי אלו לא קרבנות של שבת אלא קרבנות של יום כיפור שחל בשבת, שזהו יום מסוג

שונה. ומאותה סיבה אין ביום כזה חובה לקדש, שכן לא מדובר בצירוף של שבת ויו״כ יחד, אלא ביום מסוג שלישי שהוא יו״כ שחל בשבת.

אמנם יש מקום לתהות מדוע ניתנו ליום הזה דווקא דיני יו״כ ולא דיני שבת, או בכלל דינים אחרים משניהם. אם אכן זהו יום מהסוג השלישי, אז אין שום הכרח שיהיה בו איסור אכילה, שלא תהיה בו חובת קידוש, ושהעבודה בו תיעשה בכהן גדול.

עקרונית זה באמת יכול היה להיות אחרת, אלא שאין לנו דרך לקבוע את הדינים הללו אלא אם התורה קובעת אותם בפירוש. יו״כ שחל בשבת אינו יום שהתורה מתייחסת אליו בפירוש, ולכן אנחנו צריכים להסיק את הדינים שחלים בו. יש לנו שתי אפשרויות לעשות זאת: א. לראות ביום הזה הרכבה של שני הימים גם יחד. ב. לראות בו יום מסוג שלישי, ועדיין לגזור את הדינים שלו מהדינים של שני הימים שמרכיבים אותו. כעת נפרט מעט יותר את שתי האפשרויות הללו.

יו״כ שחל בשבת כהרכבה מזגית

אם כן, לעומת המודל שתיארנו למעלה, לפיו יו״כ שחל בשבת זוהי ״הרכבה שכונית״ (תערובת), האלטרנטיבה שמציע **האו״ש** ברמב״ם היא מה שמכונה אצל הרוגצ׳ובר ״הרכבה מזגית״ (תרכובת). משמעות הדבר היא ששני האבות מתמזגים זה עם זה, ומותכים לכלל יישות שלישית, שונה משניהם. ליישות הזאת יש מאפיינים משל עצמה, שאמנם קשורים בצורה כזו או אחרת לאבות, אבל אינם השלכה פשוטה (חיבור) של מאפייני האבות.

לפי התפיסה הזאת, ביום כיפור שחל בשבת אין בכלל דין לעשות קידוש. קידוש עושים בשבת, אבל ביום הזה אין רכיב שהוא שבת, שכן הוא כבר נמזג ברכיב השני והשתנה ממהותו המקורית, ולכן הדינים שחלים עליו נעלמו. על

יום מסוג כזה לא ניתן לומר שמצד שבת שבו יש חובה לעשות קידוש, שכן לאחר ההתמזגות כבר אין בו צד של שבת.

השאלה שעולה כאן היא כיצד בכל זאת לומדים את ההלכות שנוהגות ביום כזה? במצב של צירוף שכוני ראינו שהתוצאות ההלכתיות הן נגזרת פשוטה יחסית של ההלכות הנוהגות בשני האבות. אבל בהרכבה מזגית אי אפשר לדבר על צד א וצד ב, ולכן לא ברור כיצד נקבע את ההלכות של יום כזה. מדוע שלא נאמר שביום כזה כן יעשו קידוש כמו בשבת רגילה?

די ברור שגם בהרכבות כאלה אנחנו לומדים את ההלכות מתוך ההלכות שנוהגות בשני האבות, אולם כאן זה אינו צירוף פשוט שלהן.[3] ניתן להעלות כאן כמה אפשרויות לקבוע את ההלכות הרלוונטיות:

א. אנחנו מחליטים שמהותית מדובר כאן בסוג של יום כיפור ולא בסוג של שבת. לכן במקרה של קונפליקט יחולו כאן ההלכות שנוהגות ביום כיפור.

לפי התפיסה הזו נראה על פניו שזו אינה אלא דוגמה נוספת להבנייה מושגית, אותה הגדרנו ותיארנו בספר הקודם. אנחנו בונים מושג של יום טוב מסוג חדש (יו״כ שחל בשבת), מתוך שני מושגים של ימים קיימים (שבת ויו״כ). הדמיון המהותי הוא לאחד מהם (יו״כ), ולכן את הדינים המיוחדים אנחנו שואבים מהאב הדומיננטי. ממש כמו בכמה מהדוגמאות שראינו בספר הקודם (רקיקה בשבת לפי ר׳ מנשה מאיליא, ואבנו סכינו ומשאו שנפלו מראש הגג לפי הרא״ש בב״ק).

אולם ייתכן שהדרך לקבוע את ההלכה הרלוונטית היא שונה:

---

[3] ראה מאמרו של מיכאל אברהם, ׳מהי חלות׳, **צהר** ב, שעוסק בדוגמה דומה להרכבת הלכות (סותרות, במקרה הנדון שם) זו על גבי זו.

ב. ייתכן שכדי שתהיה חובת קידוש דרוש מקור שמחייב זאת. יש לנו מקור לגבי שבת ואין לנו מקור לגבי יום כיפור. אם יו״כ שחל בשבת הוא יום מסוג שלישי, ולא צירוף של יו״כ עם שבת, אז אין לנו מקור שמחייב ביום כזה לעשות קידוש. לכן כאן אין חובה לקדש.

כאן ישנה תפיסה קיצונית יותר של מכניזם ההתכה. אם למעלה ראינו הרכבה מזגית שבנתך שנוצר מהמזיגה של האבות (=התולדה) ישנן עדיין שאריות משני האבות, הרי שכאן אנחנו רואים בתולדה יום מסוג חדש לגמרי, שאין לו כבר שום קשר לאף אחד משני האבות שיצרו אותו. כדי שתחול חובת קידוש על יום כזה, יש צורך במקור נפרד. אלא שבמקרה זה קשה לדבר על יום כזה, שכן אין לנו שום מקור בתורה שמלמד אותנו מהן ההלכות שנוגעות אליו, ולכן ברור שהתורה עצמה התכוונה שנגזור את ההלכות הנוהגות בו משני הימים שמרכיבים אותו.

שוב דוגמה מדיני ספיקות

למעלה הבאנו אנלוגיה בין הרכבה שכונית לבין מצב של ספק. ראינו שהרכבה שכונית דומה לספק שבו מתייחסים לשני הצדדים כאילו שניהם נכונים, כלומר ששניהם קיימים בסיטואציה, ואז הולכים על בטוח. בה במידה, הרכבה מזגית דומה לתופעה שהוגדרה בספר הרביעי בסדרה כספק קוונטי.

ראינו שם (עמ׳ 420, ובכל פרק עשרים וארבעה) שיש שני מצבי ספק לגבי קידושין. אדם מקדש אישה מסויימת, ולאחר זמן הוא אינו זוכר איזו מתוך שתיים הוא קידש. זהו ספק רגיל לגבי כל אחת מהנשים. אמנם עובדתית רק אחת מהן מקודשת, ולגבי כל אחת מהן יש מצב עובדתי נכון אחד (או שהיא מקודשת או שלא). אבל ההלכה קובעת שיש להתייחס לכל אחת מהן כמקודשת ולא מקודשת גם יחד, ולכן יש להחמיר (ללכת על בטוח). זהו מצב של ספק, שרק הלכתית מתייחסים אליו כאילו שני הצדדים קיימים בו.

לעומת זאת, אם אדם מקדש אישה אחת מתוך שתים בלי להגדיר את מי הוא קידש, זה אינו מצב של ספק. כאן כל אחת מהשתיים היא באמת מקודשת ולא מקודשת בו זמנית. מצב זה אינו ספק ולכן גם לא צירוף בין שני מצבים טהורים. מצב כזה הוא מצב שלישי (ספק אונטולוגי ולא אפיסטמולוגי). כל אחת משתי הנשים אינה נמצאת במצב עובדתי טהור (מקודשת או לא מקודשת), אלא במצב מסוג שלישי. שם הצבענו על ההשלכות של ההבדל הזה.

המצב של הרכבה מזגית דומה במידה מסויימת לספק קוונטי. היצור המורכב אינו בנוי כחיבור של שני צדדי ספק, אלא יש בו ממש צדדים משני האבות שלו. כאשר שניהם נוכחים בו, הם מתמזגים ונעשים יצור מסוג שלישי.

ראש השנה שחל בשבת

דוגמה בה לפחות לפי תפיסות מסויימות התורה עצמה מתייחסת לצירוף כזה, היא ר״ה שחל בשבת.[4] המצווה העיקרית בר״ה היא תקיעת שופר. התורה מצווה אותנו על כך בפרשת פינחס (במדבר כט, א):

> ***וּבַחֹדֶשׁ הַשְּׁבִיעִי בְּאֶחָד לַחֹדֶשׁ מִקְרָא קֹדֶשׁ יִהְיֶה לָכֶם כָּל מְלֶאכֶת עֲבֹדָה לֹא תַעֲשׂוּ יוֹם תְּרוּעָה יִהְיֶה לָכֶם:***

מייד אח״כ יש ציוויים על קרבנות היום. מלשון הפסוק משתמע שעיקרו של היום הוא התרועה, שהרי זה שמו של עצם היום: ״יום תרועה״. חז״ל לומדים מן התרועה ביובל שאותה תרועה היא תקיעה בשופר.

הרמב״ם במצוות עשה קע כותב (וכן הוא **בחינוך** מצווה תה):

---

[4] ראה מאמרו של מ. אברהם, ״למשמעותה של תקיעת שופר״, **ספר קהילת 'שירה חדשה'**, לכבוד הרב יצחק קראוס, גבעת שמואל תשע, עמ' 9.

והמצוה הק״ע היא שצונו לשמוע קול שופר ביום ראשון מתשרי והוא אמרו יתעלה בו (פינחס כט) יום תרועה יהיה לכם. וכבר התבארו משפטי מצוה זו במסכת ראש השנה (יו א, כו - ל א, לב - לד ב). והיא אין הנשים חייבות בה (קדושין לג ב ר״ה ל א):

וכן בהל׳ שופר פ״א ה״א הוא כותב:

מצות עשה של תורה לשמוע תרועת השופר בראש השנה שנאמר יום תרועה יהיה לכם, ושופר שתוקעין בו בין בראש השנה בין ביובל הוא קרן הכבשים הכפוף, וכל השופרות פסולין חוץ מקרן הכבש, ואף על פי שלא נתפרש בתורה תרועה בשופר בראש השנה הרי הוא אומר ביובל +ויקרא כ״ה+ והעברת שופר תרועה וכו׳ תעבירו שופר, ומפי השמועה למדו מה תרועת יובל בשופר אף תרועת ראש השנה בשופר.

גם התורה בפרשת אמור (ויקרא כג, כג-כה) מזכירה את תקיעת השופר במינוח של ״זכרון תרועה״:

וַיְדַבֵּר יְקֹוָק אֶל מֹשֶׁה לֵּאמֹר: דַּבֵּר אֶל בְּנֵי יִשְׂרָאֵל לֵאמֹר בַּחֹדֶשׁ הַשְּׁבִיעִי בְּאֶחָד לַחֹדֶשׁ יִהְיֶה לָכֶם שַׁבָּתוֹן זִכְרוֹן תְּרוּעָה מִקְרָא קֹדֶשׁ: כָּל מְלֶאכֶת עֲבֹדָה לֹא תַעֲשׂוּ וְהִקְרַבְתֶּם אִשֶּׁה לַיקֹוָק:

על רקע זה מאד מפתיע מה שכותבת המשנה בר״ה כט ע״ב:

יום טוב של ראש השנה שחל להיות בשבת, במקדש היו תוקעין, אבל לא במדינה. משחרב בית המקדש התקין רבן יוחנן בן זכאי שיהו תוקעין בכל מקום שיש בו בית דין. אמר רבי אלעזר: לא התקין רבן יוחנן בן זכאי אלא ביבנה בלבד. אמרו לו: אחד יבנה ואחד כל מקום שיש בו בית דין. ועוד זאת היתה ירושלים יתירה על יבנה: שכל עיר שהיא רואה ושומעת וקרובה ויכולה לבוא - תוקעין, וביבנה לא היו תוקעין אלא בבית דין בלבד.

בר״ה שחל בשבת היו תוקעים במקדש אבל לא במדינה. משחרב הבית תיקן ריב״ז שיתקעו בפני בי״ד. זהו דין מפתיע, שכן כפי שראינו אנו קוראים בתורה שהתקיעה היא עיקרו של היום, והנה כשהיום חל בשבת לא תוקעים. מה נותר מיום ר״ה בלי תקיעה? כיצד נראה ר״ה בלי הדין העיקרי שמגדיר את עיצומו של יום?

בספרא פ׳ בהר פ׳ ב (וכן ברש״י על התורה בפרשת היובל) מופיעה דרשה כמקור לדין זה:

> ***(ה) ביום ולא בלילה, ביום הכיפורים אפילו בשבת, תעבירו שופר בכל ארצכם מלמד שכל יחיד חייב, יכול אף תרועת ראש השנה תהיה דוחה את השבת תלמוד לומר בכל ארצכם והעברת שופר תרועה בחודש השביעי בעשור לחודש ביום הכיפורים שאין תלמוד לומר בעשור לחודש ביום הכיפורים ממשמע שנאמר ביום הכיפורים איני יודע שהוא יום הכיפורים בעשור לחודש, אם כן למה נאמר בעשור לחודש אלא בעשור לחדש דוחה את השבת בכל ארצכם ואין תרועת ראש השנה דוחה שבת בכל ארצכם אלא בבית דין בלבד.***

מקור זה מביא דרשה מדאורייתא לכך שלא תוקעים בשופר בר״ה שחל בשבת. האם בר״ה שחל בשבת אין חובה לתקוע, או שגם שם יש חובה אלא שמסיבה כלשהי היא נדחית? המדרש מדבר בפירוש על כך שהבעיה היא דחיית השבת ולא אי רלוונטיות של מצוות התקיעה. כלומר יש כאן איסור לתקוע בגלל הלכות שבת, ולא היעדר חובה לתקוע. ראייה נוספת לכך היא שבבי״ד כן היו תוקעים גם ביום כזה.

הבעייה שעולה כאן היא איזה איסור יכול להיות בתקיעה בשופר? הרי להלכה נחלקו הפוסקים אפילו בשאלה האם יש בכך איסור דרבנן. אמנם אסור לנגן משום גזירה שמא יבוא לתקן כלי שיר, אולם לגבי שופר יש שכתבו שגזירה זו כלל אינה קיימת, שאם לא כן היה עלינו לאסור לתקוע גם בר״ה רגיל. לכן ברור שחכמים לא גזרו על תקיעת שופר, ובודאי לא בר״ה עצמו. וכן כתב

המג״א סי׳ תקפח סק״ד. ואפילו להלכה רוב הפוסקים מתירים לתקוע סתם כך בר״ה רגיל, גם אחרי שיצא יד״ח תקיעת שופר (כדי להתלמד, או אפילו ממש סתם).

והנה בסוגיית הירושלמי מובא מקור אחר (ר״ה פ״ד ה״א):

יום טוב של ראש השנה כו׳ רבי אבא בר פפא א״ר יוחנן ורשב״ל הוון יתיבין מקשיי אמרין תנינן יום טוב של ראש השנה שחל להיות בשבת במקדש היו תוקעין אבל לא במדינה אין דבר תורה הוא אף בגבולין ידחה אין לית הוא דבר תורה אף במקדש לא ידחה עבר כהנא אמרין הא גברא רבה דנישאול ליה אתון שאלון ליה אמר לון כתוב אחד אומר יום תרועה וכתוב אחר אומר זכרון תרועה הא כיצד בשעה שהוא חל בחול יום תרועה בשעה שהו׳ חל בשבת זכרון תרועה מזכירין אבל לא תוקעין ר׳ זעורה מפקד לחברייא עולון ושמעון קליה דרבי לוי דרש דלית איפשר דהוא מפיק פרשתיה דלא אולפן ועל ואמר קומיהון כתוב אחד אומר יום תרועה וכתוב אחר אומר זכרון תרועה הא כיצד בשעה שהוא חל בחול יום תרועה בשעה שהוא חל בשבת זכרון תרועה מזכירין אבל לא תוקעין מעתה אף במקדש לא ידחה תנא באחד לחדש מעתה אפילו במקום שהן יודעין שהוא באחד לחדש ידחה תני ר״ש בן יוחי והקרבתם במקום שהקרבנות קריבין

אם כן, הירושלמי מסביר שיש סתירה בין שני פסוקים: ״יום תרועה״ ו״זכרון תרועה״. הוא מיישב וקובע שאחד עוסק בר״ה רגיל והשני בר״ה שחל בשבת.

בסוף הירושלמי יש רמז לקשר של הדין הזה לספיקות בקביעא דירחא (וכן נראה מהר״ן שהביא **המג״א** הנ״ל, ע״ש). לפי זה הדברים מתבהרים, שכן

באמת לא ביטלו עשה דאורייתא, אלא רק במקום שאנו בספק, שאז אין חובה ברורה.[5] לכאורה לפי דברים אלו במקום שיודעים את התאריך במדויק יש לתקוע אפילו בשבת, אך אנו לא נוהגים כן.

אבל בכוונת הירושלמי עצמו קשה לפרש כך, שהרי הוא עוסק בר״ה רגיל שחל בשבת, ולומד מהפסוק שהתקיעה אינה דוחה שבת. כאן אין שום ספק, ולכן אין לתלות את הדין שלא תוקעים בספק כלשהו. אם כן, דברי רשב״י הם כנראה מימרא עצמאית ולא מוסכמת.

בכל אופן, למרבה ההפתעה גם בדרשת הירושלמי, שגם היא מהווה מקור מדאורייתא, משמע שהתקיעה אסורה מפני שאינה דוחה שבת, ולא שמלכתחילה אין חובה עלינו לתקוע. כלומר הירושלמי קובע שיש איסור לתקוע בשבת, ולא רק שאין חובה לעשות כן. גם כאן עולה השאלה איזה איסור יש בתקיעת השופר? כאמור, מלשון המקרא שחז״ל דרשו נראה שבשבת שחל בר״ה אין בכלל חובה לתקוע אלא רק לזכור את התקיעה. משום מה, חז״ל מבינים שזהו בבחינת ׳דחויה׳ ולא ׳הותרה׳.

דוחק לומר ששיטת **הספרא** והירושלמי היא ששבות היא מן התורה (כרמב״ן פ׳ אמור, הביאו גם הריטב״א ר״ה לג), ושבגלל זה נדחית המצווה (ובמקדש זה מתיישב היטב, שהרי אין שבות במקדש). גם לפי הרמב״ן המונח ׳שבות׳ אינו מדבר על כל עבירה דרבנן רגילה, אלא על חילול הפרהסיא. ואולי התקיעה שנעשית בפרהסיא מהווה עבירת שבות דאורייתא. בכל אופן, דין זה של שבות דאורייתא אינו מוסכם, ולכן קשה לפרש כך בירושלמי.

---

[5] ועדיין ספק לחומרא, אבל לגבי מצוות עשה כבר כתב רעק״א שלא בהכרח אומרים ספיקא לחומרא – כי גם אם נקיים אותה לא בטוח שיצאנו יד״ח.

בקושיית הירושלמי עולה אפשרות שזהו דין דרבנן, אך דוחים אותה מפני שאם כך היה לא היתה הצדקה לדחות מפניו דין תורה (זו עוד ראיה לכך שהירושלמי אינו נתלה בקיבוע דירחא). מסקנתו היא שזהו דין תורה, ומקורו מהדרשה שנתלית בסתירת הפסוקים.

לעומת זאת, הגמרא בבבלי ר״ה מסיקה כך להלכה:

גמרא. מנא הני מילי? אמר רבי לוי בר לחמא אמר רבי חמא בר חנינא: כתוב אחד אומר +ויקרא כג+ שבתון זכרון תרועה, וכתוב אחד אומר +במדבר כט+ יום תרועה יהיה לכם. לא קשיא; כאן - ביום טוב שחל להיות בשבת, כאן - ביום טוב שחל להיות בחול. אמר רבא: אי מדאורייתא היא - במקדש היכי תקעינן? ועוד: הא לאו מלאכה היא דאצטריך קרא למעוטי, דתנא דבי שמואל: +במדבר כט+ כל מלאכת עבדה לא תעשו - יצתה תקיעת שופר ורדיית הפת, שהיא חכמה ואינה מלאכה. אלא אמר רבא: מדאורייתא מישרא שרי, ורבנן הוא דגזור ביה, כדרבה. דאמר רבה: הכל חייבין בתקיעת שופר, ואין הכל בקיאין בתקיעת שופר, גזירה שמא יטלנו בידו וילך אצל הבקי ללמוד, ויעבירנו ארבע אמות ברשות הרבים. והיינו טעמא דלולב, והיינו טעמא דמגילה.

ההסבר הראשון שעולה בגמרא הוא הסתירה בפסוקים, כמו בירושלמי. מייד אח״כ דוחים את ההסבר הזה מפני שאם באמת זה מדאורייתא, אז במקדש היכי תקעינן? גם הירושלמי שאל זאת, ולא לגמרי ברור מה הוא ענה. כאן ישנה הנחה שיש כאן איסור דאורייתא, ולא רק שאין חובה, שהרי אם היה כאן רק ביטול החובה מה הבעיה שיתקעו במקדש? ייתכן ששם יש חובה. מלשון הגמרא משמע שהדרשה מלמדת אותנו איסור ולא רק ביטול החובה. מעבר לכך, זה אינו איסור שבות, שהרי גם אם זה היה איסור שבות הקושיא אינה קשה, שכן להלכה קי״ל שאין שבות במקדש.

מה הירושלמי ענה על הקושיא הזו? נראה שזה גופא מה שהוא ענה: שאין כאן איסור אלא רק ביטול חובה.[6] לכן אין קושי מדוע במקדש כן היו תוקעין. אמנם בירושלמי ישנו ניסוח שני לדרשה, ושם נראה שיש ילפותא מיוחדת מדוע לתקוע במקדש. ייתכן שיש כאן מחלוקת בשאלה האם הדרשה מבוססת על איסור או על היעדר חובה.

אם כן, גם בשלב שהבבלי מביא את הדרשה של הירושלמי הוא אינו לומד אותה כמו הירושלמי (לפחות בניסוח הראשון). אצל הירושלמי למסקנה זהו ביטול החובה, ואילו בבבלי זהו ממש איסור תורה. כמובן השאלה שהעלינו למעלה חוזרת ביתר שאת: מה איסור דאורייתא (ואולי אף דרבנן) יש בתקיעת שופר?

הבבלי עצמו מעלה את השאלה הזו, וגם מכוחה הוא דוחה את הדרשה הנ״ל, ומציע הסבר אחר: הדין שלא תוקעים במדינה הוא דין דרבנן, מחשש שמא ילך אצל מומחה ויעבירנו ד׳ אמות ברה״ר, כמו שמצינו לגבי לולב ומגילה.

כעת ודאי מדובר על איסור ולא על היעדר חובה. ישנו איסור דרבנן שמא יעבירנו, ומכוחו בוטלה החובה לתקוע בשופר בר״ה שחל בשבת. האחרונים העירו שאיסורי דרבנן הרגילים (כמו שמא יתקן כלי שיר) אינם יכולים להוות בסיס לאיסור זה, מפני שאם זה היה הבסיס אז לא היינו תוקעים גם בר״ה רגיל שחל בחול.

---

[6] צריך להבין שדרשה זו, אם מפרשים אותה כפשוטה, אינה רק קולא אלא גם חומרא: לא רק שאין חובה לתקוע – שזוהי קולא, אלא שיש חובה לזכור את התרועה – שזוהי חומרא. הירושלמי שראינו מבין שיש כאן רק קולא, שכן החובה נדחית מפני איסורי שבת, ולא שיש חובה אלטרנטיבית. ואולי מפני הדחייה יש גם חובה אלטרנטיבית. וראה על כך להלן.

האם הדרשות שהובאו לעיל הן אסמכתא? לא נראה כך. הרי הגמרא מציעה את ההסבר דרבנן כאלטרנטיבה לדרשה, ולא קובעת שהיא אסמכתא. לכן בירושלמי נותרת הדרשה במסקנה כדין דאורייתא.

בסופו של דבר, הבבלי, אשר סובר שזה אסור מדרבנן, צריך להתמודד עם אותו קושי שיש בירושלמי: כיצד חכמים מכוח שיקול טכני עוקרים את עיקרו של יום. הרי ראינו שר"ה קרוי "יום תרועה", כלומר שזה עיקרו של היום.

כדאי לציין שכמה איסורי דרבנן אחרים נדחים כדי לאפשר תקיעת שופר, כמו פיקוח הגל כדי להוציא שופר לתקוע בו (אמנם נחלקו בזה ראשונים, ואילו איסור התקיעה עצמו לא נדחה. כלומר באופן הפשוט אנו לא נותנים לאיסור דרבנן לעקור את עיצומו של היום. אמנם יש לחלק בין עבירה בעת התקיעה לבין הכנת השופר למצווה), ועדיין הדברים טעונים ביאור.

יש שרצו לומר שאי התקיעה בגלל השבת היא גופא קיום מצוות השופר (**משך חכמה**, ויקרא כג, כד, ועוד). ויש שאמרו (ראה **אלה הם מועדי**, סי' טו) שבזכות שמירת השבת אנו מקבלים את התועלת שיש בתקיעה גם ללא תקיעה בפועל אלא מהזכירה בלבד.

אולם כל אלו הם הסברים במישורים מחשבתיים. מה באשר להלכה? כיצד בטלה חובת התקיעה, ומה נותר מעיצומו של יום בלעדיה? התשובה המטא-הלכתית, להבדיל מזו המחשבתית, חייבת להיות נעוצה בדרשה. המסקנה היא שבמובן כלשהו הדרשה של הירושלמי (מכוח הסתירה בין הפסוקים) נותרת בעינה גם במסקנת הבבלי.

לכאורה מוכח מכאן שגם הבבלי סובר שר"ה שחל בשבת אינו אותו סוג של יום. משהו השתנה במהותו של היום. אולי מסיבה זו גופא היה מקום להחמיר ולא לתקוע מפני האיסור. בכל אופן, האופציה של זיכרון תרועה קיימת גם בבבלי. המקור לכך חייב להיות רק הדרשה, שלכאורה נדחתה בבבלי. משהו ממנה נותר גם להלכה.

לפי הירושלמי זהו דין תורה. ובבבלי, אף שלהלכה הוא סובר כי זהו דין דרבנן, הרי אנחנו משאירים זכר לדרשת הירושלמי, ומתייחסים לר״ה שחל בשבת כיום של ״זיכרון תרועה״.

והנה, מהתבוננות פשוטה עולה שהפסוק ״זכרון תרועה״ מחדש גם חומרא, ולא רק קולא (ראה בהערת השוליים לעיל). הוא לא רק פוטר מתקיעה בר״ה שחל בשבת, אלא שהוא מחייב לזכור את התרועה. זהו דין דאורייתא שמחייב אותנו בר״ה שחל בשבת. האם דין זה נותר בעינו להלכה (כשהדרשה נדחתה, או שהיא רק אסמכתא)?

רש״י בר״ה כט ע״א ד״ה ׳זכרון תרועה׳ כותב שמהפסוק הזה לומדים שבכל ר״ה יש חובה לומר מלכויות, זיכרונות ושופרות. ובר״ה שחל בשבת, שם בטלה החובה לתקוע ונותר רק החיוב הזה.

אמנם הרמב״ן ויקרא כג, כד, חולק על רש״י ואומר כך:

> ***זכרון תרועה - פסוקי זכרונות ופסוקי שופרות לזכור לכם עקדת יצחק שקרב תחתיו איל, לשון רש״י. והיה צריך הרב להביא גם פסוקי המלכיות מן המדרש, שלא יתכן שיזכיר הכתוב פסוקי הזכרונות ושופרות ולא יזכיר המלכיות, וכבר דרשו אותם מפסוק והיו לכם לזכרון לפני ה׳ אלהיכם (במדבר י י), שאין תלמוד לומר אני ה׳ אלהיכם, ומה תלמוד לומר אני ה׳ אלהיכם, אלא זה בנין אב כל מקום שאתה אומר זכרונות אתה סומך להם את המלכיות, כדאיתא בת״כ (פרשה יא ב) ובמסכת ראש השנה (לב א). אבל כל זה אסמכתא מדבריהם, ומפורש אמרו (שם לד ב) הולכין למקום שתוקעין ואין הולכין למקום שמברכין, פשיטא הא דאורייתא והא דרבנן, לא צריכה דאע״ג דהא ודאי והא ספק. אבל ״זכרון תרועה״, כמו יום תרועה יהיה לכם (במדבר כט א), יאמר שנריע ביום הזה ויהיה לנו לזכרון לפני השם, כמו שנאמר להלן (שם י י) ותקעתם בחצוצרות והיו לכם לזכרון לפני אלהיכם.***

הרמב״ן כותב שזוהי רק חובה דרבנן, והילפותא היא אסמכתא בעלמא. ראייתו מהסוגיא ר״ה לד ע״ב, שם הגמרא אומרת שהחובה לומר את הפסוקים היא דרבנן (ולכן עדיף ללכת למקום שתוקעים מאשר למקום שאומרים את הפסוקים).

יש אפשרות ליישב את שיטת רש״י (**יום תרועה** למהר״ם ׳ן חביב, וראה **מתוך שיעורים**, לרב י״ש אלישיב, על מסכת ר״ה טז ע״א) ולומר שרק בר״ה שחל בשבת יש חובה מה״ת במקום לתקוע בפועל לזכור את התקיעה. והגמרא שהביא הרמב״ן מדברת על ר״ה רגיל, ושם החובה לומר זכרונות היא דרבנן. ברור שבמקום שאפשר לתקוע עדיף לתקוע, ואז החובה לומר פסוקים היא רק מדרבנן.[7]

ובאמת הגמ׳ ר״ה כח רע״ב מעלה הו״א שתקיעת שופר דורשת כוונה גם למ״ד מצוות לא צריכות כוונה, ולומדת זאת מהפסוק ״זכרון תרועה״. זוהי כוונה אחרת, לא כוונה לצאת יד״ח, ולכן היא מחייבת לכל הדעות. מסתבר שזוהי הכוונה לזכור את מה שמזכירה התרועה. אמנם זה נדחה, אבל לדברינו נראה שהדחייה היא שכשתוקע אין צורך בכוונה מלווה (מעבר לכוונה לצאת יד״ח), אבל בשבת שאין תקיעה בפועל, החובה של הכוונה הנוספת, לזכור ״זכרון תרועה״, קיימת מדאורייתא. והן הן דברי רש״י.

ואולי יש להמליץ על כך את דברי **הזהר** כרך ג (ויקרא), פרשת ויקרא דף יח ע״ב, שכותב כך:

> ***על דא אשכחנא בספרא דרב המנונא סבא באנון צלותי דר״ה דהוה אמר צלותא וקל שופרא (דההוא קול) דאפיק ההוא זכאה דאשתכח***

---

[7] אמנם הגרי״ד ב**הררי קדם** סי׳ כט מציע שהאמירה ביחד עם התקיעה היא מדאורייתא. בגמרא דובר שהתקיעה היתה במקום אחר והאמירה במקום אחר. אמירה לחוד היא מדרבנן. ובאמת מהגמ׳ ר״ה לב ע״א משמע שיש חובה דאורייתא (״רחמנא אמר אידכר״).

מרוחיה ומנפשיה בההוא שופרא דההוא קול סליק לעילא ובההוא יומא קיימין ומשתכחי מקטרגין לעילא וכד סליק ההוא קלא דשופרא כלהו אתדחיין קמיה ולא יכלין לקיימא, זכאה חולקהון דצדיקייא דידעין לכוונא רעותא לקמי מאריהון וידעין לתקנא עלמא בהאי יומא בקל שופרא ועל דא כתיב (תהלים פט) אשרי העם יודעי תרועה יודעי ולא תוקעי, בהאי יומא בעי עמא לאסתכלא בב"נ שלים מכלא דידע ארחוי דמלכא קדישא דידע ביקרא דמלכא דיבעי עלייהו בעותא בהאי יומא ולזמנא קל שופרא בכלהו עלמין בכוונה דלבא בחכמתא ברעותא בשלימו בגין דיסתלק דינא על ידוי מן עלמא,

הזהר מדייק שכתוב "יודעי תרועה", יודעי ולא תוקעי. גם התקיעה מטרתה להגיע לידיעה, ואת זה צריך לזכור.

וגם להלכה, אנו מוצאים ב**שו"ע** או"ח סי' תקפב ה"ז, שכותב כך:

אם חל בחול, אומר: יום תרועה מקרא קודש; ואם חל בשבת, אומר: זכרון תרועה.

כלומר אנו רואים שיש שארית לדרשה הזו בהלכה למעשה. אכן יום ר"ה שחל בשבת הוא "זיכרון תרועה" גם למעשה.

והנה ה**משנה ברורה** שם סקי"ט כותב:

אומר יום תרועה וכו' - ואפילו בתפלת הלילה או בקידוש אע"ג שאין תוקעין בלילה מ"מ היום הוא יום של תרועה דלמחר בודאי יתקעו. וכתבו האחרונים דבדיעבד אם אמר בחול זכרון תרועה וסיים הברכה אינו חוזר [דהא בתורה כתיב זכרון תרועה אע"ג דמדאורייתא תקיעה שריא בשבת] וה"ה בשבת אם אמר יום תרועה ג"כ אינו חוזר:

כלומר בחול שייך לומר "זכרון תרועה" ובשבת שייך לומר "תרועה". לכאורה זה אומר שהדרשה בוטלה, שהרי אנו מפרשים "זיכרון תרועה" גם על ר"ה

רגיל (שחל בחול). אבל לדברינו זה לא נכון, שכן כפי שהסברנו באמת בכל ר״ה יש עניין של ״זיכרון תרועה״, אלא שהוא מתקיים במעשה התקיעה. בר״ה שחל בשבת אנו מקיימים רק את זה, בגלל שהגזירה אסרה עלינו לתקוע.

מקורו של **המ״ב** הוא **בפרי חדש** סי׳ תקפב, ושם הוא כותב כך:

(ז) אומר יום תרועה וכו׳ – ומיהו פשיטא לי שאם אמר זכרון תרועה שאין מחזירין אותו, דהא בתורה כתיב זכרון תרועה אע״ג דמדאורייתא תקיעה שריא בשבת וכדאיתא בר״פ בתרא דר״ה. אלא מאי דאיכא לספוקי הוא אם בשבת אמר יום תרועה אם מחזירין אותו או לא. ומסתברא דכיון דלכ״ע כל שהוא ב״ד קבוע וסמוך בא״י תוקעין בו בשבת יום תרועה מקרי ואין מחזירין אותו. א״נ י״ל דכיון שבשאר השנים הוא יום תרועה אע״פ שבשנה זו אינו יום תרועה אין בכך כלום.

רואים שברור לו שאם אמר בחול ׳זכרון תרועה׳ זה ודאי טוב. ואם להיפך – אז הוא בספק.

אם כן, אנו רואים שהדרשה נותרת להלכה לפחות מבחינת הנוסח. ובנוסף אנו רואים שגם בחול שייך העניין של ״זיכרון תרועה״, כפי שביארנו ברש״י. כעת נחזור ונראה את המשמעות של עובדה זו לענייננו.

ישנן כמה דעות במפרשים שמנסים לחבר את הבבלי עם הירושלמי, וכך לראות את הדרשה קיימת גם במסקנה, לא רק מבחינת הנוסח.

הדרך הפשוטה היא לראות את הדרשה כאסמכתא לדין דרבנן שנעוץ ב״שמא יעבירנו״ (ראה **פנ״מ וקה״ע** שם בסוגיא). אמנם כפי שנראה כעת ישנם מפרשים שהולכים בדרך ההפוכה.

הבולט שבהם הוא בעל **שבלי הלקט** בסי׳ רצד, שכותב כך:

דין שופר לדחות את השבת או לפקח עליו את הגל ביו"ט או להעביר עליו את התחום ולהורידו מן האילן או לחתכו ולתקנו.

יום טוב של ראש השנה שחל להיות בשבת במקדש היו תוקעין אבל לא במדינה משחרב בית המקדש התקין ר' יוחנן בן זכאי שיהיו תוקעין בכל מקום שיש בו בית דין והאידנא ליתא לתקנת רבן יוחנן בן זכאי ובכל מקומות ישראל מנהג פשוט שלא לתקוע בראש השנה שחל בשבת. ואמרינן בגמרא מנא הני מילי אמר ר' לוי בר חמא אמר רב חנינא כתוב אחד אומר שבתון זכרון תרועה וכתוב אחד אומר יום תרועה יהיה לכם לא קשיא כאן ביום טוב של ראש השנה שחל להיות בשבת כאן כשחל להיות בחול ובמסקנא אמרינן רבא אמר מדאורייתא מישרא שרי ורבנן הוא דגזרי ביה משום דרבה דאמר רבה הכל חייבין בתקיעת שופר ואין הכל בקיאים בתקיעת שופר גזירה שמא יטלנו בידו וילך אצל בקי ויעבירנו ארבע אמות ברשות הרבים.

יש תמיהין למה לי גזירה דרבה הא תרי קראי כתיבי זכרון תרועה ויום תרועה ומוקמינן חד בשבת וחד בחול ומפרשין יש לומר דרבה גופיה מפרש להו לקראי מאי טעמא אמרה תורה זכרון תרועה משום גזירה דשמא ילך אצל בקי ללמוד וכו':

בעל **שיבולי הלקט** מסביר שהטעם דרבנן של רבה הוא הבסיס לדרשה דאורייתא של הירושלמי. אבל יש לשים לב, הוא אינו אומר שהדרשה היא אסמכתא, אלא להיפך: ההסבר, שהוא לכאורה דרבנן, הוא הוא הטעם לדין דאורייתא.

וכבר העירו עליו שדבריו לכאורה סותרים את הגמרא. הרי בגמרא נדחתה הדרשה בגלל הקושיא מדוע תוקעים במקדש. ואולי כוונתו לומר שקושיא זו אינה דוחה את הדרשה, שהרי משמעותה הפשוטה היא שאין חובה ולא שיש

איסור. על כן אולי יש תירוץ סמוי שבאמת במקדש תקעו בגלל החובה לזכור, ובמדינה לא תקעו בגלל החשש של רבה.

כלומר טענתו שהדרשה מונחת בבסיס הגזירה דרבנן, שאל״כ חז״ל לא היו מבטלים את המצווה דאורייתא. מדאורייתא באמת עיצומו של יום השתנה. עדיין נותרה החובה לתקוע בשופר, אבל עיקרה הוא לזכור (אלא שכשאפשר לתקוע מקיימים כך גם את החובה לזכור). רבנן הפקיעו את החובה לתקוע והותירו רק את החובה לזכור, ואת החובה הזו מקיימים על ידי אמירת הפסוקים. אבל הכל נסמך על דין דאורייתא שבשבת ר״ה יש חובה בעיקר לזכור ופוקע דין התקיעה, בניגוד לר״ה רגיל.

אם כן, השינוי במהותו של היום לעומת ר״ה רגיל הוא מדאורייתא. רק הביטול של התקיעה הוא מדרבנן. היעדר החובה הוא מדאורייתא, אלא שעדיין אפשר היה לתקוע ולקיים בכך את חובת הזכירה. האיסור הוא מדרבנן, וזה בגלל שאפשר לקיים את החובה דאורייתא גם בשתיקה.

ובזה מתיישב מה שהקשינו למעלה, כיצד חכמים מבטלים את עיצומו של היום מכוח סיבה צדדית ושולית כזו. ולדברינו כאן הם באמת לא ביטלו את עיצומו של יום אלא להיפך: כוננו אותו.

בנוסח אחר: למעלה ראינו שבכל ר״ה יש חובה של זכירת תרועה (אולי מדרבנן ואולי מה״ת) ושל תרועה. בר״ה שחל בשבת נותרת החובה לזכור. עיצומו של יום לא השתנה אלא צומצם. ואולי ניתן להסביר זאת באופן נוסף. ישנן שתי דרכים להגיע למטרתו של ר״ה: על ידי תקיעה ועל ידי זכירת התרועה. בר״ה רגיל אנו עושים זאת באמצעות תקיעה בפועל, אך בר״ה, בגלל החשש של רבה, אנו בוחרים באופן אחר של ׳זכרון תרועה׳. אמ נם שני

האופנים מופיעים בתורה, ולכן שניהם מועילים להגיע למטרתו של היום. ושוב, אין בגזירה זו משום פגיעה בעיצומו של יום.[8]

נמצאנו למדים שהן לבבלי והן לירושלמי ההרכבה של שבת עם ר״ה יוצרת יום מסוג שלישי, כמו שראינו ביו״כ שחל בשבת לפי הרמב״ם. זהו יום שבו בא לידי ביטוי אופן נוסף של המלכת הקב״ה: המלכה באמצעות שתיקה. יום של זכרון תרועה במקום יום תרועה. שבת רגילה היא יום מסג אחד. ר״ה רגיל הוא יום תרועה שבו יש חובה לתקוע. ר״ה שחל בשבת אינו צירוף פשוט (שכוני) של שני האבות, אלא זהו יום מסוג שלישי, שמהותו היא זכרון תרועה. ביום זה לא תוקעים כלל בשופר.

רק נעיר כאן על משמעותם הרעיונית של הדברים. השתיקה הזו מזכירה לנו את הפרק בו אליהו הנביא במנוסתו פוגש את הקב״ה (מלכים א, פי״ט, יא-יב):

וַיֹּאמֶר צֵא וְעָמַדְתָּ בָהָר לִפְנֵי יְקֹוָק וְהִנֵּה יְקֹוָק עֹבֵר וְרוּחַ גְּדוֹלָה וְחָזָק מְפָרֵק הָרִים וּמְשַׁבֵּר סְלָעִים לִפְנֵי יְקֹוָק לֹא בָרוּחַ יְקֹוָק וְאַחַר הָרוּחַ רַעַשׁ לֹא בָרַעַשׁ יְקֹוָק: וְאַחַר הָרַעַשׁ אֵשׁ לֹא בָאֵשׁ יְקֹוָק וְאַחַר הָאֵשׁ קוֹל דְּמָמָה דַקָּה:

הופעתו העמוקה יותר של הקב״ה היא דרך הדממה. המלכתו היא ההבחנה בו דרך הדממה. כשמשתיקים את כל השאון שסובב אותנו, רק אז ניתן להבחין בקב״ה.

---

[8] ואולי יש לתלות בכך את מחלוקת הפוסקים לגבי השאלה מה דינו של מי שעבר ותקע בר״ה שחל בשבת: האם הוא קיים את המצווה מדאורייתא ורק עבר איסור דרבנן, או שמא הוא לא יצא את הדאורייתא כלל. ראה על כך ב**דרוש וחידוש** לרעק״א (במערכה לחגיגה, שם הוא נחלק בכך עם ה**מג״א**). ובפשטות לפי דרכנו מי שתקע יצא ידי חובת הדאורייתא, שכן גם זוהי דרך להגיע למטרתו של היום. אמנם יש לדחות לפי דברי תוד״ה ׳דאמר׳, סוכה ג ע״א, ואכ״מ.

כיצד זה נעשה בר״ה שאינו חל בשבת? יש לשים לב שגם אז הרעש הוא בעל אופי מאד מיוחד. שיר הוא אובייקט שמורכב ממילים ומנגינה. כאשר מפשיטים ממנו את המילים, נותרת רק מנגינה. זוהי תופעה דקה יותר. כאשר מפשיטים את המנגינה מהניואנסים שמאפננים אותה, נותרים עם קול ללא מנגינה: קול היולי, ותו לא. זוהי תקיעת השופר. אם כן, תקיעת השופר היא אמנם קול, אבל זהו קול פשוט ומופשט, ללא כל המאפיינים הרועשים שמלווים את הקולות היומיומיים אותם אנחנו פוגשים. ובשבת, אנו עוברים הפשטה אחת נוספת: שם אנחנו מוחקים אפילו את הקול הפשוט הזה. לא רק שאין כאן מחיקה של עיצומו של יום, אלא יש כאן הופעה טהורה ושלימה יותר שלו.

ואין לנו ביטוי מלא יותר לעניין זה מאשר רש״י על הפסוקים הללו במלכים, אשר כותב:

> ***קול דממה דקה - קל דמשבחין בחשאי אבל בנביאי א״ה אומר דממה וקול אשמע (איוב ד׳ י״ו) דממה היתה לשבח, ואני שמעתי קול הבא מתוך הדממה, דטינטישמנ״ט בלעז, ואין שומעין הקול ממש:***

גם בר״ה שחל בשבת קול השופר קיים. הוא יוצא מתוך הדממה, ואין לך קול גדול מזה. ועל כך נאמר (לגבי השופר של הר סיני): ״קול גדול ולא יסף״ (ראה דברים ה, יח), ומתרגמינן ״ולא פסיק״ (אונקלוס שם).

אם כן, בסופו של דבר יש משהו מר״ה רגיל גם בר״ה שחל בשבת. אלא שזה עובר שינוי צורה בעקבות המפגש עם שבת. כך נוצר כאן יום מסוג שלישי, הרכבה מזגית של שבת ור״ה.

יו״ט שחל בשבת: תשובת ה׳צפנת פענח׳

דוגמה נוספת של דיון בהרכבת שני ימים שונים במועד אחד אנו מוצאים בשו״ת **צפנת פענח** סי׳ ב. נקדים ונאמר שבשבתות וימים טובים יש איסור לעשות כל מלאכה. אך ישנו הבדל ביניהם: בשבת נאסרו כל לט אבות המלאכה ותולדותיהם, ואילו ביו״ט לא נאסרו מלאכות אוכל נפש (הכנת מזון). לדוגמה, מי שבישל בשבת עבר איסור, אך ביו״ט הדבר מותר. מה קורה ביו״ט שחל בשבת? לכאורה ברור שהדבר אסור מצד השבת שבזה, וכך אכן מוסכם על כל הפוסקים.

אבל בכל זאת בעל **הצ״פ** דן שם בשאלה האם מי שעשה מלאכות אוכל נפש ביו״ט שחל בשבת, כגון מי שבישל ביום כזה, עבר איסור גם מצד היו״ט שבזה, או רק מצד השבת. בתוך דבריו הוא נזקק לכמה סוגיות מקבילות וכאן נביא רק כמה קטעים רלוונטיים מדבריו:

> ***בגדר יו״ט שחל בשבת השאלה הי׳ אם עשה מלאכת אוכל נפש ביו״ט שחל בשבת והתרו בו משום יו״ט אם מחויב משום יו״ט ג״כ.***

עד כאן השאלה. כעת באה התייחסותו:

> ***יש בזה אריכות גדול אם היכי דהתורה חדשה לנו דבר אם זה רק אם עשה כדין.***

הוא תולה זאת בשאלה הכללית האם כשיש חידוש של התורה (אצלנו: החידוש שמותר לעשות מלאכות אוכל נפש ביו״ט) הוא קיים רק אם עושים אותו כדין, או שהחידוש אינו תלוי בנסיבות ואז גם אם עשו שלא כדין החידוש בעינו עומד. המקרה של בישול ביו״ט שחל בשבת הוא השלכה ישירה של השאלה הזאת: האם החידוש שאוכל נפש מותר ביו״ט נאמר רק כשמבשלים כדין, אבל כשבישל ביו״ט שחל בשבת, שם בודאי לא הותר

הבישול, לא נאמר החידוש הזה? או שמא החידוש נאמר באופן גורף ללא תלות בנסיבות?

כדרכו, הוא מביא כעת כמה וכמה דוגמאות לכך מהספרות התלמודית, שלא נעסוק בהן כאן. בסוף התשובה הוא מסיים:

... והארכתי הרבה גבי כהן גדול שנטמא לקרובים אם חייב ג"כ משום כהן הדיוט אם התרו בו עי' תוס' נזיר מ"ח ע"א [צ"ל: מז סוע"ב] ***וד' מ"ט ע"ב וכן אם בא על גרושה בלי קידושין לשיטת הרמב"ם ועי' קידושין ע"ז ע"ב אם מחוייב גם משום כהן הדיוט.***

הוא רומז כאן לדברי תוד"ה 'אי', נזיר מז סוע"ב, שכתבו:

וי"ל דק"ו דקאמר לאו דוקא ואינו אלא לרווחא דמילתא כאילו היה אומר כן על כרחיך דקרא על כל נפשות מת לא יבא בקרובים דאי על רחוקים בא להזהיר הרי הוא מוזהר ועומד משהיה כהן הדיוט שהוזהר על הרחוקים דאטו משנעשה כהן גדול פקעה קדושת כהן הדיוט וקדושתו להיכא אזלא אלא על כרחיך על הקרובים בא להזהירו דכהן הדיוט שרי בהן אייתר לו לאביו ולאמו לדרשא לומר לאביו אינו מיטמא אבל מיטמא הוא למת מצוה.

תוס' מסבירים שהקו"ח שלומדים ממנו שכהן גדול אסור להיטמא לקרובים הוא לאו דווקא, שהרי כהן הדיוט גם הוא אסור בקרובים, וכהן גדול הוא גם כהן הדיוט.

וכן בתוד"ה 'על כל', נזיר מט ע"ב, שכתבו בסוף דבריהם:

ויש לתמוה למה ליה לר"ע גבי כ"ג קרא דרחוקים תיפוק ליה מק"ו מכהן הדיוט כמו לתנא דריש פרקין או משום איסור שהיה עליו בהדיוטותו להיכא אזל כדפרישית לעיל דזה עיקר הטעם לעיל...

מדברי תוס' הללו רואים שכהן גדול אינו סוג שונה של כהן, אלא זהו כהן הדיוט שיש עליו קומה נוספת. ומכאן שכל דין שקיים בכהן הדיוט יחול גם על

כהן גדול. מכאן לומד **הצ"פ** את העיקרון שלו. כהן הדיוט מותר להיטמא לקרוביו שנפטרו כדי לטפל בקבורתם, ואילו לכהן גדול הדבר אסור. מה קורה כשכהן גדול נטמא לקרובים? זה ודאי אסור, אבל השאלה היא האם הוא עובר גם על האיסור של כהן הדיוט שנטמא, או שההיתר של כהן הדיוט להיטמא לקרובים נותר בעינו גם כאשר הוא כהן גדול (שבפועל אינו יכול לנצל את ההיתר הזה). שני הצדדים הללו תלויים בשאלה האם ההיתר שנאמר לגבי כהן הדיוט חל גם כאשר הדבר נעשה שלא כדין (כשהכהן הוא גדול ולא הדיוט).

אמנם מניסוח ההנמקה של תוס' בנזיר נראה שעולה תמונה שונה. תוס' לא דן בזה לאור העיקרון שמנסח **הצ"פ**, שכן הוא לא מסביר היתר של כהן הדיוט אלא איסור של כהן הדיוט שקיים גם בכהן גדול. השאלה בה הוא עוסק אינה האם היתר שנאמר לגבי כהן הדיוט חל גם כאשר הוא עושה שלא כדין, אלא האם כהן גדול הוא גם כהן הדיוט עם קומה נוספת, או שכהן גדול הוא יישות חדשה שאין בה ממד של כהן הדיוט. תוס' מניח שזו לא יישות חדשה, אלא הרכבה של עוד קומה.

סיכום המחלוקת לגבי יו"ט שחל בשבת

מדברי תוס' שהביא בעל **צ"פ** עולה תפיסה שהרכבות כאלה יוצרות מבנה דו-קומתי. יו"ט שחל בשבת אינו מפסיק להיות שבת או יו"ט, אלא הופך להיות מבנה בן שתי קומות: יו"ט ושבת. לכן דיני יו"ט ושבת חלים שניהם ביום כזה. לכאורה זה נראה ממש הפוך לתפיסתו של בעל **או"ש** לגבי יו"כ שחל בשבת, כפי שהצגנו אותה למעלה. בעל **או"ש** רואה צירוף כזה כיצור חדש, הרכבה מזגית, ולא כהרכבה שכונית של שני המושגים היסודיים.

פרק שני

הרכבה שכונית והרכבה מזגית: מודל פורמלי

מבוא

בפרק הקודם עמדנו על שתי צורות ראשוניות שבהן ניתן להרכיב שני מושגים לכלל מושג שלישי: הרכבה שכונית ומזגית. כאן ננסה לבנות מודל פורמלי ראשוני שמתאר את שתי ההרכבות הללו. נתחיל את הדיון בתזכורת מהספר הקודם.

המודל הבסיסי: שלוש רמות התייחסות

בספר הקודם עסקנו בסינתזה של מושגים. נקודת המוצא שלנו שם ובספרים הקודמים היתה שישנן שלוש רמות התייחסות להלכה:

א. מושגים/מצבים הלכתיים. לדוגמה, בממון המזיק אנו מבחינים בין כמה סוגי מזיקים: בור, אש, קרן ורגל. סימנו את המושגים/מצבים הללו באותיות $\{\varphi_i\}$. מטרת הדיון ההלכתי היא לבחון מהי ההוראה ההלכתית בכל מצב או מושג כזה.

ב. מאפיינים עובדתיים שלהם. בדוגמה של ממון המזיק: בור – תחילת עשייתו לנזק, אין דרכו לילך ולהזיק ואין כוח אחר מעורב בו. אש – דרכה לילך ולהזיק, כוח אחר מעורב בה, ואין תחילת עשייתה לנזק. רגל – דרכה לילך ולהזיק, אין כוח אחר מעורב בה, ואין תחילת עשייתה לנזק. סימנו את המאפיינים הללו באותיות: $\{\alpha_i\}$. את המאפיינים העובדתיים בדרך כלל ניתן להסיק מתצפית על

המציאות. ברוב המקרים מקורות ההלכה כלל לא מתייחסים למאפיינים הללו במישור הגלוי. טענתנו היא שהם עדיין משחקים תפקיד במישור סמוי יותר, מאחורי ההיסקים ההלכתיים.

ג. נורמות הלכתיות-משפטיות שחלות על המושגים. בדוגמת ממון המזיק: כולם חייבים בתשלום פיצוי לניזק. ולכל אב נזק יש נורמות שונות לפטור: רגל – פטור ברה"ר. בור – פטור על נזקי כלים ואדם. אש – פטורה על טמון. סימנו את הנורמות הללו באותיות: $\{x_i\}$. מטרת הדיון ההלכתי היא לקבוע את הנורמות הללו עבור כל מצב/מושג.

לדוגמה, למושג אש שמסומן באות φ_1, יש שלוש תכונות עובדתיות $\{\alpha_{12}, \alpha, \alpha_3\}$. אנו מסמנים זאת כך: $\varphi_1(\alpha_{12}, \alpha, \alpha_3)$. ההלכה קובעת כמה הלכות שנוגעות לאש, בדוגמה שהבאנו למעלה מדובר בשתי הלכות: חיוב בתשלום פיצויי נזיקין – x_1, ופטור על טמון – x_2. ניתן לראות את הנורמות הללו כתכונות הלכתיות של המושג, ולסמן זאת כך: $\varphi_1(\alpha_{12}, \alpha, \alpha_3, x_1, x_2)$.

בספר הקודם הצגנו באופן מפורש את הטענה הבסיסית שלנו, לפיה העולם ההלכתי בנוי משלושת הרבדים הללו זה על גבי זה. כאשר אנחנו רוצים לדעת מהי ההלכה (מאפיין הלכתי) במצב נתון (מושג הלכתי), עלינו לבחון את המאפיינים העובדתיים שלו. ההנחה היא שכל הלכה היא תוצאה של תכונות עובדתיות של המושג בו דנים. מכאן שאם יש מושג אחר שגם בו מופיעות תכונות עובדתיות דומות ההלכות לגביו תהיינה דומות להלכות שנוהגות במושג האב. זו אחת מדרכי ההיסק ההלכתי.

כבר בספר הראשון השתמשנו בתמונה הזאת כדי לנתח היסקים לא דדוקטיביים. טענתנו היתה שמאחורי ההיסקים הללו עומדות התייחסויות שונות למאפיינים העובדתיים. מאחורי כל הלכה עומד מודל של קבוצת מאפיינים עובדתיים שמגדירים כל אחד מהמצבים (מושגים). גם בספר

הקודם, שם ניסחנו זאת במפורש לראשונה, השתמשנו במאפיינים העובדתיים כדי לנתח תהליכי הרכבה של מושגים. עסקנו שם בסיטואציות שבהן יש לנו שני מושגים שונים (=האבות) שלכל אחד מהם יש מאפיינים הלכתיים ועובדתיים משלו. דנו שם בשאלה הלכתית לגבי סיטואציה או מושג (=תולדה) שיש לו מאפיינים עובדתיים שקשורים למאפיינים של שני האבות.

בחנו שם את ההרכבה של מושגים דרך הקשר בין המאפיינים העובדתיים למאפיינים ההלכתיים. בדוגמה של ממון המזיק עסקנו שם בסיטואציה בה אדם מניח על ראש הגג משא כלשהו שהוא רכושו, ובאה רוח והעיפה אותו למטה, ולאחר שהוא נח ברחוב הוא הזיק לבהמה שעברה שם. השאלה היתה האם בעל המשא שהניח אותו בראש הגג חייב לשלם או לא (האם חלה כאן נורמה הלכתית x). הגמרא שם הסבירה שבעצם ניתן לראות את הסיטואציה הזאת כסינתזה בין אש לבין בור. לכן ניתן להסיק שאם אש ובור מחייבים את בעליהם לשלם, אז גם משא שנפל באופן כזה יחייב את בעליו לשלם. עוד עסקנו שם בשאלה האם הפטורים של אש ו/או של בור יחולו גם על המשא שנפל מהגג או לא. ושוב, ההנחה היא שהתכונות העובדתיות של אש ובור מרכיבות את התכונות של משא שנופל, ולכן ההלכות לגביו ניתנות להיגזר מההלכות לגבי אש ובור.

ראינו שם שני מכניזמים עיקריים של סינתזה מושגית:

א. צד שווה. חילוץ מאפיינים עובדתיים משותפים לשני מושגי האב. אם גם לתולדה יש את המאפיינים הללו (ואולי גם אחרים, אבל אלו אינם חשובים), כי אז ההלכה שחלה על שני האבות תחול גם על התולדה.

ב. הבנייה מושגית. הרכבה בין המאפיינים השונים של שני האבות, וחיבור שלהם לתולדה שונה. גם שם הלכה שקיימת בשני האבות תחול גם על התולדה.

לדוגמה, נניח שנתונים לנו שני האבות הבאים:

$$\varphi_1(\alpha_{12}, \alpha, \alpha_3, x_1, x_2)\ ;\ \varphi_2(\beta_1, \beta_2, \beta_3, y_1, y_2)$$

בכל אחד מהם אנחנו יודעים את המאפיינים העובדתיים (מתצפית) וההלכתיים (מעיון במקורות המוסמכים של ההלכה). אנחנו מתעניינים בשאלה מהי ההלכה במצב שלישי שאנחנו יודעים את המאפיינים העובדתיים שלו (מתצפית), אבל אין לנו מידע הלכתי לגביו (הוא לא מופיע במקורות ההלכה). אנחנו מחפשים את הנורמות ההלכתיות שחלות עליו:

$$\varphi_3(\gamma_1, \gamma_2, \gamma_3, z_1, z_2)$$

כאמור, z_1 ו-z_2 הם נעלמים שאנחנו מעוניינים לדעת אותם. ראינו שם שאם המאפיינים γ מכילים את המשותף בין α ל-β כי אז ניתן להחיל על φ_3 כל נורמה x שחלה על שני האבות. זהו היסק 'הצד השווה'. היסק כזה מניח שוויון בין חלק מהתכונות העובדתיות וחלק מהתכונות ההלכתיות של שני האבות. קבוצת התכונות העובדתיות המשותפות לשני האבות היא שמחוללת את התכונות ההלכתיות שמשותפות להם. לכן אם בתולדה גם קיימים המאפיינים העובדתיים הללו – סביר שגם לה תהיינה התכונות ההלכתיות המשותפות לשני האבות.

לעומת זאת, אם ניתן לבנות את γ על ידי צירוף של מאפיינים שונים של שני האבות (אלו הייחודיים ל-φ_1 מתוך α והייחודים ל-φ_2 מתוך β, כי אז ניתן לבצע הבנייה מושגית ולהחיל את ההלכה המשותפת לשני האבות גם על התולדה. טענו שם שדוגמה לכך שם היא רקיקה ברה"ר בשבת. הטענה היתה שניתן לבנות את הרקיקה כסינתזה בין זריקה לבין זרייה. לזריקה יש מאפיין של הולכת דבר כלשהו ארבע אמות ברה"ר. לזרייה יש מאפיין שהיא נעשית בעזרת הרוח (ובכל זאת אין כאן פטור). מכאן לומדים שהסתייעות ברוח אינה

פוטרת, ולכן גם רקיקה, שהיא זריקת הרוק ארבע אמות ברה״ר בעזרת הרוח, מחייבת.

אם נסמן זאת באותה צורה שהגדרנו עד כאן:

זרייה - $\varphi_1(\alpha_1, x_1)$

זריקה - $\varphi_2(\alpha_2, x_1)$

המאפיין ההלכתי המשותף שיש לשני האבות (x_1) הוא שיש עליהם חיוב כאיסור מלאכות בשבת. המאפיינים העובדתיים הם כדלהלן: α_1 - לזרייה יש סיוע של הרוח שהוא מאפיין בעל פוטנציאל לפטור (ובכל זאת אין בזורה פטור). α_2 - בזריקה יש העברת ד אמות ברה״ר.

כעת אנחנו מתעניינים בדין של רקיקה, שיש לה את שני המאפיינים העובדתיים כדלהלן (היא מעבירה ד אמות ברה״ר, ויש לה סיוע של הרוח):

רקיקה - $\varphi_3(\alpha_1, \alpha_2)$

כעת אנחנו שואלים האם גם רוקק בשבת הוא מצב שמחייב כאיסור מלאכה, כלומר האם גם לרקיקה יש את התכונה ההלכתית x_1. אנחנו עושים הבנייה מושגית של רקיקה באמצעות שני האבות, כלומר מוכיחים שההסתייעות ברוח אינה פוטרת על העברת ד אמות ברה״ר, ומסיקים שאכן הרוקק בשבת חייב, כלומר:

$$\varphi_3(\alpha_1, \alpha_2, x_1)$$

כעת נוכל לעבור לתיאור דומה של ההיסקים שתוארו בפרק הקודם, ולהשוות בינם לבין ההיסקים מהספר הקודם שתוארו כאן.

המאפיין של ההיסקים מהפרק הקודם

מה קורה בהיסקים שתיארנו בפרק הקודם? גם שם יש שני מושגי אב, לדוגמה: שבת ויו"כ. לכל אחד יש מאפיינים הלכתיים ועובדתיים ידועים. השאלה בה אנחנו עוסקים היא מהם הדינים הנהוגים ביו"כ שחל בשבת, שהוא התולדה. לכאורה מאד דומה, ובכל זאת שונה.

במבט פשוט רואים שכיוון המחשבה הוא הפוך להיסקים שתוארו בסעיף הקודם. בסינתזות מהספר הקודם הראייה של משא שנופל כצירוף של אש ובור או הראייה של רקיקה כצירוף של זריקה וזרייה, הן תוצאה של יצירתיות מחשבתית של הפוסק/פרשן, וחיפוש במקורות המידע ההלכתיים. הפרשן/פוסק הוא זה שאיתר את שני האבות שיוכלו לסייע לו בהבנת הדינים שחלים על הסיטואציה שבפניו (התולדה). בנוסף לכך, בכל המקרים שם לשני מושגי האב יש תכונה הלכתית משותפת שחלה על שניהם (שניהם אבות מלאכה שמחייבים בשבת, או אבות נזיקין שחייבים בתשלום), והדיון שלנו הוא דווקא על ההלכה המשותפת הזאת. כלומר אלו הם שני מושגים ששייכים לאותו סוג הלכתי.

לעומת זאת, בסינתזות שתוארו בפרק הקודם הצירוף בין שני מושגי האב לא נעשה על ידינו ואינו דורש שום יצירתיות. המציאות עצמה מצרפת אותם, שכן עובדתית יו"כ חל בשבת (או ר"ה, או יו"ט, חלו בשבת). אם כך, כאן לא רלוונטי לדבר על הצד השווה ולא על הבנייה מושגית. בנוסף לכך, כאן מדובר בשני מושגי אב מסוגים שונים (לא בהכרח חלות עליהם אותן הלכות). ההלכות שחלות בשבת וביו"כ לפחות בחלקן הן הלכות שונות. יתר על כן, כפי שנראה כעת כאן אנחנו מתעניינים דווקא בחלק השונה של האבות.

מהי השאלה שמעסיקה אותנו בהיסקים כאלה? אם המאפיינים ההלכתיים של שני האבות (יו"כ ושבת) היו זהים כמו במקרים שנדונו בספר הקודם, כי אז באמת לא היתה שום בעייה. המאפיינים הללו ודאי היו חלים גם על יו"כ שחל בשבת, והדיון לא היה מתעורר. למעשה, בכלל לא היה נדרש היסק

בשביל זה, כי המציאות עושה את הצירוף הזה. אבל בכל זאת ראינו שמתנהל דיון, וזאת מפני שהמאפיינים ההלכתיים של שני האבות הם שונים. השאלה כאן היא מי מהם, אם בכלל, יחול גם על התולדה. לדוגמה, ביו״כ אסור לאכול ובשבת מותר (ואף חובה). אם כן, יש שאלה האם ביו״כ שחל בשבת אסור או מותר לאכול. הוא הדין לגבי קניבת ירק (הכנת ירק למאכל במוצאי הצום. ראה שבת קיד ע״ב – קטו ע״א) שמותרת ביו״כ (כדי שיוכלו לאכול מייד במוצאי הצום) ואסורה בשבת. וכך גם לגבי קידוש שיש חובה לאומרו בשבת אבל לא ביו״כ.

אם כן, בספר הנוכחי אנחנו עוסקים בסיטואציה מעט שונה שניתנת לתיאור באותה שפה. אם נניח שגם כאן נתונים שני האבות בדומה לסימון שלמעלה:

$$\varphi_1(\alpha_1,\alpha_2,x_1,x_2)\ ;\ \varphi_2(\beta_{12}\beta\ ,\ ,y_1,y_2)$$

כעת מדובר מקרה שהמאפיינים ההלכתיים x ו-y הם שונים. מה לגבי המאפיינים העובדתיים? ברור שאנחנו עוסקים בתולדה שנבנית מצירוף כל המאפיינים העובדתיים של יו״כ ושבת גם יחד: $\varphi_3(,\alpha\ \beta)$, כאשר α ו-β הם ווקטורים שמכילים את המאפיינים של האבות (היום הזה הוא גם יו״כ וגם שבת). שאלתנו היא האם על φ_3 (יו״כ שחל בשבת) יחולו המאפיינים ההלכתיים של האבות, x ו/או y, כולם או חלק מהם.

במקרה זה יש גם הלכות משותפות לשבת ויו״כ, כמו איסורי המלאכה, אבל כפי שראינו הן ודאי תחולנה על יו״כ שחל בשבת (ראינו שהן כנראה נובעות מהמאפיינים העובדתיים המשותפים). ענייננו כאן הוא דווקא בהלכות הנפרדות והשונות בשני הימים.

נניח כרגע לצורך הדיון שבין המאפיינים העובדתיים של שני האבות מתקיים: $\alpha_1=\beta_1$, ובין המאפיינים ההלכתיים מתקיים: $x_1=y_1$. עוד נניח כי שאר המאפיינים העובדתיים וההלכתיים של שני האבות שונים זה מזה. מה נוכל

להסיק לגבי התולדה? הדבר תלוי בטיבה, כלומר במאפיינים העובדתיים שלה. אם התולדה הנדונה היא $\varphi_3(\alpha_1)$, כי אז ברור שחל עליה x_1, שכן הוא התוצאה שמחולל המאפיין העובדתי α_1. אם בתולדה קיימים גם המאפיינים העובדתיים הבאים: $\varphi_3(\alpha_1, \alpha_2, \beta_2)$, אז ניתן להסיק שקיימים בה גם שאר המאפיינים ההלכתיים: $\varphi_3(\alpha_1, \alpha_2, \beta_2, x_1, y_1, y_2)$. הסיבה לכך היא שהמאפיינים ההלכתיים הנוספים הם תוצאה של המאפיינים העובדתיים הנותרים.

אבל כפי שראינו בפרק הקודם לא זהו המצב. ישנם מקרים שבהם לפחות עולה האפשרות שהמאפיינים ההלכתיים הנוספים לא יתווספו לתולדה. זה צפוי בעיקר כאשר יש סתירה בין המאפיינים ההלכתיים x_2 ו-y_2. במקרה כזה עלינו לקבוע מי מהם יחול שם ומי לא.

אם ההיסקים מהספר הקודם נקראו אצלנו סינתזה מושגית, מפני שמושג התולדה נוצר מסינתזה בין שני מושגי האב והמאפיינים העובדתיים שלהם, הרי שההיסקים כאן יכולים להיקרא אנליזה מושגית. כאן עלינו לעשות אנליזה של המושג המורכב ושל היחס בין המאפיינים של המושגים המעורבים בתהליך כדי לראות מהי הנורמה שחלה על מושג התולדה.

כפי שראינו, הדינים שיחולו על התולדה תלויים בשאלה האם אנחנו רואים את ההרכבה הזאת כשכונית או מזגית. נדון כעת בכל סוג כזה בנפרד.

הרכבה שכונית

הרכבה שכונית היא מצב בו מושג התולדה מכיל את שני מושגי האב זה לצד זה. הוא בעצם מהווה צירוף של שניהם. במצב כזה אנחנו פשוט מחברים את כל ההלכות של שני האבות. במצב כזה, כפי שראינו, יחולו על φ_3 כל המאפיינים ההלכתיים של האבות, x ו-y גם יחד.

המצב מסתבך כאשר קיימת סתירה בין ההלכות של שני האבות. במצב כזה לא ניתן ליישם את הסכימה הזאת, שכן על התולדה חלות כעת שתי נורמות הפוכות. חשוב כאן להבחין בין שני מצבים שונים, שרק אחד מהם הוא סתירה:

- כאשר הנורמה x שחלה על φ_1 לא חלה על φ_2, ברור שהנורמה הזו תחול גם על התולדה φ_3. לדוגמה, בר״ה יש חובה לתקוע בשופר ובשבת אין חובה כזאת (אבל גם אין איסור, לפחות לא מדאורייתא). כאן ברור שהחובה לתקוע בשופר תחול בר״ה שחל בשבת, מצד ר״ה שביום הזה. צד השבת רק לא מפריע לכך. הוא הדין לגבי קידוש ביו״כ שחל בשבת. בשבת יש חובה לומר קידוש וביו״כ אין חובה כזאת. לכן ביו״כ שחל בשבת תהיה חובה לומר קידוש.
- אבל אם ישנה נורמה הפוכה שחלה על φ_2, אז נוצרת בעייה. לדוגמה, אם בר״ה יש חובה לתקוע בשופר ובשבת הדבר היה אסור, אז נוצרת בעייה מה יהיה הדין בר״ה שחל בשבת. לכאורה זהו בדיוק המצב לגבי אכילה ביו״כ שחל בשבת: ביו״כ יש איסור ובשבת יש חובה (ולא רק שאין איסור). במצב כזה נדרש קריטריון חיצוני שיקבע איזו משתי הנורמות ההפוכות תחול כאן. מייד נראה מה ההלכה עושה במצבים כאלה.

אם כן, ראינו שבהרכבה שכונית בדרך כלל המצב הוא פשוט: על התולדה חלות ההלכות של שני האבות. מצב מסובך יותר נוצר כאשר יש סתירה בין ההלכות שחלות על שני האבות. כאן עלינו להחליט איזו משתי ההלכות תחול על התולדה. ניתן לחשוב על שני קריטריונים:

- הנורמה שתחולתה בעלת עוצמה חזקה יותר היא שתגבר. לדוגמה, אם החובה לצום ביו״כ (לאו שיש בו כרת) היא חזקה יותר מהחובה לאכול בשבת (מצוות עשה מדברי נביאים של עונג שבת: ״וקראת

לשבת עונג״) – אז האיסור לאכול יגבר. לכאורה זוהי מסקנת הבבלי לגבי תקיעה בשופר בר״ה שחל בשבת. מדאורייתא יש לתקוע כי החובה לתקוע היא מן התורה והאיסור על תקיעת שופר בשבת הוא רק איסור דרבנן. אמנם במקרה זה חכמים גזרו בכל זאת לא לתקוע, אבל גם זו רק הלכה מדרבנן.

- ישנה סברא או מקור מפורש בתורה שקובעים עדיפות של נורמה אחת על חברתה, על אף שהיא אינה בהכרח חמורה יותר. לפי הירושלמי (וראינו שאולי גם בבבלי) זהו המצב לגבי תקיעת שופר בר״ה שחל בשבת. אמנם שם המצב הוא שונה, שהרי אין סתירה אמיתית בין ההלכות של האבות, כי האיסור לתקוע בשבת הוא רק איסור דרבנן, ולכן ברור שלפי כללי הצירוף היתה צריכה להיות חובה לתקוע. לא צריך כאן מקור מפורש. ובכל זאת הפסוק אומר שכאן לא תוקעים. זה מעביר אותנו לדיון על הרכבה מזגית.

במסגרת המודל שלנו ניתן לתאר זאת כך. יש לנו שני אבות:

$$\varphi_1(\alpha_{12}, \alpha, \alpha_3, x_1, x_2)\ ;\ \varphi_2(\beta_1, \beta_2, \beta_3, y_1, y_2)$$

התולדה שנוצרת מהצירוף היא הבאה:

$$\varphi_3(\alpha_{12}, \alpha, \alpha_3, \beta_1, \beta_2, \beta_3)$$

אם אין סתירה בין התכונות ההלכתיות, אז כולן יחולו גם בתולדה, ונקבל:

$$\varphi_3(\alpha_{12}, \alpha, \alpha_3, \beta_1, \beta_2, \beta_3, x_1, x_2, y_1, y_2)$$

ההנחה כאן היא שקיומם של שלושת המאפיינים α מחולל את הדין x בדיוק כמו באב φ_1, וקיומם של שלושת המאפיינים β מחולל את הדין y בדיוק כמו באב φ_2.

לשון אחר: מהאב φ_1 אנחנו לומדים: $x \to \alpha$. מאב φ_2 אנחנו לומדים: $y \to \beta$. חץ הגרירה מסמן את המעבר ממישור המאפיינים העובדתיים למישור המאפיינים ההלכתיים (לדוגמה, אם הבהמה היא ממונך אז חל עליך חיוב לשלם את נזקיה). כעת ברור שאם בתולדה φ_3 יש את שני סוגי המאפיינים העובדתיים הללו, כי אז יתחוללו שם שני המאפיינים ההלכתיים של האבות.

אבל כאשר ישנה סתירה בין התוצאות ההלכתיות ($x \equiv \neg y$) יש לנו שני קשרי סיבה ומסובב מנוגדים: $x \to \alpha$, ו- $y \to \beta$, שמוליכים לתוצאות מנוגדות. כדי להכריע האם בתולדה φ_3 יחול x או $\neg x$ (y=), עלינו להחליט איזו משתי התוצאות היא חזקה יותר, והיא שתגבר על חברתה. לדוגמה, אם x באב φ_1 הוא איסור כרת, ו-y באב φ_2 הוא רק איסור לאו רגיל או מצוות עשה, אז x הוא שיחול (כלומר יהיה איסור). אם נסמן את התוקף ההלכתי בפרדיקט T, אז התוקף של x בנסיבות α יסומן: $T_\alpha(x)$. מה שיקבע כאן הוא היחס בין $T_\alpha(x)$ לבין $T_\beta(y)$.

ניתן לתאר זאת באופן שונה. העדיפות של תוצאה x על y היא לא בגלל העוצמה ההלכתית שלה, אלא בגלל עוצמת הקשר הסיבתי בין הנסיבות לבין התוצאה ההלכתית שהן מחוללות. השאלה היא עד כמה חשוב לתורה שבנסיבות β תהיה התוצאה y (האם זה הכרחי, רצוי, מוחלט וכדומה). עלינו להשוות זאת לחשיבות שיש להחלת x בנסיבות α. אם נסמן שהנסיבות העובדתיות α מחייבות את התוצאה ההלכתית x בעוצמה A. לעומת זאת, הנסיבות β מחייבות את התוצאה ההלכתית בעוצמה B, אזי ההשוואה בין A ל-B היא שתקבע איזו תוצאה הלכתית תחול על התולדה.

מה קורה כאשר התורה קובעת עדיפות של תוצאה הלכתית אחת על פני השנייה, זאת על אף שאין הבדל בעוצמה ההלכתית של שתיהן? זה המצב בקריטריון העדיפות השני שהוצג למעלה. לדוגמה, אם התורה קובעת שאין לתקוע בשופר בר״ה שחל בשבת, על אף שהחובה לתקוע בר״ה היא מצוות עשה דאורייתא והאיסור לעשות זאת בשבת הוא רק איסור דרבנן. במצב כזה ניתן אולי לומר שהעדיפות נוצרת מהשוואת עוצמות הקשרים הסיבתיים, ולהפריד בין שני התיאורים שהוצגו למעלה. התוקף ההלכתי לא בהכרח משקף את מידת הנחיצות של התוצאה בנסיבות הנתונות. לכן ייתכן מצב שהיחס בין עוצמות התוקף לא יהיה אותו יחס כמו בין עוצמות הקשר הסיבתי. זה כבר מוביל אותנו לבחון את שאלת ההרכבות המזגיות.

בכל אופן, משמעות הדבר היא שעלינו להכניס לשפה של המודל שלנו גם את עוצמתו של הקשר הסיבתי בין הנסיבות העובדתיות לבין התוצאה ההלכתית, וגם את העוצמה של התוצאה ההלכתית עצמה.

הרכבה מזגית

אנחנו מתייחסים להרכבה כלשהי כהרכבה מזגית כאשר קורה בה משהו שאינו צפוי מההרכבה הזאת במבט השכוני. לדוגמה, כאשר ר״ה חל בשבת לפי הירושלמי לא תוקעים בשופר, על אף שבחשבון השכוני ודאי שהיתה צריכה להיות חובה לתקוע (שהרי החובה לתקוע בר״ה היא מדאורייתא והאיסור לתקוע בשבת הוא מדרבנן). מהסתכלות על המצב הזה לא עולה כלל דילמה. ובכל זאת הירושלמי מביא מקור מפסוק (״זכרון תרועה״), שמורה לנו לא לתקוע. כאן הפסוק אינו בא להכריע בדילמה, אלא לחדש דין חדש ועצמאי. משמעותו של הפסוק הזה היא שכאשר ר״ה חל בשבת, מתבטלת החובה לתקוע. הצירוף של מאפייניה העובדתיים של השבת למאפייני ר״ה משנה את הנורמות שמתחוללות על ידי מאפייני ר״ה. הרכיבים העובדתיים

של ר״ה לא מחוללים כאן את החובה לתקוע בשופר. רכיב ר״ה שבתרכובת נעלם מבחינה זאת.

כך גם קורה במקרה של יו״כ שחל בשבת לפי **האו״ש**. ברור שבחשבון השכוני יש כאן חובה לעשות קידוש מדין השבת שבזה (בגלל מאפייני השבת של היום הזה), אבל **האו״ש** בכל זאת קובע שאין לעשות קידוש. ברור שמבחינתו יש כאן צירוף מזגי, כלומר כששבת ויו״כ מותכים יחד נעלם ממד השבת מהתרכובת הזאת, ואין יותר חובה לומר קידוש.

כיצד ניתן לתאר את התהליך הזה במודל שלנו? הרי ברור שהמאפיינים העובדתיים של התולדה הם עדיין צירוף המאפיינים של שני האבות. מאידך, התוצאות ההלכתיות אינן הצירוף המתבקש. נראה שמה שקורה נוגע ליחסים הסיבתיים בין הנסיבות העובדתיות לבין התוצאה ההלכתיות, כפי שהסברנו למעלה. מתברר שאחד הקשרים הסיבתיים של האבות מושפע מנוכחותם של הנסיבות האחרות שהצטרפו למערכת. הקשר הסיבתי שקובע שבהינתן נסיבות של ר״ה יש חובה לתקוע בשופר מנוטרל כאשר מצטרפות למערכת נסיבות של שבת. בה במידה, הקשר הסיבתי שקובע שבהינתן הנסיבות של שבת יש חובת קידוש, מנוטרל כאשר מצטרפות למערכת נסיבות של יו״כ.

משמעות הדבר היא שאופי ההרכבה (שכונית או מזגית) תלוי ביחסים הסיבתיים בין העובדות להלכות שהן מחוללות. עד עכשיו הנחנו שהיחס הזה הוא פונקציה חד ערכית, כלומר בהינתן נסיבות עובדתיות נתונות מוגדרת התוצאה ההלכתית באופן חד ערכי (זוהי פונקציה), ותוצאה הלכתית משקפת נסיבות מסויימות. כעת נראה שהמצב מסובך יותר. הקשר הסיבתי בין העובדות לתוצאות ההלכתיות תלוי בכל הנסיבות שקיימות, גם אלו שאינן משפיעות באופן ישיר על התוצאה.

התמונה אליה אנחנו מגיעים כאן קצת מייתרת את ההתייחסות למושגים/מצבים. עלינו להתמקד בקשר הסיבתי בין הנסיבות לתוצאה ההלכתית. המושג אינו אלא אוסף הקשרים הסיבתיים בין מאפייניו

העובדתיים לבין ההלכות שחלות עליו. בשלב זה, אנחנו ממשיכים את המודל שלנו צעד אחד הלאה. אם עד עכשיו עסקנו בקשר הסיבתי בין הנסיבות לתוצאות ההלכתיות כקשר יציב ברור ונתון, ולא היה כל צורך להיכנס לפרטיו אלא רק להניח את קיומו, כעת עלינו להיכנס לתוכו ולבחון מה טיבו בנסיבות השונות.

הרכבה שכונית: הנחת הליניאריות

הגענו למסקנה שכדי למדל את התופעות הללו עלינו להיכנס לטיב הקשרים הסיבתיים בין התכונות העובדתיות לבין המאפיינים ההלכתיים. לצורך כך, במקום לדבר על גרירות כמו $\alpha \rightarrow x$, שלא מאפשרות לנו למיין את יחס הגרירה עצמו (במודל כאן זהו חץ פשוט אחד), עדיף להשתמש בפורמליזם של פונקציות. בשפה הזאת, היחס בין נסיבות (α) לבין הנורמות שהן מחוללות (x) יסומן כך: $x = f(\alpha)$, או בקיצור $x(\alpha)$. הפונקציה f היא אוניברסלית, כלומר פונקציה שמקבלת כקלט מצב עובדתי ומוציאה כפלט הוראות הלכתיות שחלות עליו.

הרכבה של שני מושגים בעלי תכונות עובדתיות α ו-β, היא בעצם צירוף של המאפיינים העובדתיים של שניהם. כאמור, משני האבות עולה שהנורמות ההלכתיות הן פונקציה כלשהי של המצב העובדתי:

$$x = f(\alpha)\ ;\quad y = f(\beta)$$

כעת עלינו לכתוב את הפונקציה האוניברסלית הזאת מעט אחרת. זוהי פונקציה של המון משתנים שמייצגים נסיבות עובדתיות: $f(\alpha,\beta,\gamma,\delta...)$. כל משתנה הוא בינארי (בינתיים), כאשר ערך 1 מסמן מצב בו הוא קיים, וערך 0 מסמן מצב בו הוא אינו קיים. גם את המצב ההלכתי אנחנו כותבים כווקטור של תכונות הלכתיות (x,y,...).

כעת עלינו לכתוב את שני היחסים של שני האבות באופן הבא:

$$(x,0...) = f(\alpha,0...) \;\; ; \;\; (0,y,0...) = f(0,\beta,0,0...)$$

יש לשים לב שיש כאן פונקציה אוניברסלית אחת ממישור העובדות למישור התוצאות ההלכתיות (כלומר לא הגדרנו את הנורמה y באמצעות פונקציה אחרת $g(\beta)$, אלא באותה פונקציה על נסיבות עובדתיות אחרות). התכונה הזאת היא שמאפשרת לנו הרכבה של מצבים שונים.

כעת נוכל מייד לראות שהרכבה שכונית משמעותה היא ליניאריות של הפונקציות המדוברות:

$$= (\mathrm{x,y},0,\ldots)\; f(\alpha,\beta,0,0...) = f(\alpha,0,...) + f(0,\beta,0,...)$$

כלומר למצב המורכב (התולדה) יש את צירוף התכונות של שני מצבי היסוד (האבות). הסכום בין התכונות ההלכתיות מבוסס על כך שאם יש 1 בווקטור אחד ו-0 בשני התוצאה היא 1. זהו חיבור פשוט. גם אם בשניהם יש 1, החיבור ייתן 1. כלומר מדובר כאן בחיבור בוליאני.

אלא שזה לא מאפשר לנו לתאר מצב בו יש סתירה בין x לבין y. פירוש הדבר בשפה שלנו הוא שלשני האבות יש נסיבות עובדתיות שונות, והתוצאה ההלכתית היא הפוכה. כלומר מדובר כאן באותה משבצת בווקטור התכונות ההלכתיות, שבאחד האבות התוצאה היא 1 ובשני התוצאה היא 1- (ולא 0).

המסקנה היא שלא מדובר כאן בשדה בינארי אלא בשדה טרנארי. אוסף התוצאות האפשריות הוא: (1,0,1-), כלומר: (חובה, מותר, אסור). כיצד עלינו להגדיר את פעולת החיבור על השדה הזה? אם יש לנו 0 ו-1 ראינו שמדובר בחיבור בוליאני. אם יש 1- ו-0 זה אותו דבר (התכונה 1- היא תכונה רגילה). הבעייה היא כאשר שני האבות נותנים לנו 1- ו-1. במצב כזה כדי לקבוע את הדין לגבי מצב התולדה ראינו שעלינו לבחור את החמור או החשוב מביניהם (לפי הקריטריונים שהובאו למעלה).

אם כן, היבט זה אינו שובר בהכרח את הנחת הליניאריות, אלא מוסיף עוד שלב בחישוב: בדיקה האם יש סתירה בין x לבין y והכרעה בהתאם מהי תוצאת החישוב. ההכרעה היא על ידי השוואה בין עוצמות החומרה או הקשר הסיבתי של שני הצדדים. שני אלו רק משנים את הגדרת פעולת החיבור בין ווקטורי התוצאה.

במונחי השפה שלנו, המצב הוא מהטיפוס הבא:

$$(-1,0...) = f(\alpha,0...) \;\; ; \;\; (1,0,0...) = f(0,\beta,0,0...)$$

השאלה היא מה המאפיין ההלכתי הראשון בווקטור התוצאות של התולדה. זה ייקבע על פי היחס בין חומרתם של שני הצעדים לשני הכיוונים. אם מדובר על החובה לאכול ביו״כ שחל בשבת, אז מבחינת יו״כ יש לאו עם איסור כרת לאכול. מבחינת שבת יש חובה מדברי קבלה לאכול. העוצמות מייצגות את חומרתם של החובות והאיסורים שמעורבים בזה. במקרה זה, ברור שגוברת החובה לא לאכול (לצום), שהיא לאו שיש בו כרת. לכן התוצאה היא: (-1,0,0...).

אם רוצים לייצג זאת בצורה לגמרי אנליטית ומפורשת, ניתן לכתוב את העוצמות של כל הלכה באמצעות מספרים יותר גבוהים בווקטור התוצאות. למשל, x שמייצג את החובה לאכול בשבת יהיה 1, אבל x– שמייצג את האיסור לאכול ביו״כ יהיה 5- (ערכו גבוה יותר).

את הפונקציה, שהיא כזכור ליניארית, ניתן לכתוב כעת באופן הבא:

$$f(\alpha,\beta...) = A\alpha + B\beta + C$$

המקדם A מבטא עד כמה חשוב שהתוצאה ההלכתית x תתקיים אם הנסיבות הן α, וכך גם לגבי B. ככל ש-A גדול יותר כך התוצאה ההלכתית תהיה בעלת עוצמה גדולה יותר. נציין שמכיון ש-f הוא ווקטור, אז המקדמים

גם הם ווקטורים. לכן ייתכן מצב שהנסיבות β ישפיעו על ההלכה x שהיא הראשונה בווקטור ולא על ההלכה השנייה. מכאן והלאה נניח C=0.

סתירה בין התוצאות ההלכתיות נוצרת כאשר לווקטורים A ו-B יש ערכים באותו רכיב. כאשר הווקטורים הם בלתי תלויים במובן חזק מאד (כלומר לעולם אין להם ערכים באותו רכיב), אז ההרכבה השכונית היא פשוטה.

לדוגמה, אם ר״ה חל בשבת. מה עושים ביום כזה? מצד ר״ה יש חובה לתקוע אבל מצד שבת יש איסור לתקוע. מבחינת הנסיבות מתקיים כאן גם $\alpha=1$ (זהו ר״ה) וגם $\beta=1$ (זוהי שבת). המקדם A (שמייצג את עוצמת החובה לתקוע בר״ה רגיל) הוא חיובי חזק, והמקדם B (שמייצג את האיסור לתקוע בשבת) הוא שלילי חלש. מהי התוצאה? $f=A+B > 0$, כלומר תוקעים בשופר ביום כזה. זוהי שיטת הבבלי, שמדאורייתא תוקעים בשופר בר״ה שחל בשבת, ומה שלא תוקעים הוא רק גזירה מדרבנן.

הרכבה מזגית: שבירתה של הנחת הליניאריות

מתי המודל של הרכבה שכונית נשבר? כאשר לא ניתן לתאר את תוצאת ההרכבה באמצעות הפונקציה הליניארית שתיארנו בסעיף הקודם. לדוגמה, לפי הירושלמי בר״ה שחל בשבת לא תוקעים בשופר. אם היתה כאן הרכבה שכונית, ראינו שהפונקציה הליניארית נותנת את התוצאה שביום כזה יש חובה לתקוע בשופר. אבל לפי הירושלמי התורה מלמדת אותנו שאין חובה כזאת (זהו ״זכרון תרועה״, ולא ״יום תרועה״). הפונקציה שלמעלה לא מתאימה לתאר את ההרכבה הזאת.

לכאורה עדיין ניתן היה לייצג זאת על ידי אותה פונקציה, אלא שהווקטור הקבוע C גורם לתוצאה הזאת (גם בעת שקיימים כל הגורמים שמחייבים תקיעת שופר הוא מנטרל אותם). אבל זה לא ייצוג נכון למצב, שכן הפטור

מתקיעה קיים רק כאשר יש צירוף נסיבות של ר״ה ושבת, ולא בכל מקרה. כלומר יש כאן תלות באותם גורמים עובדתיים, α, β, אלא שכנראה זו אינה תלות ליניארית. בשפה שלנו משמעות הדבר היא שבהרכבות מזגיות הליניאריות של הפונקציה נשברת, כלומר אי אפשר להפריד את התלות בשני המשתנים העובדתיים (ר״ה בהיעדר שבת מחייב תקיעה בשופר, אבל בנוכחות שבת הוא אינו מחייב זאת).

דוגמה לפונקציה כזאת היא:

$$f(\alpha,\beta) = A\alpha + B\beta(1-\alpha) = A\alpha + B\beta - B\alpha\beta$$

כאשר מדובר בר״ה רגיל (שאינו בשבת), אז $\alpha=1$; $\beta=0$. במצב כזה יש חובה לתקוע בשופר: f=A. אם יש שבת שאינה ר״ה, אז $\alpha=0$; $\beta=1$. במצב כזה יש חובה לא לתקוע בשופר: f=B . כאשר ר״ה חל בשבת, משמעות הדבר היא שגם $\beta=1$, ואז על אף שגם $\alpha=1$ בכל זאת לא תיווצר אותה תוצאה. כאן תהיה חובה לתקוע בשופר: f=A. זוהי בדיוק שיטת הירושלמי שסובר שמדובר כאן בהרכבה מזגית. משמעות הדבר בשפה שלנו היא שנשברת הליניאריות של הפונקציה.

בפרק הבא נסכם את הדברים על ידי ניתוח מפורט יותר של הדוגמה של יו״כ שחל בשבת.

פרק שלישי

הדוגמה של יום כיפור שחל בשבת

מבוא

בפרק הקודם התחלנו לבנות את המודל הפורמלי שמתאר הרכבות שכוניות ומזגיות. בפרק זה ננתח את הדוגמה של יו״כ שחל בשבת שהיא הדוגמה הכי מורכבת (יש בה כמה וכמה הלכות רלוונטיות שמשתנות ולא משתנות בגלל ההרכבה). מתוך הניתוח הזה תעלה תמונה מלאה יותר של המודל הפורמלי.

יו״כ שחל בשבת: סקירה הלכתית

עד כאן עסקנו בר״ה שחל בשבת. לגבי יו״כ שחל בשבת, ראינו חמש שאלות שונות: שאלת הצום, שאלת הקידוש, קניבת ירק, שאלת הקרבנות, ושאלת המקריב. שוב נניח שיו״כ מיוצג על ידי $\alpha=1$ ושבת על ידי $\beta=1$. A מייצג את החובה מבחינת יו״כ (הוא חיובי) ו-B מייצג את האיסור מבחינת השבת (הוא בעל ערך שלילי).

א. לגבי צום ביו״כ שחל בשבת, ראינו שלכל הדעות יש חובה לצום. משמעות הדבר היא שעלינו ליישם כאן את הניתוח ליניארי, כלומר שזוהי הרכבה שכונית:

$$f = A\alpha + B\beta$$

מצד יו״כ יש חובה לצום (A), אבל מצד שבת יש איסור לצום (B בעל ערך שלילי). כאשר יו״כ ושבת מופיעים לחוד מתקבלות התוצאות A ו-B

בהתאמה. אבל כשיו״כ חל בשבת ($\alpha = \beta = 1$) יש קיזוז, והתוצאה היא 0 < f=A+B. מכיון ש-A הוא חובה חזקה ו-B הוא איסור קטן, התוצאה היא שביום כזה יש חובה לצום.

ב. לגבי שאלת הקידוש ביו״כ שחל בשבת, ייתכן שאנחנו מקבלים תוצאה שונה. הגישה המקובלת היא שיש חובה לקדש, ואז הניתוח הוא כמו הצום, אלא שלגבי הקידוש הערך החיובי מצד השבת גובר על הערך המאופס מבחינת יו״כ. מצד שבת יש חובה לעשות קידוש, ומצד יו״כ אין איסור אלא שאין חובה. בפונקציה ליניארית שמתארת הרכבה שכונית, הערך המתקבל הוא: f=B, כלומר שיש חובה לעשות קידוש. אבל **האו״ש** סובר שאין חובה כזאת, וכנראה הוא מבין שההרכבה היא מזגית, כלומר שהפונקציה אינה ליניארית, אלא לדוגמה כמו שראינו למעלה:

$$f(\alpha, \beta) = A\alpha + B\beta(1-\alpha)$$

במצב כזה, כאשר יו״כ חל בשבת, התוצאה היא: f=A=0 (התוצאה היא הצד של יו״כ, אלא שמבחינת יו״כ אין חובה לקדש, אבל גם אין איסור). לכן למסקנה אין חובה לקדש ביום כזה.

ג-ד. מוספי שבת ויו״כ. לגבי שאלת הקרבנות מצב לכאורה דומה למה שראינו לגבי הצום. זוהי הרכבה שכונית, ולכן הפונקציה היא ליניארית:

$$f(\alpha, \beta) = A\alpha + B\beta$$

אלא שכאן אין סתירה בין שבת ויו״כ, כלומר ערכי הווקטורים לא מתנגשים באותו רכיב. לכן התוצאה היא: f=A+B. כאן הסכום הוא ווקטורי, ולכן יש כאן ווקטור תוצאה f עם ערכים שונים מ-0 בשני רכיבים שונים (מוספי שבת ומוספי יו״כ).

ה-ו. מיהו המקריב של קרבנות המוסף הללו? ממה שנאמר עד כאן זוהי הרכבה שכונית, ולכן לכאורה היה עלינו להסיק שהמקריב של מוספי השבת הוא כהן הדיוט ושל מוספי יו״כ זהו כה״ג. אבל בפרקים הקודמים ראינו שהרמב״ם כותב שאת כל המוספים מביא כה״ג. את הקביעה הזאת ניתן להבין בשתי צורות:

- למעלה הסברנו שלמרות שלגבי החובה להקריב יש כאן הרכבה שכונית, זה מפני שאין סתירה בין הצדדים (יו״כ ושבת). אבל לגבי זהות המקריב יש כאן הרכבה מזגית.

הבעייה היא שהתיאור הזה מניח שזהות המקריב היא רכיב שונה בווקטור והוא בלתי תלוי בעצם החובה להקריב. הרכיב של החובה מורכב שכונית והרכיב של זהות המקריב מורכב מזגית. אבל אם זהו באמת רכיב שונה בווקטור, אז נראה שבכלל אין צורך להניח הרכבה מזגית:

- זהות המקריב היא משתנה נפרד (רכיב שונה בווקטור) מעצם החובה להקריב. אם כך, גם לגבי זהות המקריב ההרכבה היא שכונית, אלא שזו לא אותה הרכבה כמו החובה להקריב. כאן ערכי A ו-B הם שונים, שכן מבחינת יו״כ יש חובה שהמקריב יהיה כה״ג, ומבחינת שבת אין חובה שזה יהיה הדיוט ולא כה״ג, אלא רק היתר.

ועדיין יש כאן משהו מזגי, שכן אנחנו מיישמים על מוספי השבת את ההוראות שקובעות מיהו המקריב לגבי קרבנות יו״כ. מוספי השבת איבדו את זהותם הייחודית וקישורם לשבת.

איך ניתן לייצג זאת? לכאורה עלינו להניח שהרכיבים שעוסקים בעצם החובה להביא קרבנות שבת ויו״כ והרכיב שעוסק בזהותו של המקריב הם תלויים זה בזה. מה משמעות הדבר? שבדיוק כמו במקרה הלא ליניארי, קיים ווקטור שלישי C שהוא מקדם למכפלה $\alpha\ \beta$. ערכי הרכיבים שלו קשורים בצורה

כלשהי לערכי רכיבי הווקטורים A ו-B של הרכיבים הרלוונטיים. להלן נצרין זאת במסגרת המודל שלנו.

ז. מה לגבי קניבת ירק? מבחינת שבת יש איסור קל לעשות זאת (זהו איסור דרבנן)[9]. מבחינת יו״כ יש את אותו איסור (שהרי יו״כ אסור במלאכה), אבל התירו אותו כדי לאפשר לאכול מייד במוצאי הצום. מה יהיה הדין ביו״כ שחל בשבת? יש כאן התנגשות: מבחינת יו״כ זה מותר ומבחינת שבת זה אסור. לכאורה המסקנה המתבקשת היא שאסור, שהרי היתר (בניגוד לחובה) אינו מקזז איסור. מאידך, יש מקום לדעה שזה יהיה מותר, שהרי גם ביו״כ יש את אותם איסורי מלאכה שיש בשבת, ובכל זאת התירו את קניבת הירק. אז סביר שגם ביו״כ שחל בשבת הדבר יהיה מותר. מאידך, ביו״כ שחל בשבת יש איסור כפול, גם מבחינת שבת וגם מבחינת יו״כ, ולכן יש מקום לומר שכאן לא התירו כלל.

לפי הנחה זו, יש מקום לסברא שאם יעשה זאת הוא עובר על שני איסורים: קניבה בשבת וביו״כ, כמו שראינו בדברי **הצ״פ** שהובאו בפרק הקודם. הדבר תלוי בשאלה האם כאשר יו״כ חל בשבת ושבת מונעת את קניבת הירק אז הדבר חוזר להיות אסור גם מבחינת יו״כ, או לא.

ואמנם במסכת שבת קיד ע״ב – קטו ע״א אנחנו מוצאים מחלוקת אמוראים בנושא זה:

> ***אמר רבי זירא אמר רב הונא, ואמרי לה אמר רבי אבא אמר רב הונא: יום הכפורים שחל להיות בשבת - אסור בקניבת ירק. אמר רב מנא: תנא, מנין ליום הכפורים שחל להיות בשבת שאסור בקניבת ירק -***

---

9 לגבי טיבו של האיסור הזה, ראה רמב״ם הל׳ שביתת עשרו פ״א ה״ג, ובשו״ע או״ח סי׳ תריא ה״ב, ובנושאי הכלים שם ושם.

תלמוד לומר +שמות טז+ שבתון - שבות. למאי? אילימא למלאכה - והכתיב +שמות כ+ לא תעשה כל מלאכה. אלא לאו - אקניבת ירק, שמע מינה. אמר רבי חייא בר אבא אמר רבי יוחנן: יום הכפורים שחל להיות בשבת - מותר בקניבת ירק.

מיתיבי: מנין ליום הכפורים שחל להיות בשבת שאסור בקניבת ירק - תלמוד לומר שבתון - שבות למאי? אילימא למלאכה - והכתיב לא תעשה כל מלאכה, אלא לאו בקניבת ירק! - לא, לעולם למלאכה, ולעבור עליה בעשה ולא תעשה. תניא כוותיה דרבי יוחנן: יום הכפורים שחל להיות בשבת מותר בקניבת ירק. (ואמר רבי חייא בר אבא אמר רבי יוחנן: יום כיפורים שחל להיות בחול) - מפצעין באגוזים, ומפרכסין ברימונים מן המנחה ולמעלה מפני עגמת נפש.

על אף שמובאת ברייתא לטובת ריו״ח, להלכה פוסק הרמב״ם (הל׳ שביתת עשור פ״א ה״ג) שהדבר אסור.

המודל הכללי ליו״כ ושבת

α הוא המשתנה שמייצג את יו״כ. ביו״כ $\alpha = 1$, ביום אחר $\alpha = 0$.

β הוא המשתנה שמייצג את שבת. בשבת $\beta = 1$, ביום אחר $\beta = 0$.

נוסחת ההרכבה הכללית היא הבאה:

$$f(\alpha,\beta) = A\alpha + B\beta + C\alpha\beta$$

A, B ו-C, הם שלושה ווקטורים. כל אחד מהם מורכב משבעה רכיבים. ערכי A ו-B מייצגים את עוצמת החובה ההלכתית ביו״כ ושבת בהתאמה, כאשר כל אחד מהם יכול להיות בעל ערך חיובי (חובה), שלילי (איסור), או מאופס (היתר), קטן או גדול (לפי עוצמת החובה, או האיסור).

הרכיבים הם הבאים: א. עוצמת החובה לצום. ב. עוצמת החובה לעשות קידוש. ג. עוצמת החובה להביא מוסף שבת. ד. עוצמת החובה להביא מוסף יו״כ. ה. עוצמת החובה שזהות המקריב של מוספי השבת תהיה על ידי כה״ג. ו. עוצמת החובה שזהות המקריב של מוספי יו״כ תהיה על ידי כה״ג. ז. עוצמת האיסור לגבי קניבת ירק.

ערכי הווקטור C קובעים את אופיה של ההרכבה: אם הערך הוא 0, כי אז ברכיב הזה ההרכבה היא שכונית. אם ערכו של הרכיב שונה מאפס אז יש כאן הרכבה מזגית. הערך נקבע כך שתתקבל התוצאה ההלכתית הנכונה.

נרשום כעת במפורש את כל ערכי הווקטורים. שני הווקטורים שמייצגים את יו״כ ושבת לחוד הם הבאים:

$$B = \qquad A = \begin{pmatrix} -1 \\ 1 \\ 1 \\ 0 \\ 0 \\ 0 \\ -1 \end{pmatrix} \begin{pmatrix} 2 \\ 0 \\ 0 \\ 1 \\ 0 \\ 1 \\ 0 \end{pmatrix}$$

כאשר אנחנו ביו״כ רגיל, משמעות הדבר היא $\alpha = 1; \beta = 0$. במצב כזה, ערכי החובות מיוצגים על ידי הווקטור A. הרכיב הראשון אומר לנו שיש חובה לצום בעוצמה גדולה (כרת). הרכיב השני אומר שאין חובה לעשות קידוש. השלישי שאין חובה להביא מוספי שבת. הרביעי שיש חובה להביא מוספי יו״כ. החמישי שאין חובה להקריב מוספי שבת על ידי כה״ג (כי אין בכלל מוספי שבת). השישי שיש חובה להקריב מוספי יו״כ על ידי כה״ג. והשביעי שאין איסור על קניבת ירק.

כאשר אנחנו בשבת רגילה, משמעות הדבר היא: $\alpha = 0; \beta = 1$. במצב כזה, ערכי החובות מיוצגים על ידי הווקטור B. הרכיב הראשון אומר לנו שיש איסור קל לצום (מדברי קבלה). הרכיב השני אומר שיש חובה לעשות קידוש. השלישי שיש חובה להביא מוספי שבת. הרביעי שאין חובה להביא מוספי יו״כ. החמישי והשישי שאין חובה להקריבם על ידי כה״ג. והשביעי אומר שיש איסור על קניבת ירק.

יו״כ שחל בשבת: הרכבה שכונית או מזגית

מה הדין אם יו״כ חל בשבת? במצב כזה, ערכי הפרמטרים הם: $\alpha = 1; \beta = 1$. משמעות הדבר היא שהווקטור C מתחיל לשחק תפקיד גם הוא. אם ההרכבה היתה שכונית לגמרי, אזי הווקטור C היה מאופס. במצב כזה התוצאה היתה פשוט הסכום של שני הווקטורים:

$$f = A\alpha + B\beta = \mathrm{A+B} = \begin{pmatrix} 1 \\ 1 \\ 1 \\ 1 \\ 0 \\ 1 \\ -1 \end{pmatrix}$$

משמעות הדבר היא שיש חובה לצום ולעשות קידוש ולהקריב מוספי יו״כ ומוספי שבת, את מוספי שבת מותר על ידי כהן הדיוט, ואת מוספי יו״כ על ידי כה״ג, ויש איסור לקנב ירק.

אבל כפי שראינו לגבי חלק מהרכיבים ההרכבה היא לא שכונית. למשל, לגבי קידוש לפי ה**או״ש** (רכיב ב) הערך הוא 0, לא כמו הווקטור הזה. ולפי השיטה

המתירה לגבי קניבת ירק (רכיב ו) יש כאן הרכבה מזגית. בנוסף, לגבי זהות המקריב של מוספי שבת הרמב"ם קובע שהתוצאה היא 1, ואילו כאן קיבלנו 0. משמעות הדבר היא שהמודל הכללי חייב להכיל ווקטור C שונה מ-0, שייצג את מידת המזגיות של ההרכבה (אי הליניאריות של הפונקציה).

יו"כ שחל בשבת: התמונה המלאה

כיצד נקבע את ערכיו של הווקטור הזה? עלינו להשתמש בנוסחה הכללית של המודל, ולהשוות אותה לווקטור הנכון לפי **האו"ש**. מה שמתקבל הוא המשוואה הבאה:

$$f = A\alpha + B\beta + C\alpha\beta = \mathrm{A+B+C} = \begin{pmatrix} 1 \\ 0 \\ 1 \\ 1 \\ 1 \\ 1 \\ -1 \end{pmatrix}$$

ווקטור הסכום השכוני A + B נתון למעלה. מה שמתקבל הוא המשוואה הבאה:

$$A+B+C = \begin{pmatrix} 1 \\ 1 \\ 1 \\ 1 \\ 0 \\ 1 \\ -1 \end{pmatrix} + C = \begin{pmatrix} 1 \\ 0 \\ 1 \\ 1 \\ 1 \\ 1 \\ -1 \end{pmatrix}$$

מה שקיבלנו הוא הווקטור הבא :

$$C = \begin{pmatrix} 0 \\ -1 \\ 0 \\ 0 \\ 1 \\ 0 \\ 0 \end{pmatrix}$$

קיבלנו שברוב הרכיבים הערך הוא 0, כלומר ההרכבה היא שכונית. אבל ברכיב השני והחמישי יש אי ליניאריות (ההרכבה שלהם היא מזגית ולא שכונית). פירוש הדבר הוא שלגבי קידוש ולגבי זהות המקריב של מוספי השבת יש השפעה לעובדה שהיום גם יו״כ ולא רק שבת. בשני המקרים זה הולך לכיוון של יו״כ ולא לכיוון של שבת, על אף שבשני הרכיבים הללו זה דווקא היה אמור להיות בדיוק כמו שבת (שיהיה קידוש והמקריב יהיה כהן הדיוט), כי אלו רכיבים 'שבתיים' בעליל.

כיצד בונים את הווקטור C?

עד כאן הלכנו אחורה, כלומר הנחנו את מה שצריך להתקבל ובנינו את המודל שייתן זאת. האם יש דרך למדל את הסיטואציה של ההרכבה במודל כללי, ולהבין כיצד נוצרת ההשפעה הזאת? די ברור שערכי C מושפעים מערכי A ו-B. כלומר העובדה שביו"כ יש חובה להביא את מוספי היום על ידי כה"ג (הרכיב השישי בווקטור A, שיסומן: a_6), היא שקובעת את ערכו של הרכיב החמישי בווקטור התוצאה f (f_5), והיא עושה זאת על ידי הרכיב החמישי בווקטור הערבוב C (c_5). יתר על כן, ישנה גם השפעה של הרכיב 3 של שני הווקטורים, כלומר של עצם החובה להקריב מוספי שבת.

כיצד נייצג זאת? עלינו לכתוב את רכיבי הווקטור C באמצעות רכיבי A ו-B. צורה פשוטה אחת לעשות זאת היא שימוש במכפלה טנזורית:

$$c_k = \sum_{i,j=1}^{7} e_{ij}^{k} a_i b_j + \sum_{i=1}^{7} (d_i^k a_i + l_i^k b_i)$$

אנחנו יודעים שלגבי רוב הרכיבים של C התוצאה היא 0. באותם רכיבים שתלויים באחרים (כשההרכבה היא מזגית), שם יהיו ערכים שונים מ-0.

לדוגמה, קיבלנו למעלה: $c_2= -1$. ראינו שהרכיב 2 (קידוש) נקבע על פי a_2 (כלומר היעדר החובה, או ההיתר, לעשות קידוש ביו"כ), ו-b_2 (כלומר החובה לעשות קידוש בשבת). מה שמתקבל הוא המשוואה הבאה:

$$c_2 = e_{22}^{2} a_2 b_2 + d_2^2 a_2 + l_2^2 b_2 = l_2^2 = -1$$

משמעות הדבר היא שההשפעה על f_2 שמיוצגת על ידי c_2, מורכבת אך ורק מרכיב אחד: l_2^2. מה מייצג הרכיב הזה? הוא מראה לנו שמה שקובע כאן הוא

b_2, שמשנה את התוצאה. החובה לעשות קידוש בשבת רגילה היא שקובעת את השינוי בחובה לעשות קידוש ביו״כ שחל בשבת.

אמנם ראינו למעלה שגם היעדר החובה לעשות קידוש ביו״כ, a_2, משתתף כאן. אלא שבגלל שערכו הוא 0, ובגלל הצורה שבנינו את c מתוך a ו-b, יוצא שאין כאן השפעה. יש לזכור שהצורה הזאת היא רק דוגמה בלבד, שמטרתה להראות את המבנה הלוגי של התמונה ללא מחוייבות לפרטיה.

נמשיך כעת לרכיב $c_5 = 1$. הרכיב 5 (זהות המקריב של מוספי השבת הוא כה״ג) נקבע על פי הרכיבים 3 (החובה להביא מוספי שבת בשבת) ו-6 (זהות המקריב של מוספי יו״כ ביו״כ), ואולי גם 4 (החובה להביא מוספי יו״כ) וגם 5 עצמו (זהות המקריב בשבת רגילה). מה שמתקבל הוא המשוואה הבאה:

$$c_5 = \sum_{i,j=3}^{6} e_{ij}^{5} a_i b_j + \sum_{i=3}^{6} (d_i^{5} a_i + l_i^{5} b_i) = 1$$

נציב כעת את ערכי הווקטורים A ו- B. מה שנותר מהסכום הוא הבא:

$$c_5 = e_{43}^{5} + e_{63}^{5} + d_4^{5} + d_6^{5} + l_3^{5} = 1$$

אם נתבונן במשמעות האיברים השונים כאן, נראה שהחובה להקריב מוספי שבת על ידי כה״ג ביו״כ שחל בשבת (f_5) נוצרת בגלל החובה להקריב את מוספי יו״כ ביו״כ רגיל על ידי כה״ג (a_6) והחובה להביא מוספי שבת בשבת (b_3). המקדמים שמופיעים כאן הם אלו שקושרים את שני הרכיבים הללו של הווקטורים A ו-B עם הווקטור C. למעשה, מה שמשפיע על איבר הערבוב c, הוא רק החובה להקריב על ידי כה״ג, ולכן אפשר להניח שרק האיברים שיש להם אינדכס 6 למטה (e_{63}^{5} ו-d_6^{5}) משפיעים, וכל השאר מתאפסים. כאמור הצורה הזו היא רק דוגמה כדי להבהיר את המבנה הלוגי של התמונה.

ובכל זאת, התחושה היא שהצורה הזו אינה עוקבת אחר החשיבה ההלכתית הידועה לנו. ההחלטה האם לתת ליום המורכב צביון של יו״כ או של שבת או צירוף של שניהם מבוססת על תפיסות שלנו לגבי משמעותו ומאפייניו של יו״כ ושל שבת. אם כן, רכיבי הווקטור c צריכים להתקבל באופן לוגי מהמאפיינים העובדתיים והמגמות ההלכתיות של שבת ושל יו״כ, ומהיחסים ביניהם. דבר זה מכריח אותנו לשוב למאפיינים המיקרוסקופיים, ואת זה נעשה החל מהפרק החמישי. אך לפני כן נקדיש את הפרק הבא לדיון בכמה מתכונותיה של הפונקציה f.

פרק רביעי

תכונותיה של הפונקציה f

מבוא

בשני הפרקים הקודמים ראינו שקיימת פונקציה אוניברסלית שמתארת את היחס בין הנסיבות העובדתיות לבין התוצאות ההלכתיות שחלות עליהן. בפרק זה נעסוק בתכונותיה של הפונקציה הזאת, לאור תופעות הלכתיות ולוגיות שברובן כבר הוצגו ונותחו בספר הקודם.

האם f היא פונקציה?

הנחתנו לגבי הפונקציה f היא שמדובר בפונקציה שמקבלת כקלט את הנסיבות ומוציאה כפלט את הנורמות ההלכתיות הנוגעות אליהן. ישנה כאן הנחה שבהינתן נסיבות מסויימות יש נורמה הלכתית ברורה שחלה עליהם, וזה קורה תמיד. זו משמעותה של הקביעה שמדובר כאן בפונקציה. כאן ננסה לבחון האם באמת מדובר בפונקציה, ואם כן, מה עוד ניתן לומר על הפונקציה הזאת? אנחנו נשאל האם הפונקציה היא "חד חד ערכית" (כלומר שלשני סוגי נסיבות יש בהכרח הוראות הלכתיות שונות)? עוד נשאל האם היא "על" (כלומר לכל תמונה נורמטיבית יש בהכרח נסיבות שההוראות הללו חלות עליהן)?

בחלק מהתכונות הללו עסקנו בספר הקודם ובספר הראשון. שם עמדנו על ההנחה הפשוטה שנסיבות עובדתיות דומות תמיד מחוללות תוצאות

הלכתיות דומות. זוהי החד-ערכיות של ההלכה, ובמינוח מתמטי משמעות הדבר היא שמדובר בפונקציה.

עוד ראינו שם שההנחה המקובלת בהיסקי הצד השווה היא שלא קיים מצב שבו שני סוגי נסיבות שונים ייתנו את אותה תוצאה הלכתית. כל היסק הצד השווה מניח שאם אנחנו רואים את אותה תוצאה הלכתית בשני הקשרים אז ברור שלשניהם יש אותם מאפיינים עובדתיים שמחוללים אותה. לכאורה משמעות הדבר היא שהפונקציה f שהוגדרה כאן היא חד-חד ערכית.

אלא שכאן יש להעיר שתי הערות:

א. ראינו שעקרונית יש מקום להבין זאת כקריטריון של העדפה, כלומר שעדיף (או: פשוט יותר) בעינינו ההסבר שמוצא נסיבות משותפות בשני ההקשרים, אבל אם אין הסבר כזה אז אפשרי גם הסבר מורכב יותר, כלומר הסבר ששני סוגי נסיבות שונים מחוללים את אותה תוצאה הלכתית.

ב. ראינו שכאשר חלה אותה הלכה בשני סוגי נסיבות, הדבר אומר שלשני הסוגים הללו יש אותם מאפיינים עובדתיים רלוונטיים שמחוללים את התוצאה הזאת. אין זה אומר ששתי הנסיבות הן זהות לחלוטין. לדוגמה, בורר וזורק הן שתי מלאכות שמחייבות את העושה אותן בשבת סקילה או חטאת. האם זה אומר שזריקה וברירה הן אותה מלאכה עצמה? ודאי שלא. רק המאפיינים הרלוונטיים שלהם (לחיוב בשבת) צריכים להיות שווים. לדוגמה, בשניהם יש יצירה משמעותית ולכן בשניהם חייבים. בהקשרים אחרים ייתכן שלשני הנסיבות הללו תהיינה תכונות הלכתיות שונות בגלל ההבדלים בשאר המאפיינים העובדתיים שלהם.

המסקנה היא שעלינו להתבונן על מכלול הנסיבות העובדתיות המלא ומולן במכלול ההוראות ההלכתיות המלא שחל על המצב הנתון. בהתבוננות כזאת

סביר מאד להניח שבהינתן זהות בין הנסיבות תהיה זהות בין התוצאות ההלכתיות. הסיבה לכך היא שכשאנחנו מתבוננים על חלק מהמאפיינים בלבד, אנחנו יודעים שאם תוצאה הלכתית מסויימת (רכיב אחד בווקטור התוצאה) תלויה באוסף של מאפיינים עובדתיים, אזי בכל הקשר שהמאפיינים הללו יהיו תחול גם התוצאה ההלכתית הזאת. אם כך, ודאי שהדבר נכון לגבי זהות של מכלול המאפיינים כולו. זה עקבי עם ההנחה ש-f היא אכן פונקציה.

האם f היא חד-חד-ערכית? "נפקא מינא לקידושי אישה"

האם בהינתן זהות בין התוצאות של f תהיה זהות בין הנסיבות? לשון אחר: האם שני סוגי נסיבות שונות יכולות להוביל לאותה תוצאה הלכתית? זוהי שאלת החד-חד-ערכיות. לכאורה התשובה לכך היא שלילית. כפי שראינו, שני אבות שונים מוליכים לחיוב במלאכת שבת. שני אבות נזיקין שונים מובילים לחיוב בפיצויי נזיקין. לכאורה עולה מכאן שאין חד חד ערכיות. יכולה להיות אותה תוצאה הלכתית לשני סוגי נסיבות שונים.

אמנם ייתכן שתוספת הנסיבות השונות תביא לתוצאות הלכתיות אחרות שבהן ייווצר שוני בין המצבים, אבל זה לא הכרחי. לדוגמה, לא הכרחי שזריקה וברירה בשבת תהיינה נבדלות בשאלות הלכתיות אחרות.

תמיד יכולה להתווסף כאן הלכה מלאכותית, כדי לשמר את תכונת החד חד ערכיות. בישיבות מקובל להתלוצץ ולומר שלכל שאלה הלכתית יש השלכה עובדתית (נפקא מינא), וכשלא מוצאים השלכה כזאת עדיין ניתן להביא "נפקא מינא לקידושי אישה". נניח שאנחנו שואלים האם X או Y. עולה השאלה האם יש לכך השלכה הלכתית. תשובה: אם אדם מקדש אישה בתנאי ש-X אז אם X היא מקודשת ואם Y היא אינה מקודשת.

למרבה הפלא, ניתן למצוא מקור לדבר בחידושי הר״ן על הבבלי סנהדרין טו ע״ב. הגמרא שם קובעת שבית הדין שעוסק בהמתת שור צריך למנות 23 דיינים (כמו בי״ד שהורג אדם). כעת הגמרא מעלה את השאלה כמה מנה בית הדין שדן בהמות שהתקרבו להר סיני (הפסוק אומר שבהמות שקרבו להר סיני דינן מיתה). הר״ן בחידושיו על אתר מתקשה מהי ההשלכה של השאלה הזאת, ועונה:

וא״ת אמאי נפקי לה מינה מאי דהוי הוו י״ל דרוש וקבל שכר. וא״נ נפקי מינה לנודר דאי אמר הריני נזיר אם מיתת שור סיני בכ״ג אי הוו בכ״ג הוי נזיר ואי לא איננו נזיר:

הר״ן מעלה נפ״מ דומה לזו של קידושי אישה. הנפ״מ היא לנזיר שנודר נזירות בתנאי ששור סיני נדון ב-23 דיינים.

נראה שכוונתו להתלוצץ, שהרי חשיבה כזאת הופכת כל שאלה בעולם לשאלה הלכתית. אבל לענייננו משמעות הדבר היא שבפועל יכול להיווצר הבדל הלכתי בין כל שתי נסיבות עובדתיות, ולכן באופן תיאורטי לפחות מדובר בפונקציה שהיא חד חד ערכית.

ניתוח של 'פירכת צד חמור'

בפרק השישי של הספר הראשון בחנו את קיומה של ״פירכת צד חמור״, כלומר פירכא על היסק צד שווה שדוחה את המסקנה בטענה שלכל אחד מהאבות יש צד חמור (שונה). ראינו שם שפירכא כזאת קיימת אך ורק אם מדובר בתכונות הלכתיות של האבות (ולא בתכונות עובדתיות). הסברנו זאת בכך שבהיסק שמבוסס על תכונות הלכתיות ייתכן מצב שביסוד שתי התכונות ההלכתיות השונות של שני האבות עומד אותו מאפיין עובדתי, ולכן זוהי פירכא (כשבשני האבות קיים אותו מאפיין עובדתי, והוא לא קיים בתולדה, זוהי פירכת 'צד חמור' על הצד השווה).

לכאורה משמעות הדבר היא שאותו מאפיין עובדתי בשני הקשרים (=שני האבות) יכול להוביל לשתי תוצאות הלכתיות שונות. לכאורה זה סותר את טענתנו למעלה ש-f היא פונקציה. אלא שכאן שוב ניתן לומר שלכל אחד מהאבות יש מאפיינים עובדתיים נוספים שונים זה מזה, והם אלו שגורמים לשוני בתוצאה ההלכתית. כלומר המאפיין המשותף הועא שאחראי על התכונה שרוצים להסיק לתולדה, אבל התכונות המלמדות (החומרות של שני האבות) מתחוללות על ידי מאפיינים עובדתיים אחרים.

שוב רואים שכדי לדבר על תכונותיה של פונקציה כזאת עלינו לבחון את כל הנסיבות העובדתיות ולא להסתפק בחלקן, שהרי סביר שההבדל בין שני האבות בצד השווה נוצר בגלל הבדל אחר שקיים בין המאפיינים העובדתיים שלהם. מעבר למאפיין הרלוונטי הזה יש להם עוד מאפיינים, ובזה הם שונים זה מזה.

התמונה המתקבלת היא הבאה:

$$\varphi_1(\alpha,\beta,x,\neg y,z)\ ;\ \ \varphi_2(\alpha,\gamma,\neg x,y,z)$$

$$\Downarrow$$

$$\varphi_3(\beta,\gamma,\neg x,\neg y)$$

שני המצבים/מושגים העליונים הם האבות, שלכל אחד משניהם יש מאפיין משותף α, ומאפיין שונה (β ו-γ). התכונות ההלכתיות שלהם הן כאלה שלשניהם יש נורמה משותפת z שאותה אנחנו רוצים ללמוד גם לתולדה, ובנוסף לכל אחד יש נורמה חמורה שבשני היא קלה, ולהיפך. כעת עולה השאלה האם הנורמה z קיימת גם בתולדה? מי שפורך פירכת צד חמור בעצם טוען שייתכן שמי שמחולל את z הוא המאפיין α שלא קיים בתולדה, ולכן שם לא תחול הנורמה z ($\alpha\rightarrow z$). החומרות הייחודיות של כל אחד מהאבות

מתחוללות על ידי הצירוף של שני המאפיינים העובדתיים של כל אחד מהם: $x \rightarrow (\alpha \cap \beta)$, וגם $y \rightarrow (\gamma \cap \alpha)$. כעת קל לראות שלתולדה לא תהיה אף אחת מהחומרות של שני האבות, שכן הצירוף שלה לא יוצר אף אחת מהן.

נעבור כעת לבחון את ההעתקה f שמתארת את היחס בין המאפיינים העובדתיים למאפיינים ההלכתיים. כעת ברור שהמאפיין α לא גורם שתי תוצאות הלכתיות שונות. מה שמחולל אותן הוא הצירוף שלו עם עוד מאפיין עובדתי, כלומר מדובר בשני סוגי נסיבות שונים.

בהסתכלות על מכלול הנסיבות העובדתיות אנחנו בהחלט מקבלים פונקציה, וייתכן שהיא אפילו חד חד ערכית. כלומר לכל מכלול של נסיבות מתאים מכלול שונה של הוראות הלכתיות:

$$f[(1,0,0)] = (0,01)\ ;\ f[(1,1,0)] = (1,0,1)\ ;\ f[(1,0,1)] = (0,1,1)$$

כאשר הווקטור בתוך הפונקציה מתאר את ערכי מאפייני הנסיבות: (α, β, γ), ווקטור התוצאה מייצג את התכונות ההלכתיות: (x,y,z).

אמנם אין לשלול מצב שבו התוצאות ההלכתיות של שני הקשרים עובדתיים שונים תהיינה זהות, ולכן החד חד ערכיות אינה מוכחת מכאן. ראה את הדיון שלנו בכך בסעיף שלמעלה.

בנוסף, נציין כי התכונה של "על" ודאי אינה יוצאת מכאן, וכרגע אין סיבה להניח שהיא מתקיימת.

פרק חמישי

בנייה לוגית של הווקטור C: מגמות התורה

מבוא

עד כאן הנחנו שהמאפיין העובדתי היחיד של שבת, ר״ה, יו״ט, או יו״כ, הוא עצם היותם שבת, או יו״כ וכדומה. אבל ברור שכותרת כמו 'שבת' או 'יו״כ' היא שם כולל לסל שלם של מאפיינים עובדתיים מיקרוסקופיים. משמעות הדבר היא ש'שבת' ו'יו״כ' אינם מאפיינים עובדתיים אלא מושגים הלכתיים, או מצבים הלכתיים, שלכל אחד מהם יש כמה וכמה מאפיינים עובדתיים מיקרוסקופיים.

לכל אורך הסדרה שלנו ראינו שמאחורי כל הלכה עומד אוסף מאפיינים כאלה שקובע את תחולתה על המושג/המצב (כאשר האוספים הללו אינם בהכרח זרים זה לזה). גם בהקשר של שבת ויו״כ סביר שכל נורמה שמופיעה בהם תלויה באוסף מאפיינים מיקרוסקופיים משלה. לדוגמה, אחרי שמבינים שישנו גם מישור כזה, אז קל לייצג את המשותף בין שבת ליו״כ, שהרי בשניהם יש איסור מלאכה, ונראה שהוא נובע ממאפיינים עובדתיים מיקרוסקופיים משותפים. יתר על כן, אופיה של ההרכבה, שכונית או מזגית, גם הוא כנראה נקבע על פי המאפיינים הללו.

אם כן, התמונה בה השתמשנו עד כאן, של מושגים הלכתיים וההלכות שחלות עליהם, אינה מספיקה. נראה שעלינו לחזור מהמושגים/מצבים גם למאפיינים המיקרוסקופיים שלהם, ואז נוכל לראות מה מתוך אלה מחולל כל אחת מההלכות, ואחר כך לדון מדוע ההרכבות הן מזגיות או שכוניות. הדבר מצטרף למסקנה אליה הגענו בסוף הפרק השלישי, שהווקטור c צריך

להיבנות מתוך המאפיינים העובדתיים של שני האבות (שבת ויו״כ), ולא רק מתוך רכיבי הווקטורים שמייצגים אותם (A ו-B).

בפרק זה נראה שוב את הצורך בהתייחסות לקשר בין המישור העובדתי המיקרוסקופי לבין המישור ההלכתי-נורמטיבי. כפי שנראה, הצורך הזה יופיע בכמה הקשרים ומכמה זוויות. ננסה כאן לעמוד על האפשרויות השונות לבנות את רכיבי ווקטור הערבוב C מתוך הלוגיקה של המאפיינים העובדתיים.

כפי שנראה להלן, במקרים בהם אנחנו עוסקים כאן בדרך כלל לא מדובר על מאפיינים עובדתיים מיקרוסקופיים באותו מובן בו השתמשנו בהם בעבר. אנחנו נראה שמה שקובע כאן הוא המגמות של התורה ביחס לשבתות וימים טובים לגווניהם.

בישול ביו״ט שחל בשבת

בפרק הראשון ראינו שאסור לבשל בשבת, אבל ביו״ט הדבר מותר. מה הדין ביו״ט שחל בשבת? ברור לכל הדעות שהבישול שם אסור. לכאורה זוהי תוצאה שמתאימה להרכבה שכונית, שכן הדבר נאסר מצד השבת שביום המורכב הזה. אבל כפי שראינו **הצ״פ** העלה אפשרות שיהיה כאן איסור כפול: גם מצד השבת וגם מצד היו״ט. כאן יש כבר ביטוי לאופיה המזגי של ההרכבה הזאת.

בהערת שוליים למעלה עמדנו על כך שגם אם אנחנו מבינים שיו״ט שחל בשבת הוא סוג שלישי של יום (ולא הרכבה פשוטה, שכונית, של שבת ויו״ט), עדיין ברור שאין בתורה התייחסות הלכתית מפורשת ליום הזה (בניגוד לר״ה שחל בשבת, ששם הירושלמי סובר שיש התייחסות מפורשת בתורה, ״זכרון תרועה״). אבל אם לא מדובר בהרכבה שמכילה בתוכה יו״ט ושבת אלא ביום

מסוג שלישי, כיצד עלינו להבין את האיסור לבשל ביום כזה? מאיזה פסוק הוא יוצא? הרי אי אפשר ליצור איסור ללא מקור.

מסתבר שגם אם רואים את ההרכבה הזאת כמזגית, כלומר כהרכבה שיוצרת יום מסוג חדש שאינו הרכבה פשוטה (שכונית) של שני 'אבותיו', עדיין את ההלכות שלו אנחנו למדים מהם (שהרי רק לגביהם יש לנו מקור בתורה, ולכן רק האיסורים הללו מוגדרים אצלנו הלכתית).

אפשר היה להבין שהאיסור לבשל ביום כזה הוא רק מצד שבת, ואז מדובר בהרכבה שכונית. אבל **הצ"פ** ודאי לא למד כך. הוא מבין שמדובר בהרכבה מזגית, ובכל זאת המיזוג מאופיין באמצעות הרכיבים שהתמזגו בו. המיזוג אין משמעותו שהמרכיבים היסודיים נטמעו ואינם, אלא הם קיימים זה לצד זה, אבל יש השפעה הדדית (אינטראקציה) ביניהם. יש בהרכבה משהו מעבר לסכום שני המרכיבים, מפני שקיומו של האחד משפיע על השלכותיו של השני. כאשר יו"ט מופיע ביחד עם שבת, משהו באופיו של היום הזה מונע את ההיתר לבשל שבדרך כלל קיים ביו"ט רגיל. זה עדיין יו"ט, אבל מזוגים בו רכיבים 'שבתיים' שמשפיעים על אופיו.

הסבר אפשרי: הקפאה והתעוררות של איסור

כיצד ניתן להסביר זאת? נוכל להבין את הדבר אם נשים לב לכך שאמנם להלכה אין איסור בישול ביו"ט, אבל זוהי רק תוצאה של היתר של איסור שקיים ברקע. הנחתנו היא שבעצם ביו"ט אסורים כל איסורי המלאכה, בדיוק כמו בשבת. ובכל זאת חלקם הותרו לצורך אוכל נפש, ומתוך כך גם לשאר צרכים (זהו העיקרון שקרוי "מתוך"). לכן על אף שבשורה התחתונה האיסורים הללו לא נאסרו ביו"ט, הם בהחלט רלוונטיים גם לגבי יו"ט, אלא שהם מוקפאים לצורך אוכל נפש. כעת נוכל להבין שכאשר גם שבת נוכחת ברקע, האיסורים הללו חוזרים וניעורים (יוצאים מההקפאה).

הלוגיקה של הטיעון הזה היא הבאה: ביו״ט רגיל יש איסורי מלאכה כמו בשבת, אבל אנחנו מתירים לבשל משום אוכל נפש (כדי שיהיה מה לאכול). אבל במצב בו היו״ט חל בשבת הרי ממילא אסור לבשל בגלל השבת, ולכן אין היגיון להתיר את איסורי הבישול ביו״ט. בין כה וכה אי אפשר לעשות בהם שימוש ביום כזה. לכן במצב כזה ההיתר בטל, והאיסור לבשל ביו״ט יחזור.

כעת נוכל להמשיך ולגזור מכאן את הדין בשורה התחתונה: שבגלל שאין בתורה איסור מחודש על יום מהסוג הזה, על כורחנו יחולו כאן שני האיסורים של שני הרכיבים שהתמזגו בו: איסור שבת ואיסור יו״ט. לכן ביום כזה יהיה איסור לבשל מצד שבת וגם איסור בישול מצד יו״ט. זה בדיוק מה שפוסק **הצ״פ**, שביום כזה יהיה איסור לבשל הן מצד שבת והן מצד יו״ט.

זוהי השלכה שונה של האופי המזגי של ההרכבה הזאת. בעצם יו״ט שחל בשבת הוא עדיין הרכבה של יו״ט ושבת, ועדיין תכונותיו הן צירוף של תכונות שני המרכיבים הללו. אלא שכעת ישנה השפעה הדדית בין המרכיבים העובדתיים, כך שהנגזרות ההלכתיות של כל קבוצת מרכיבים כזאת משתנות. במקרה שלנו זה בא לידי ביטוי בעובדה שכשהיו״ט בא עם שבת, השבת מורידה את ההיתר שניתן ביו״ט רגיל, אבל מותירה את האיסור היסודי שהיה ביו״ט הרגיל לפני ההיתר.

מחלוקת הראשונים לגבי היתר אוכל נפש ביו״ט

התורה בשמות יב, טז, קובעת לגבי היום הראשון והאחרון של פסח:

וּבַיּוֹם הָרִאשׁוֹן מִקְרָא קֹדֶשׁ וּבַיּוֹם הַשְּׁבִיעִי מִקְרָא קֹדֶשׁ יִהְיֶה לָכֶם כָּל מְלָאכָה לֹא יֵעָשֶׂה בָהֶם אַךְ אֲשֶׁר יֵאָכֵל לְכָל נֶפֶשׁ הוּא לְבַדּוֹ יֵעָשֶׂה לָכֶם:

מחד, יש כאן איסור מלאכה כמו בשבת, ומאידך הותרה מלאכה לצורך אוכל נפש. הראשונים (ראה למשל **ביראים** סי' שה) הרחיבו את ההיתר הזה גם לשאר ימים טובים. למה התירו מלאכת אוכל נפש דווקא ביו"ט ולא בשבת?

נראה שזה נעשה בגלל איזון בין שני המרכיבים: ביו"ט איסור המלאכה הוא קל יותר (אין בו סקילה וחטאת, אלא לאו גרידא), וחובת השמחה (ואולי גם העונג) היא מן התורה. לעומת זאת, בשבת איסור המלאכה הוא חמור מאד (סקילה וחטאת) וחובת העונג היא רק מדברי קבלה. וכך כותב ראב"ן בביצה יב ע"א:

> ***שהותרה הוצאה לצורך אכילת יום טוב, שהוא מצווה... שהותרה שחיטה לאכילה, שהיא מצווה.***

עד כאן אלו ממש דברינו למעלה.[10]

אמנם שיטת הרמב"ן בסוגיא זו היא שונה.[11] הוא מביא את הפסוק בויקרא כג, ז:

> ***בַּיּוֹם הָרִאשׁוֹן מִקְרָא קֹדֶשׁ יִהְיֶה לָכֶם כָּל מְלֶאכֶת עֲבֹדָה לֹא תַעֲשׂוּ:***

בפירושו של הפסוק הזה נחלקו רש"י והרמב"ן. הרמב"ן שם מביא את פירוש רש"י שמבוסס על ה**ספרא**:

> ***כל מלאכת עבודה - אפילו המלאכות החשובות לכם עבודה וצורך, שיש חסרון כיס בבטלה שלהן כגון דבר האבד, כך הבנתי מת"כ***

---

[10] ראה על כך בקצרה בשיעורו של הרב שמואל שמעוני, בבית המדרש הוירטואלי של ישיבת הר עציון: http://www.etzion.org.il/vbm/archive/yomyom/a/a23.php.

[11] ראה על כך ביתר פירוט בשיעור ההמשך של הרב שמעוני, באותו אתר: http://www.etzion.org.il/vbm/archive/yomyom/a/a24.php.

(פרשה יב ח) דקתני יכול אף חולו של מועד יהא אסור במלאכת עבודה וכו׳, לשון רש״י.

מדברי רש״י עולה שמלאכת עבודה היא כל מלאכה שאסורה בשבת, אפילו המלאכות החשובות לנו (שמותרות בחוה״מ, מדין ״דבר האבד״).

אבל הרמב״ן בהמשך דוחה את דבריו, ומציע פירוש אחר:

אבל פירוש ״מלאכת עבודה״, כל מלאכה שאינה לצורך אוכל נפש, כענין שנאמר ששת ימים תעבוד ועשית כל מלאכתך (שמות כ ט), ובכל עבודה בשדה (שם א יד), ונעבדתם ונזרעתם (יחזקאל לו ט), וקין היה עובד אדמה (בראשית ד ב), ומלאכה שהיא באוכל נפש היא מלאכת הנאה לא מלאכת עבודה.

וזה מתבאר בתורה, כי בחג המצות שאמר תחילה (שמות יב טז) כל מלאכה לא יעשה בהם, הוצרך לפרש אך אשר יאכל לכל נפש הוא לבדו יעשה לכם, ובשאר כל ימים טובים יקצר ויאמר כל מלאכת עבודה לא תעשו, לאסור כל מלאכה שאיננה אוכל נפש ולהודיע שאוכל נפש מותר בהן. ולא יאמר הכתוב לעולם באחד מכל שאר ימים טובים ״כל מלאכה״ ולא יפרש בהם היתר אוכל נפש, כי ״מלאכת עבודה״ ילמד על זה.

הרמב״ן מסביר שביו״ט נאסרת רק ״מלאכת עבודה״, להוציא מ״מלאכת הנאה״, שהיא מלאכת אוכל נפש. בהמשך דבריו הוא מביא זאת גם בשם הר״ח:

וכתב רבי חננאל, כל מלאכת עבודה, מגיד שאינו מתיר אלא במלאכת אוכל נפש כדכתיב בענין הזה במקום אחר, וביום הראשון מקרא קדש יהיה לכם כל מלאכה לא יעשה בהם, ומפני שמזכיר שם ״כל מלאכה״ הוצרך לפרש אשר יאכל לכל נפש הוא לבדו יעשה לכם. פירוש ״מלאכת עבודה״ מלאכה המשתמרת לעבודת קנין כגון

זריעה וקצירה וחפירה וכיוצא בהם, אבל אוכל נפש אינה מלאכת עבודה, זה לשונו:

גם הוא רואה בביטוי "מלאכת עבודה" לשון שמטרתה להוציא מלאכות אוכל נפש (ראה גם ברמב"ם הל' יו"ט פ"א ה"א שנקט לשון דומה).

יש הבדל גדול בין השיטות. לפי רש"י וה**יראים** נראה שיש איסור מלאכה ביו"ט כמו בשבת (גם אם קל יותר), והוא הותר לצורך אוכל נפש. לפי הרמב"ן נראה שמלאכת אוכל נפש כלל לא נאסרה. לשיטתו מה שנאסר הוא רק "מלאכת עבודה".

אחת ההשלכות שעולות מכאן היא בשאלה האם מה שהתירו את המלאכות הללו זה רק כאשר הן נעשות לצורך אוכל נפש, או שהמלאכות שמוגדרות כמלאכת אוכל נפש כלל לא נאסרו, והן מותרות גם כשהן נעשות שלא לצורך אוכל נפש. אמנם מוסכם שכל המלאכות נאסרות כאשר הן לא נעשות לצורך אוכל נפש, אבל הראשונים חלוקים האם זה איסור מדאורייתא או מדרבנן. מחלוקת זו נעוצה בשאלה כיצד מבינים את היתר מלאכת אוכל נפש, וכנ"ל. ראה גם **אמרי בינה** דיני יו"ט סי' א, לגבי דין "מתוך".

לפי הרמב"ן וסיעתו נאסרו ביו"ט רק סוגי מלאכות מסויימים, והמלאכות האחרות (מלאכות אוכל נפש) הותרו גם כשהן נעשות שלא לצורך אוכל נפש. אם כן, מלאכות אלו לא הותרו, אלא לא נאסרו כלל. מכאן עולה שכל דברינו למעלה לא יכולים להיאמר בשיטות אלה. היתר מלאכות אוכל נפש אינו תוצאה של צורך אלא שאין כלל איסור לגביהן.

בשיטות אלו די ברור שלא ניתן לומר את דברי **הצ"פ**, שביו"ט שחל בשבת יהיה איסור לבשל גם מצד היו"ט שבזה ולא רק מצד השבת שבזה. לשיטות אלו מדובר בהרכבה שכונית פשוטה, ולכן הדיון שלנו יכול להתנהל אך ורק לפי השיטות החולקות.

מגמות במקום עובדות

כיצד נתאר את ההרכבה המזגית לפי שיטת **הצ״פ** במודל שלנו? נראה שיש לנו כאן שני מושגים יסודיים: שבת ויו״ט. לכל אחד מהם יש אוסף מאפיינים עובדתיים (מיקרוסקופיים) ומהם נגזרים מאפייניו הלכתיים. יו״ט שחל בשבת הוא צירוף של כל המאפיינים המיקרוסקופיים של שני האבות. מה שמשתנה בעקבות הצירוף הוא רק הגזירה של המאפיינים ההלכתיים מתוך המאפיינים המיקרוסקופיים.

אלא שכאן עולה קטגוריה של מאפיינים שאותה טרם פגשנו. כשנחשוב על המאפיינים העובדתיים של שבת, יהיה קשה לנו להצביע עליהם, ובודאי על הקשר שלהם למאפייניה ההלכתיים של השבת. העובדה ששבת חלה ביום השביעי היא מאפיין עובדתי מובהק שלה. אך כיצד ניתן לגזור מכך את ההלכות השונות שחלות בה? יש כאן ממד שרירותי שנקבע על ידי רצונו של הקב״ה (שביום השביעי תהיה מנוחה). אם כן, נראה שבמקרים כאלה יהיה עלינו לצרף למאפיינים העובדתיים המיקרוסקופיים את המגמות של התורה, ובעצם בעיקר הן אלו שיקבעו את ההלכות שיחולו בה.

לדוגמה, יש לתורה עניין שננוח ממלאכה בשבת, זכר לשביתתו של הקב״ה ממלאכה במעשה בראשית (״כי ששת ימים עשה ה׳ את השמים ואת הארץ וביום השביעי שבת וינפש״). עוד היא רוצה שנתענג ונשמח בשבת (״וקראת לשבת עונג״). המאפיין הראשון דורש שביתה מוחלטת ממלאכה. המאפיין השני, מעבר לכך שהוא מורה לנו לאכול ולהתענג בשבת, הוא גם מצביע על צורך להתיר מלאכות אוכל נפש. אלא שבשבת הצורך הזה הוא חלש יותר (זה נלמד מפסוק בנ״ך – דברי קבלה, ולא מדאורייתא), ולכן כנראה הוא לא מספיק חזק כדי להתגבר על איסורי המלאכה ולהתיר את מלאכות אוכל נפש. זוהי הסיבה לכך שבשבת מלאכות אוכל נפש נאסרות גם הן.

מה קורה ביו״ט? גם שם יש חובה לשבות ממלאכה, אבל זה לא נעשה זכר למעשה בראשית אלא זכר לאירועים היסטוריים שונים (בעיקר יציאת

מצרים). יש כאן חגיגה של האירוע ההיסטורי, וגם מפגש מחודש עם הקב״ה על רקע ההיסטוריה (חג החירות). החגים נקראים ״מועדים״ מלשון להיוועד. בנוסף, יש ממדים חקלאיים בכל אחד מהרגלים (חג הקציר, האסיף וכדומה), וכנראה יש לתורה עניין שאנחנו נודה בהם לקב״ה על התוצרת החקלאית שקיבלנו. נראה שהמפגש עם הקב״ה (=המועד) דורש שביתה ממלאכה. אבל השביתה אינה באותו תוקף כמו שבת (זו לא סקילה אלא לאו רגיל), והיא גם לא מוחלטת. בשבת השביתה ממלאכה היא מהות השבת, ואילו ביו״ט זו תוצאה צדדית יחסית. מכאן יכולה לעלות תפיסת הרמב״ן, לפיה בימים טובים כלל לא נאסרו מלאכת אוכל נפש, אלא רק חלק מל״ט המלאכות. יתר על כן, המגמה להתענג ביו״ט היא מדאורייתא ובשבת היא רק מדברי קבלה (מספר ישעיהו), ולכן יש היגיון להתיר ביו״ט מלאכות אוכ״נ, על אף שבשבת זה לא מותר. זהו הבסיס לתפיסות שחולקות על הרמב״ן.

ניתן לסכם ולומר שלפי הרמב״ן ביו״ט אין בכלל איסור על מלאכות אוכל נפש. לפי החולקים עליו גם מלאכות אוכל נפש נאסרו ביו״ט, אלא שהם הותרו בגלל מאזן בין שני שיקולים: החובה להתענג היא חזקה מאד (דאורייתא) ועוצמת איסור המלאכה היא קלה. לכן העונג גובר על איסור המלאכה. זה בדיוק מה שלא קורה בשבת, שכן שם חובת העונג היא קלה (מדברי קבלה) ואילו איסור המלאכה הוא חמור ביותר. לכן לכל הדעות בשבת המכניזם הזה לא מוביל להיתר מלאכת אוכל נפש.

מה קורה כאשר יו״ט חל בשבת? במצב כזה בהגדרה יש ביום שמתקבל את כל המאפיינים העובדתיים של שני הימים שמרכיבים אותו. אבל כפי שראינו לא הם החשובים. מה לגבי המגמות? בפשטות ביום המורכב קיימות גם המגמות של שני הימים. ביום כזה עלינו לזכור את מעשה בראשית ואת שביתתו של הקב״ה בשבת, עלינו לחגוג את המפגש ההיסטורי שאירע בעבר (זהו היו״ט), ויש שתי חובות עונג. מה שיכול להשתנות הוא רק הנורמות ההלכתיות שחלות על היום הזה, על אף שהן נגזרות מהמגמות הללו.

נבחן כעת את ההיבטים ההלכתיים השונים: לגבי איסור מלאכה, נראה שברור שהוא יחול גם על היום המורכב. אין סיבה שביום המורכב איסור המלאכה ייעלם פתאום מאליו, אם הוא קיים בכל אחד משני המרכיבים. השאלה היא האם במלאכות אוכל נפש יחול איסור מלאכה רק מצד השבת, או שיחול כאן גם איסור המלאכה של יו״ט? לפי הרמב״ן ברור שזה יהיה רק איסור המלאכה של שבת מפני שלשיטתו אין בכלל בתורה איסור מלאכת אוכל נפש של יו״ט. אבל לפי השיטות החולקות עליו ראינו שקיים איסור כזה אלא שהוא הותר ביו״ט רגיל משום עונג יו״ט. כאן הצירוף של שבת יכול לנטרל את ההיתר הזה, ואז חוזר וחל גם איסור בישול של יו״ט.

מדוע השבת מנטרלת את הניטרול שיש ביו״ט רגיל? עקרונית הדבר יכול להיות תלוי בשאלה מאילו מגמות נוצר ההיתר (או נוטרל האיסור) ביו״ט רגיל: אם זוהי תוצאה של החובה להתענג ביו״ט, אז נראה שההיתר יהיה קיים גם ביו״ט שחל בשבת, שהרי עדיין יש כאן גם את המגמה של עונג יו״ט. מאידך, עלינו לזכור שכנגדו עומדת מידת המוחלטות של חובת השביתה ממלאכה מצד השבת שהיא חזקה יותר מהחובה של יו״ט, ולכן כאן אולי השבת לא תאפשר את ההיתר הזה.

אמנם סביר יותר להסביר זאת מעט אחרת. הבישול עצמו ודאי לא יותר ביום המורכב, שהרי לפחות מצד השבת הוא נשאר אסור (גם חובת העונג יו״ט, שהיא חזקה, אינה דוחה את האיסור החזק של מלאכה בשבת). אם כן, בכל מקרה בפועל לא נוכל לבשל ביום הזה. אם כן, אין שום טעם להתיר את מלאכת הבישול בהיתר הרגיל של יו״ט, שהרי בין כה וכה זה לא יביא לכך שנוכל לבשל. לכן ביום כזה גם איסור היו״ט נותר על כנו. להלן נראה שהגמרא עצמה מדברת על מכניזם כזה בכמה הקשרים, וקוראת לו: ״מהדרנא לאיסורא קמייתא״ (=חוזרים לאיסור הראשוני).

בין החלק המשפטי לחלק הדתי של ההלכה

אם נשוב למודל הלוגי שלנו, די ברור שבהקשרים כאלה עלינו להשתמש במגמות במקום במאפיינים עובדתיים. לכן אותיות יווניות ייצגו כאן מגמות של התורה, ומהן נגזרות ההשלכות ההלכתיות שיחולו על המושגים. לפני שנציג את המודל הלוגי, נעיר על הסיבה לכך שבדיון הזה עברנו ממאפיינים עובדתיים למגמות.

בספרים הקודמים ראינו שמה שקובע הוא המאפיינים העובדתיים של המושגים/המצבים ההלכתיים. כאן אנחנו רואים שמה שקובע הוא המגמות של התורה. מדוע נוצר ההבדל הזה? נראה שזה אינו מקרה. כאשר אנחנו עוסקים בחלק המשפטי של התורה, כמו מעמד אישי (נישואין וגירושין) או בדין האזרחי (דיני ממונות), ישנם מאפיינים עובדתיים שנובעים ועולים מן החיים עצמם. לא התורה היא שמגדירה אותם. התורה רק קובעת את ההתייחסות ההלכתית ביחס אליהם. לכל מצב עובדתי נתון יש השלכה הלכתית-משפטית. מעשה מסויים מחיל קידושין או גירושין, ומעשה אחר לא. מעשה מסויים מחיל חוב ממוני ומעשה אחר לא. המצבים הם מצבים מהחיים, וההלכות הן נורמות שחלות עליהם.

כל זאת, כאשר ענייננו הוא בחלקים ״חושן משפט״ ו״אבן העזר״ של ההלכה, שהם החלקים המשפטיים שלה. לעומת זאת, כאן אנחנו עוסקים במועדים ושבתות, ששייכים לחלק ״אורח חיים״ של התורה. בחלק זה התורה היא שקובעת את התמונה ה׳עובדתית׳. ללא התורה אין משמעות ליום השביעי בשבוע, או לתאריך טו בניסן, ורק התורה היא שמעניקה לו מגמה כלשהי

שרצונה לממש בחיינו. לכן בחלק זה של התורה מה שקובע הוא מגמות התורה ולא העובדות העירומות.[12]

בחזרה למודל הפורמלי

נתאר כעת את התמונה שתוארה בסעיפים האחרונים לגבי בישול ביו״ט. ראשית, נסמן את שני המושגים הבסיסיים שלנו: שבת (φ_1) ויו״ט (φ_2). כעת נסמן את המגמות היסודיות. מגמות שמסומנות באות α מתארות מגמות של שבת, ואלו שמסומנות באות β מתארות את המגמות של יו״ט:

מגמת השביתה ממלאכה בשבת זכר לשביתה במעשה בראשית - α_1

מגמת השביתה ממלאכה ביו״ט עקב המפגש עם הקב״ה באירוע ההיסטורי - β_1

מגמת העונג בשבת - α_2

מגמת העונג ביו״ט - β_2

מבחינתנו מה שנתון מבחינת המגמות הוא התמונה הבאה:

$$\varphi_1(\alpha_1, \alpha_2)\ ;\ \varphi_2(\beta_1, \beta_2)$$

כאמור, התכונות ההלכתיות של שבת ושל יו״ט נגזרות מהמגמות של התורה לגבי הימים הללו. מהן התכונות ההלכתיות הרלוונטיות של כל אחד מהם? לצורך כך עלינו להמשיך ולסמן את המעשים האסורים או המחוייבים.

---

[12] להרחבה נוספת אודות ההבדל בין החלק המשפטי והחלק הדתי של ההלכה כפי שהם באים לידי ביטוי בחלקי **השו״ע**, ראה מאמרו של מ. אברהם, ״ין הטריטוריה שלי לטריטוריה של הזולת – על חובות וזכויות בהלכה ומשמעותן״ **מישרים** ו, ירוחם תשע״ב.

ראשית, עלינו להתייחס למלאכות השונות שנאסרו בשבת ויו״ט. מדובר בל״ט אבות מלאכה ותולדותיהם (מה שנלמד מהם). לצורך הפשטות נתייחס רק לאבות ונניח שכל תולדה כלולה באב שלה. שנית, לצורך הפשטות נניח שמתוך לט אבות המלאכה יש תשע מלאכות אוכל נפש (מלאכות שמשמשות להכנת אוכל), ושלושים מלאכות רגילות. כעת נסמן:

x_1-x_{30} – הפעולות שנחשבות מלאכה רגילה בשבת וביו״ט.

x_{31}-x_{39} – מלאכת אוכל נפש שאסורות רק בשבת.

x_{40} – אכילה ועונג.

עוד עלינו לסמן את עקרון הנטרול של מלאכות אוכל נפש.

N - עקרון ניטרול של יו״ט, שמנטרל את כל איסורי מלאכות אוכ״נ.

כעת נייצג באופן גרפי את הקשרים בין המגמות לבין הנורמות. כמה כללים בסיסיים עבור הייצוגים הללו:

- החץ הבסיסי מייצג את הקשר בין מגמה לבין נורמה. משמעותו היא שמגמה או מגמות מסויימות מחוללות נורמה הלכתית. קו עבה מייצג חובה חמורה, וקו רגיל חובה קלה יותר.
- כאשר שני חיצים מגיעים לאותה נקודה ויוצרים חץ אחד שממשיך הלאה, הכוונה היא ששתי המגמות גם יחד מחוללות את התוצאה הנורמטיבית.
- בנוסף, ישנם חיצי ניטרול. כאשר קצה של חץ מנטרל פוגע באמצע חץ אחר (בין חץ רגיל ובין חץ ניטרול) הוא מנטרל אותו. אם הוא פוגע בחץ רגיל – הנורמה שהחץ הזה אמור ליצור לא נוצרת. אם הוא פוגע בחץ ניטרול – הניטרול מבוטל, והנורמה חוזרת ונוצרת.

כל זה קורה רק אם חץ הניטרול הוא מספיק חזק לעומת החץ שאותו הוא בא לנטרל. חץ ניטרול רגיל לא ינטרל חץ חזק. חץ רגיל מנטרל רק חץ רגיל, ואילו חץ חזק מנטרל גם חץ חזק.

כעת נשתמש בכללים הללו כדי לתאר את המצב בשבת וביו״ט רגיל, ולאחר מכן נעבור ליו״ט שחל בשבת.

מתוך מה שתיארנו למעלה לגבי המגמות של שבת ויו״ט וההשלכות הנורמטיביות שלהן, ניתן לחלץ את הקשרים הבאים:

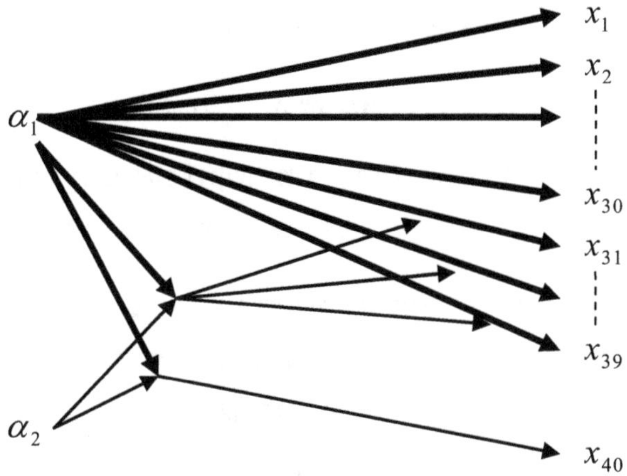

שבת: מלאכות שבת נאסרות בגלל המגמה של זכר לשביתת הקב״ה במעשה בראשית. איסורי המלאכה הם חמורים (כרת וסקילה) והדבר מיוצג על ידי קו עבה. לעומת זאת, עונג שבת הוא חובה קלה שנובעת מכלל אופיה של השבת. הצירוף של איסור מלאכה חמור וחובת עונג קלה יוצר קו ניטרול קל שלא מצליח להתגבר על האיסור החמור של המלאכה.

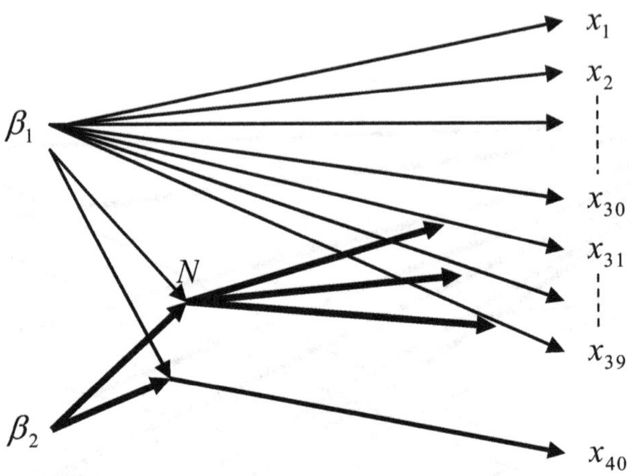

יו״ט: מלאכות יו״ט נאסרות בגלל המגמה של זכר לאירוע ההיסטורי והמפגש עם הקב״ה. אלו הן חובות רגילות שמיוצגות על ידי קו רגיל. לעומת זאת, עונג יו״ט הוא חובה חמורה שנובעת מאופיו של היו״ט. מלאכות אוכל נפש מנוטרלות בגלל החובה החזקה של עונג יו״ט והעוצמה החלשה של איסורי מלאכה.

השלב הבא הוא יצירת ההרכבה של יו״ט שחל בשבת:

$$\varphi_3(\alpha_1, \alpha_2, \beta_1, \beta_2) = \varphi_1(\alpha_1, \alpha_2) \oplus \varphi_2(\beta_1, \beta_2)$$

מרשימת הגרירות שלמעלה היינו מצפים לכאורה לחיבור התכונות (הרכבה שכונית). ראינו שביום המורכב ישנן כל ארבע המגמות של שני הימים שמרכיבים אותו. אלו אמורות לחולל את הנורמות שנגזרות מהן. לכן ביו״ט שחל בשבת אמורות להיווצר כל הנורמות של שני הימים הללו גם יחד. זוהי התפיסה השכונית שמתוארת בגרף הבא:

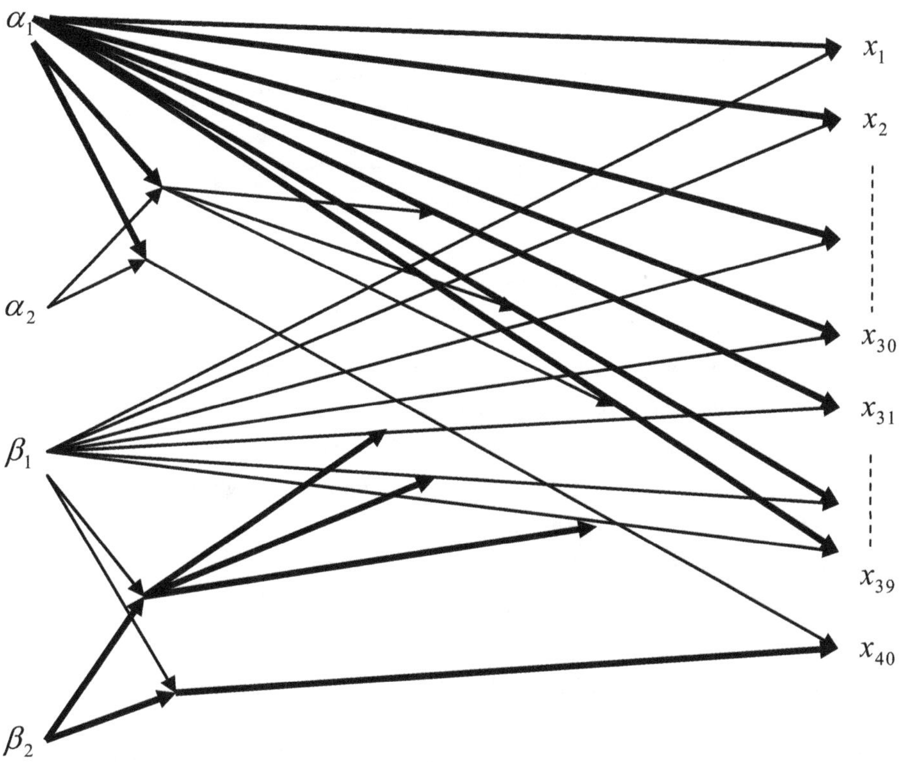

יו״ט שחל בשבת – התפיסה השכונית: זהו בעצם חיבור של שני הגרפים הקודמים. מצד שמאל יש את אוסף המגמות של היום המורכב, ומצד ימין רואים את ההשלכות הנורמטיביות שחלות בו. יש לזכור שעדיין כל קו עבה מנטרל קו רגיל, לכן בשורה התחתונה על מלאכות אוכל נפש (39-31) יש איסורי מלאכה של שבת ולא של יו״ט.

חישוב קל מעלה שבגרף הזה מלאכות אוכל נפש נאסרות רק מצד השבת. איסורי היו״ט נותרים מנוטרלים.

אבל לפי התפיסה המזגית, יש כאן שינוי, שכן נוכחותה של השבת מנטרלת את הקווים המנטרלים ביו״ט, וכך חוזרים איסורי יו״ט לתוקף. התמונה היא הבאה:

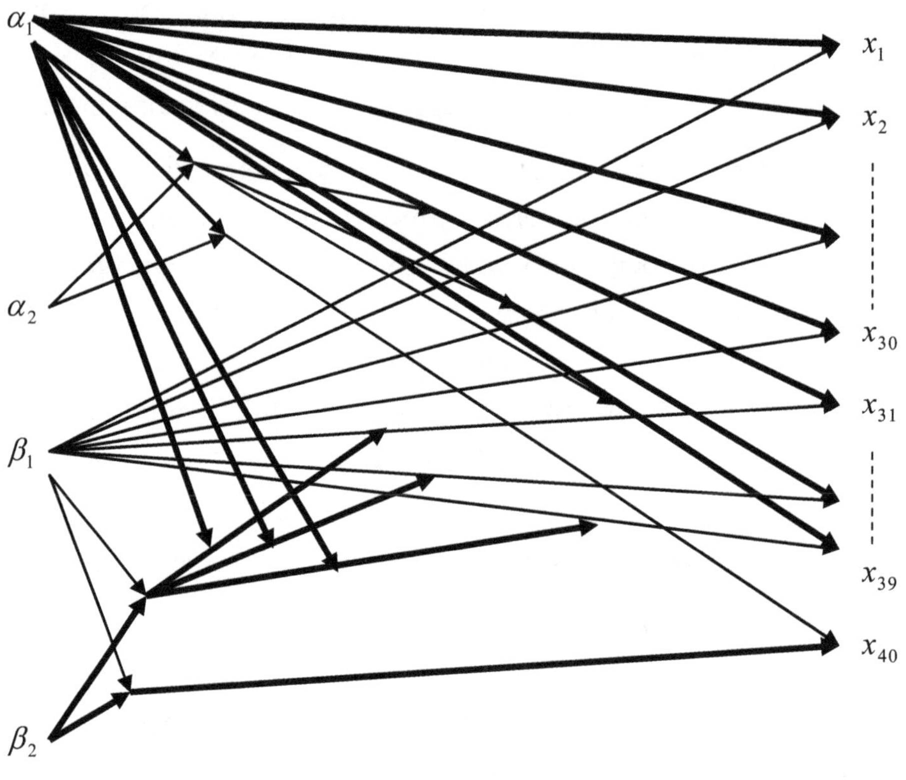

יו״ט שחל בשבת – התפיסה המזגית: מה ששונה כאן הוא שיש קווי ניטרול חזקים שיוצאים מהמגמות של שבת ומנטרלים את קווי הניטרול (שגם הם חזקים) שיוצאים מיו״ט לאיסורי מלאכת אוכל נפש.

חישוב מעלה שבגרף הזה מלאכות אוכל נפש נאסרות גם מצד יו״ט (כי הניטרול מנוטרל), בדיוק כפי שסובר **הצ״פ**. זהו המודל שמייצג את שיטתו.

נוסיף עוד הערה אחת על הגרף האחרון. הסברנו למעלה שהסיבה שיש איסורי אוכל נפש ביו״ט שחל בשבת היא שבין כה וכה אי אפשר היה לעשות שימוש בהיתר שיש ביו״ט רגיל. לכאורה ייצוג מתבקש להסבר הזה הוא גרף שבו קווי הניטרול שמנטרלים את קווי הניטרול של יו״ט רגיל, ייצאו מאיסור מלאכות אוכל נפש ולא מהמגמות של שבת. זה מסמן את העובדה שמכיון שבין כה וכה לא מבשלים, אז אין טעם לנטרל את איסורי אוכל נפש.

אלא שייצוג כזה היה מכיל סוג של לולאה פנימית, שכן איסורי המלאכה היו מנטרלים את מה שמנטרל את איסורי המלאכה. הסיבה לכך היא שבייצוג שלנו אין הבדל בין איסורי מלאכה של שבת ושל יו״ט. יש איסורי מלאכה, וההבדל בין שבת ליו״ט מיוצג על ידי קווים שונים שמגיעים לשם, אלה שמגיעים מהמגמות של שבת מייצגים את איסורי המלאכה של שבת, ואלו שמגיעים מהמגמות של יו״ט מייצגים את איסורי המלאכה של יו״ט. לכן אם היינו מוציאים קווי ניטרול ממלאכות אוכל נפש עצמן (x_{30}-x_{39}), אזי לא ניתן היה לראות שהגורמים לניטרול הניטרול של מלאכות יו״ט הם איסורי המלאכה של שבת ולא אלו של יו״ט. לכן זה היה נראה כלולאה.

מסיבה זו בחרנו לייצג את הניטרול של הניטרול על ידי קווים שיוצאים מהמגמות של שבת ולא מהמלאכות. ההיגיון בכך הוא ההנחה שמלווה אותנו כל הזמן שכל הנורמות הן תוצאות של המגמות. לכן בעצם מה שמנטרל את הניטרול של איסורי אוכל נפש מתחיל מהמגמות של שבת, ורק בא לידי ביטוי באיסורי המלאכה של שבת. לשון אחר: מי שקבע את המערכת ההלכתית הזאת, היה ודאי מודע לכך שאיסור המלאכה של שבת יביא לביטול ההיתר של מלאכת אוכל נפש בשבת, ולכן ודאי המגמות של שבת מבחינתו היו מספיק חזקות בעיניו כך שהדבר יהיה מוצדק. לכן בשורה התחתונה ניתן

לומר שהמגמות, ולא הנורמות, הן שמנטרלות את הניטרול. וכך אכן ציירנו את הדברים.

תקיעה בראש השנה שחל בשבת: התמונה השכונית

נציג כעת ניתוח דומה לסוגיית תקיעת שופר בר״ה שחל בשבת. אנחנו מתמקדים כאן במישור דאורייתא. אבל לצורך השלימות נייצג איסורי דרבנן בקווים רגילים.

בר״ה יש חובה (מצוות עשה) לתקוע בשופר, שתסומן y. רק לצורך הדיון נניח שיסודה של החובה הזאת בהתעוררות לתשובה לקראת יום הדין (ראה רמב״ם בהל׳ תשובה פ״ג ה״ד, שמביא זאת כרמז לדבר), שתסומן β. בשבת אין חובה כזאת, והדבר אף אסור באיסור דרבנן.

$$\beta \longrightarrow y$$

ר״ה: המגמה להתעורר בתשובה מחוללת חיוב נורמטיבי מדאורייתא לתקוע בשופר. עקרונית היה עלינו להוסיף איסורי מלאכה x כמו בכל יו״ט. השמטנו אותם לצורך הפשטות.

הציור של שבת מוצג בסעיף הקודם, ואין שם שום התייחסות לתקיעת שופר. אבל מכיון שיש איסור דרבנן על תקיעת שופר, בכל זאת אחד מקווי האיסור של שבת הופך להיות חלש בהקשר שלנו.

כאשר ר״ה חל בשבת היינו מצפים שהתמונה תהיה כדלהלן:

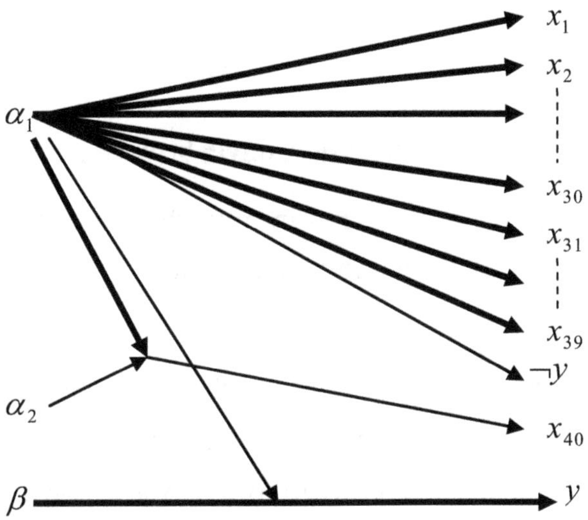

ר״ה שחל בשבת – התמונה השכונית: יש איסור דרבנן לתקוע בשופר (לכן מהמגמה הכללית של שבת יוצא קו ניטרול רגיל שמנסה לבטל את חובת תקיעת שופר. הוא לא מצליח כי החובה הזו היא חזקה. על גבי זה יש איסור דרבנן לתקוע מחשש כלשהו, ולכן הוא מצויר כאן בנפרד מאיסורי המלאכה.

כפי שראינו בפרק א, לפי רוב המפרשים נראה שזוהי שיטת הבבלי (שאוסר את התקיעה רק מדרבנן שמא יעבירנו ד אמות ברה״ר). הירושלמי סובר שבר״ה שחל בשבת אין בכלל חובה לתקוע בשופר, אלא רק לזכור את התרועה, וכפי שראינו זה מבטא הרכבה מזגית. מאידך, ראינו שם שלפי כמה מהמפרשים גם בבבלי יש ממדים מזגיים. לכן נבחן אותם לפני שנעבור לשיטת הירושלמי.

תקיעת שופר בר״ה שחל בשבת: שיטת ׳שיבולי הלקט׳ בבבלי

נזכיר כאן שוב את מה שראינו שם, שלפחות לפי כמה מהמפרשים גם הבבלי מסכים שנוצרת כאן חובה חדשה של ״זכרון תרועה״, ושיש ביום המורכב ממד חדש שלא קיים בשני מרכיביו. הסברנו זאת שם בכמה אופנים, וכאן נביא את הסבירה ביותר.

א. זכרון התרועה הוא עניין נוסף על התקיעה. בר״ה יש שתי מטרות, האחת מושגת על ידי התקיעה והשנייה גם על ידי זכרון התרועה. בר״ה רגיל תוקעים בשופר וכך משיגים את שתי המטרות, אבל בשבת שלא תוקעים בגלל איסור דרבנן, משיגים לפחות את המטרה האחת.

ב. אפשרות אחרת, סבירה יותר, היא שיש שתי צורות להשיג את המטרה של תקיעת שופר: התקיעה וזכרון התרועה. עקרונית עדיף לתקוע, והזיכרון הוא דרך פחות טובה להשיג את המטרה. ולכן בר״ה רגיל תוקעים ממש, אבל בר״ה שחל בשבת יש עניין בגלל השבת שלא לתקוע, וממילא מה שנותר הוא רק הדרך הפחות טובה להשיג את המטרה: זיכרון התרועה.

נדגיש שהסיבה לא לתקוע בשבת היא סיבה מדרבנן, אבל די בה כדי להביא לכך שנשתמש בדרך הפחות טובה, כל עוד מושגת המטרה הבסיסית.

תקיעת שופר בר״ה שחל בשבת: שיטת הירושלמי

אבל מפשט הירושלמי עולה שהוא סובר שאין בכלל חובה לתקוע בשופר בר״ה שחל בשבת. ישנה רק החובה לזכור את התרועה. כיצד ניתן להגיע למסקנה כזאת? הירושלמי מסביר שהפסוק ״זכרון תרועה״ מדבר על שבת, והוא מחדש שבר״ה שחל בשבת אין חובה לתקוע אלא רק לזכור את התרועה.

ברור שיסוד שיטת הירושלמי אינו ראיית קו הניטרול בציור הקודם כקו חזק, שהרי הטענה שלו אינה מכוח האיסור שיש בשבת. טענת הירושלמי היא שבשבת כלל לא קיימת החובה לתקוע. יתר על כן, כפי שראינו לפי הירושלמי ביום כזה יש חובה לזכור את התרועה במקום לתקוע. כלומר נוצרת כאן חובה חדשה שיש לה קשר כלשהו לתקיעה, אבל לא תקיעה ממש.

נראה שיש שתי אפשרויות להבין את שיטת הירושלמי:

א. ישנה מגמה נוספת שקיימת רק בשבת של ר״ה שתסומן γ, שגורמת לכך שבר״ה שחל בשבת עלינו לזכור את התרועה (מאפיין הלכתי שיסומן z) במקום להריע. יש כאן תופעה חדשה, ששילוב המגמות יוצר מגמה חדשה כבר במישור של המגמות ולא רק במישור הנורמטיבי. יש לזכור שבאמת כאן התופעה הזו מעוגנת בפסוק, והיא לא נגזרת מסברא או היסק הלכתי בלבד כמו בשאר המקרים. במובן זה, לפי הירושלמי ר״ה שחל בשבת הוא אכן יום מסוג שלישי, והתורה עצמה מגדירה אותו במפורש.

ר״ה שחל בשבת – התמונה המזגית המתוקנת א: אין חובה לתקוע בשופר, אלא רק לזכור. לצורך הפשטות שוב השמטנו את איסורי המלאכה בר״ה.

ב. השילוב של המגמות של ר״ה ושבת יוצר מאפיין הלכתי חדש z ביום המורכב.

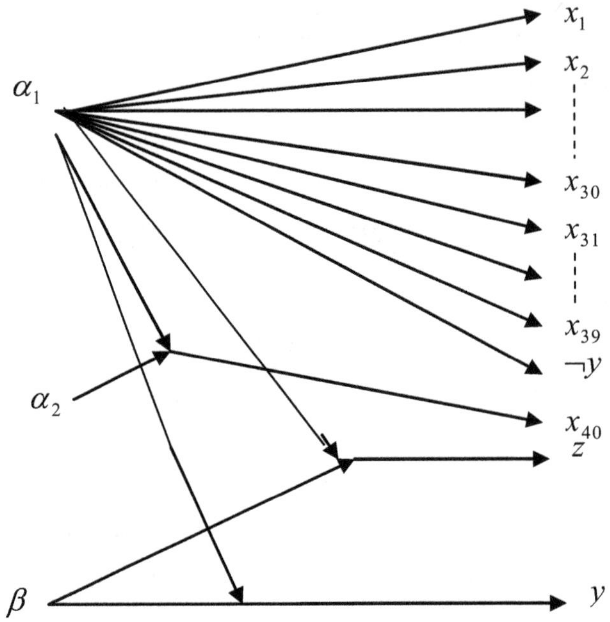

ר״ה שחל בשבת – התמונה המזגית המתוקנת ב: אין חובה לתקוע בשופר, אלא רק לזכור. לצורך הפשטות שוב השמטנו את איסורי המלאכה בר״ה. אמנם הוספנו כאן את האיסור (מדרבנן, שהוא לא אחד מאיסורי המלאכה) לתקוע בשופר בשבת. זה לא הכרחי שקו הביטול שיוצא מהמגמה α_1 יסודו באיסור המלאכה. ייתכן שבשבת יש מגמה שמייתרת את התקיעה לא בגלל האיסור שבה.

המסקנה היא שר״ה שחל בשבת הוא מקרה חריג, שכן המכניזם שיוצר את ההרכבה המזגית אינו נטרול של נטרול כמו במקרה הקודם של יו״ט שחל בשבת. אמנם זוהי כנראה הסיבה לכך שההרכבה הזאת נעשית על ידי התורה עצמה, ולא נשארת להיסק ההלכתי שלנו.

יו״כ שחל בשבת: מדוע יש קשר בין קידוש לבין הקרבת קרבנות?

ראינו שהרמב״ם פוסק שגם את מוספי השבת ביו״כ מקריב הכהן הגדול. מכאן **האו״ש** הסיק שאין לעשות קידוש ביו״כ שחל בשבת. הוא לומד מנושא זהותו של מקריב הקרבנות שמדובר כאן בהרכבה מזגית ולא שכונית. עוד הוא מסיק שתוצאת ההרכבה הזאת היא לטובת יו״כ ולא לטובת שבת, כלומר שהיום המזוג הזה הוא במהותו יו״כ לא שבת.

ניתן לערער על שתי המסקנות הללו. ראשית, מדוע הוא מניח שתוצאת ההרכבה היא תמיד לטובת יו״כ? גם אם מדובר בהרכבה מזגית, היה מקום לומר שהתוצאה היא לטובת השבת ולא לטובת יו״כ. כאן התשובה נראית די פשוטה: אין לנו דוגמה הלכתית ידועה שבה ההרכבה של יו״כ ושבת היא לטובת השבת. לכן סביר להסיק שבכל מקום הצביון יהיה זה של יו״כ. אבל השאלה השנייה נראית קשה יותר: מדוע הוא מניח שההרכבה לגבי קידוש גם היא מזגית? הרי ראינו שיש רכיבים ביו״כ שחל בשבת שמורכבים שכונית זה עם זה, ויש רכיבים שמורכבים מזגית. זהותו של המקריב נקבעת במכניזם מזגי ($c_5=1$), אבל עצם החובה להקריב מוספי שבת ויו״כ נקבעת במכניזם שכוני. אם ההרכבה של יו״כ ושבת היתה מזגית לחלוטין היה עלינו להקריב רק את מוספי יו״כ ולא את מוספי שבת. אם מקריבים את שני סוגי המוספים מוכח מכאן שזוהי הרכבה שכונית ($c_3=c_4=0$).

משום מה, **האו״ש** מחליט שהקידוש נשלט על ידי מכניזם מזגי (כמו הקרבנות), ולא על ידי מכניזם שכוני (כמו החובה להביא מוספים). מדוע הוא מחליט דווקא לכיוון הזה?

נראה שלדעתו הקידוש קשור דווקא לרכיב של זהות המקריב ולא לרכיבים של החובה להקריב. שוב נראה שזוהי תוצאה של שיקולים שנוגעים לתכנים המעורבים כאן, ולא מסקנה לוגית-פורמלית-כללית. נראה מכאן שכל רכיב בשלושת הווקטורים שהוצגו למעלה בעצם נובע ממגמות שונות של שבת ושל

יו״כ. האופי של ההרכבה (מזגית או שכונית) נגזר מהיחס בין המגמות הללו לבין התוצאות ההלכתיות.

נזכיר שוב שכאן אין בתורה הנחיות מפורשות לגבי היום המורכב (לא כמו ר״ה שחל בשבת), ולכן אין לנו ברירה אלא להסיק אותן בעצמנו מתוך ההנחיות הנורמטיביות לגבי שבת ולגבי יו״ט. כפי שכבר ראינו, גם בהרכבה מזגית יש לתוצאה ההלכתית קשר למושגים שמהם היא עשויה. מה שמגדיר את אופיה המזגי או השכוני של ההרכבה הזאת היא מהותו של הקשר הזה בין המרכיבים לבין המורכב. נבחן זאת כעת ביחס ליו״כ שחל בשבת שהוא הדוגמה המורכבת ביותר של הרכבה בה פגשנו עד עתה, שכן יש בה רכיבים שונים שכל אחד מהם מורכב באופן שונה (ראה דיון מפורט למעלה בפרק השלישי).

למעלה ראינו שכל רכיב בווקטור מורכב בצורה שונה (מזגית או שכונית). כעת נוכל להבין שלפי **האו״ש** יו״כ ושבת זו הרכבה מזגית בכל הפרמטרים, אבל בחלק מהרכיבים התוצאה ההלכתית היא יישום פשוט של שני ה׳אבות׳. ישנם רכיבים שבהם המזגיות באה לידי ביטוי, ושם המאפיינים מורכבים בצורה פחות טריביאלית. אבל זה מוכיח שההרכבה כולה היא מזגית, וגם מה שנראה כשכוני זה רק יישום פשוט של שני האבות. הרכיבים שמתמזגים בצורה פחות טריביאלי יוצרים את האופי המזגי של ההרכבה.

זהות המקריב ביו״כ שחל בשבת: ניתוח לוגי

מה קורה ביו״כ שחל בשבת? לצורך הפשטות נתמקד רק ברכיבים שמורכבים זה עם זה באופן מזגי. לגבי אכילה המצב הוא שכוני, שכן ודאי שיהיה אסור לאכול מדין יו״כ. כאן לא עולה השאלה האם נאסור לאכול גם מצד השבת שבזה, שכן בשבת אין איסור לאכול שהותר בשבת רגילה (כמו בישול ביו״ט לפי החולקים על הרמב״ן). בשבת אין שום איסור לאכול (כמו בישול ביו״ט

לפי הרמב״ן). לכן כאן אין מקום לשקול הרכבות מזגיות. גם לגבי המלאכות אין כאן מקום לדיון שערכנו לגבי יו״ט שחל בשבת, שכן יו״כ זהה מבחינת איסורי המלאכה שלו לשבת (לא הותרו בו מלאכות אוכל נפש).

מה לגבי זהות המקריב ביו״כ שחל בשבת? ראינו שלפי הרמב״ם גם את מוספי השבת צריך להקריב הכהן הגדול. האם ניתן להסביר זאת במכניזם דומה למה שראינו למעלה? נזכור שכאן התורה לא כתבה זאת בפירוש, ולכן בעצם מדובר בהיסק פרשני של חכמים. במובן זה היינו מצפים שזה יהיה דומה ליו״ט שחל בשבת ולא לתקיעה בר״ה שחל בשבת (זה כתוב בפירוש בתורה לפי הירושלמי). אם כן, לפי הצעתנו יש לחפש כאן מנגנון של ניטרול של ניטרול.

כדי להסביר זאת באופן הזה, עלינו להניח שבעצם בכל יום יש חובה שהכהן הגדול יקריב את כל הקרבנות, אלא שביום רגיל (כולל שבת רגילה) יש היתר בכל זאת לעשות זאת בכהן הדיוט. ייתכן שהסיבה היא להקל את העומס שיהיה מוטל על הכהן הגדול אם הוא היה זה שמקריב בכל יום. אבל ביו״כ יש חובה שמוטלת על הכהן להקריב את כל קרבנות היום, ואנחנו מכלילים בזה גם את מוספי השבת. החובה הזאת, לפי הצעתנו, נוצרת מביטול של המגמה להקל על הכהן והשבת המגמה היסודית שכהן גדול יקריב את כל הקרבנות.

על אף הדמיון הלוגי, מקרה זה אינו דומה למקרה של בישול ביו״ט שחל בשבת. שם מדובר במצב בו יש היתר ביו״ט רגיל, ומכיון שכשזה חל בשבת בין כה וכה יהיה איסור מצד השבת, אז סברא פשוטה היא לא להתיר זאת גם מצד היו״ט. למה להתיר דבר ללא סיבה?! אבל כאן הסברנו שהמגמה היא להקל על הכהן הגדול, וגם אם את קרבנות יו״כ עצמם הוא זה שצריך להקריב, מדוע להטיל עליו גם את קרבנות השבת? עדיין ההיגיון אומר להתיר להקריב את מוספי השבת, גם כשהיא חלה ביו״כ, בכהן רגיל, ורק את קרבנות יו״כ להטיל על כה״ג. ובכל זאת, הלוגיקה היא אותה לוגיקה.

אפשר אולי להסביר זאת בכך שההיתר להקריב בכל השנה בכהן הדיוט לא מבוסס על הרצון להקל על הכה״ג מבחינת מספר הקרבנות שהוא צריך להקריב, אלא הרצון להקל עליו שלא יצטרך כלל לבוא ולהיכנס למרחב ההקרבה בבית המקדש. ומשעה שהוא כבר נכנס לשם (כדי להקריב את קרבנות יו״כ) אין סיבה שלא יקריב גם את קרבנות השבת. לפי זה, הדמיון ליו״ט שחל בשבת הוא מלא. ההבדל היחיד הוא שביו״ט שחל בשבת מדובר על ביטול של ביטול של איסור (מלאכת אוכ״נ), וכאן מדובר על ביטול של ביטול של חובה (להקריב בכה״ג).

נעיר שלפי זה ייתכן שהשיטה שחולקת על הרמב״ם וסוברת שמוספי השבת ביום כזה מוקרבים בכהן הדיוט, גם היא מקבל את הסכימה הזאת שמניחה שעקרונית עדיף שכה״ג יקריב את כל הקרבנות. אלא שהיא סוברת שהרצון להקל על הכה״ג בא לידי ביטוי במספר הקרבנות ולא בכניסה לחלל ההקרבה, ולכן המגמה הזאת רלוונטית גם ביו״כ שחל בשבת.

זהות המקריב ביו״כ שחל בשבת: הצגה גרפית

המגמות של התורה בשבת רגילה יסומנו כך: α היא המגמה של התורה שבגללה נוצרת החובה ההלכתית להקריב קרבן מוסף בשבת (שמסומנת x). לפי הצעתנו, עקרונית גם את הקרבן הזה יש להקריב בכה״ג. אנו מסמנים זאת P(x). מדוע? ישנה כאן מגמה נוספת של התורה שכל הקרבנות יוקרבו על ידי כהן גדול אולי מפני שהוא הקרוב ביותר לשכינה. נסמן את המגמה הזאת באות β. כעת יש מגמה נוספת של התורה להקל על הכהן הגדול (באחת משתי הפרשנויות שעלו בסעיף הקודם), ולכן בכל יום רגיל או שבת (למעט יו״כ) יש היתר לא להקריב בכה״ג אלא בכהן הדיוט. נסמן את המגמה הזאת באות γ.

הייצוג הגרפי של זה הוא הבא:

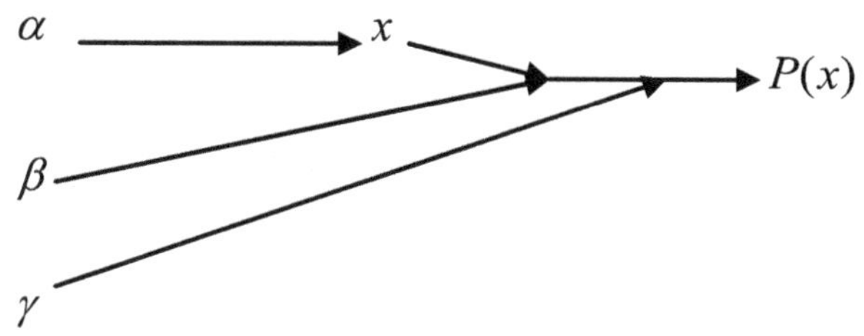

זהות המקריב בשבת רגילה

מה קורה ביו״כ רגיל? כאן ישנה מגמה של התורה שמוספי היום (y) יוקרבו בכה״ג: P(y). נראה שהסיבה לכך היא שביו״כ יש לקרבנות חשיבות רבה, ולכן שם יש חשיבות רבה לכך שהקרבנות יוקרבו בכה״ג. במצב כזה הרצון להקל על הכהן אינו גובר על החשיבות של ההקרבה דווקא על ידו. את חשיבות ההקרבה של מוספי יו״כ (הנורמה y) אנחנו מסמנים באות δ. זה מה שגורם לכך שביו״כ אנחנו לא מקילים על הכהן הגדול ודורשים דווקא ממנו להקריב את מוספי היום.

כעת נציג את המצב באופן גרפי:

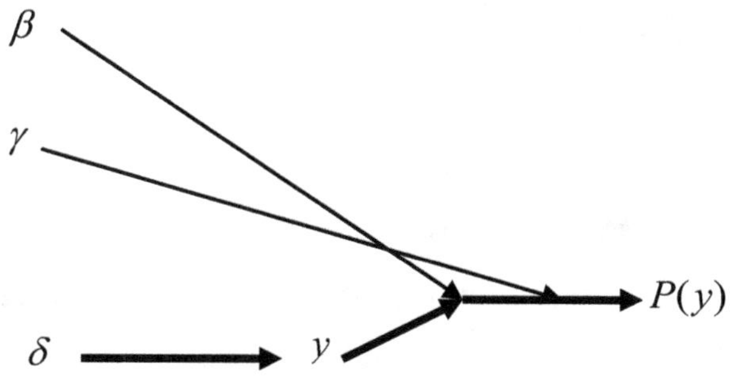

זהות המקריב ביו"כ רגיל: כאן החובה להקריב בכה"ג היא חזקה (קו עבה) ולכן המגמה להקל אינה מבטלת אותה.

החץ המבטא את החובה להקריב בכה"ג הוא חזק, ולכן החץ שמנסה לבטל אותו (שעוביו כמו בשבת רגילה) אינו חזק דיו כדי לבטל אותו.

כעת נעבור להציג את הדיאגרמה המורכבת של יו"כ שחל בשבת. אם נבין זאת כהרכבה שכונית, התוצאה היא הבאה:

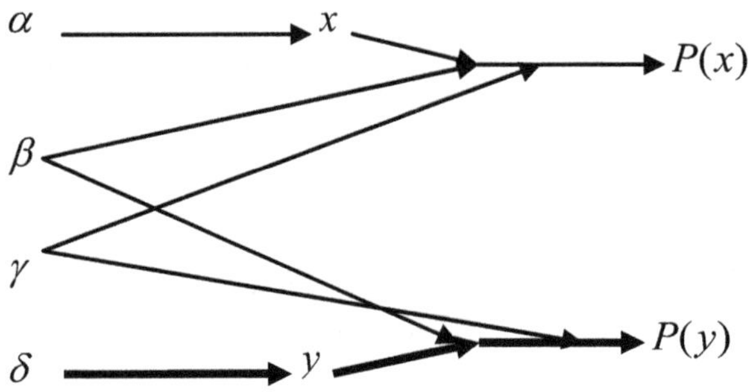

זהות המקריב ביו"כ שחל בשבת: הרכבה שכונית. קו הביטול שיוצא מ- γ לא מצליח לבטל את החובה להקריב את y בכה"ג, אבל מבטל את החובה לעשות זאת ב-x.

לפי המודל הזה קרבנות השבת (x) מוקרבים על ידי כהן הדיוט, וקרבנות יו"כ (y) מוקרבים על ידי כהן גדול.

כעת נבחן מה קורה במודל של הרכבה מזגית. יש כאן כמה אפשרויות:

א. אפשרות ראשונה היא שבהרכבה בין יו״כ לשבת נוצרת עוד מגמה (שלא קיימת בשבת רגילה ולא ביו״כ רגיל). המגמה הזאת היא שמבטלת את הביטול, ומעוררת את החובה להקריב בכה״ג:

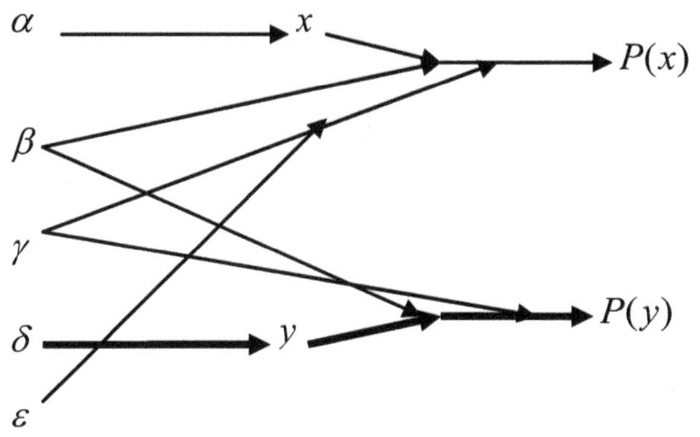

זהות המקריב ביו״כ שחל בשבת: הרכבה מזגית – אפשרות ראשונה.

משמעות הדבר היא שבהרכבה מזגית יכול להתרחש עוד משהו פרט לביטול של ביטול. יכולות להתווסף מגמות חדשות שלא קיימות בשני המרכיבים היסודיים. בסוף הפרק נראה שזוהי בעצם משמעותה של ההרכבה המזגית אצל **האו״ש** ו**הצ״פ**.

ב. אפשר להשאיר את ההנחה שההרכבה יכולה רק לבטל ביטולים. כיצד נסביר את הדין של מוספי שבת שנעשים בכה״ג? אפשר להניח שהחשיבות של הקרבנות ביו״כ היא שגורמת לביטול הביטול (היא מנטרלת את הרצון להקל):

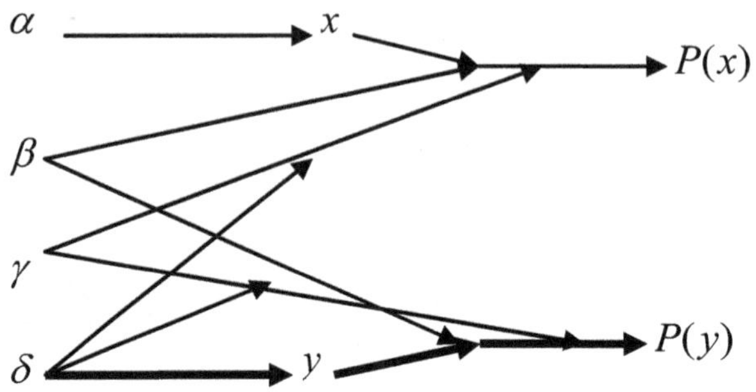

זהות המקריב ביו״כ שחל בשבת: הרכבה מזגית – אפשרות שנייה.

בהנחה הזאת עלינו להוסיף שחשיבות הקרבנות ביו״כ מבטלת את הביטול גם לגבי מוספי יו״כ, אלא ששם אין לכך חשיבות כי בין כה וכה הביטול המקורי לא מצליח. תהיה לכך אולי השלכה במצב שבו יהיה מכניזם אחר שינסה לחזק את הביטול. האפשרות השנייה היא שקו הביטול המקורי כבר מבוטל.

אמנם יותר הגיוני בתמונה הזאת הוא שהחובה להקריב ביו״כ אינה חובה חזקה, והחובה להקריב בכה״ג לא נובעת מעוצמת החובה להקריב קרבנות, אלא מכך שהמגמה של יו״כ מבטלת את הביטול של החובה להקריב בכה״ג.

התמונה הזאת בעצם מניחה שכבר בתמונה היסודית של יו״כ החובה להקריב בכה״ג מבוססת על ביטול של ביטול:

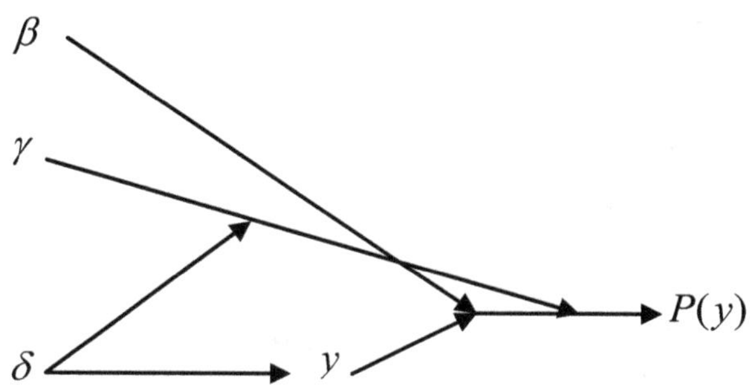

זהות המקריב ביו"כ רגיל – גירסה שנייה.

וכעת ביו"כ שחל בשבת מתקבלת התמונה הבאה:

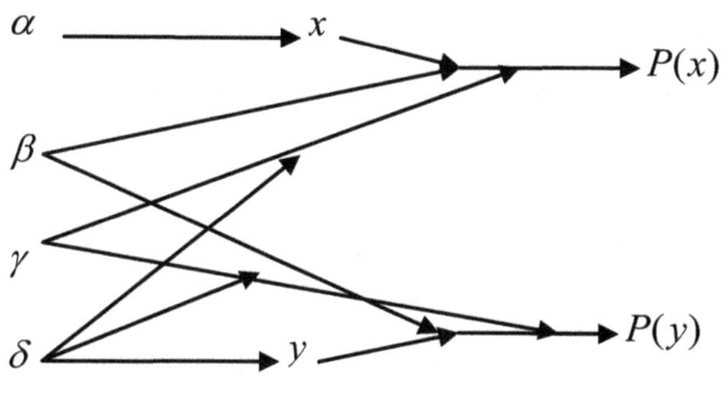

זהות המקריב ביו"כ שחל בשבת: הרכבה מזגית – אפשרות שנייה גירסה שנייה.

מכאן והלאה נמשיך להניח את הגירסה הראשונה, אבל זה לא ישנה את התוצאה. בכל מקום ניתן להחליף את התמונה של יו"כ רגיל בגירסה השנייה שמוצגת כאן.

ג. אפשרות שלישית היא שהמגמה של יו״כ מחזקת גם את החובה להקריב קרבנות שבת, וכעת הביטול הרגיל לא מצליח לבטל זאת:

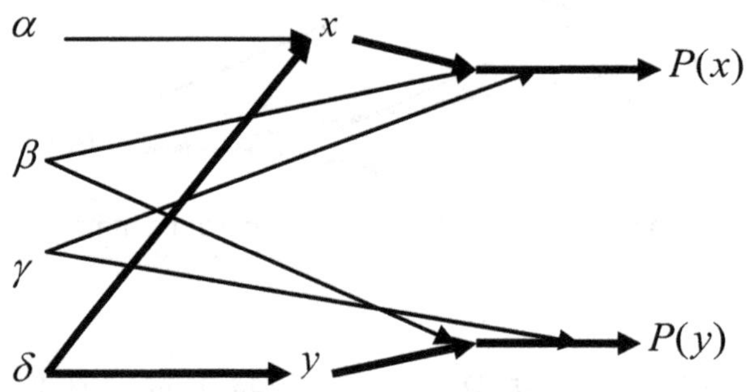

זהות המקריב ביו״כ שחל בשבת: הרכבה מזגית – אפשרות שלישית.

מה שהרווחנו הוא שבתמונה הזאת אין כבר קו ביטול שיוצא לבטל את הביטול של מוספי יו״כ. זה מתאים יותר לאינטואיציה.

ד. אמנם אם נרצה לייצג את מה שהסברנו למעלה, שביטול הביטול מבוסס על כך שכאן הכה״ג בין כה וכה נמצא בחלל ההקרבה, נקבל תמונה שונה, שהיא אפשרות רביעית:

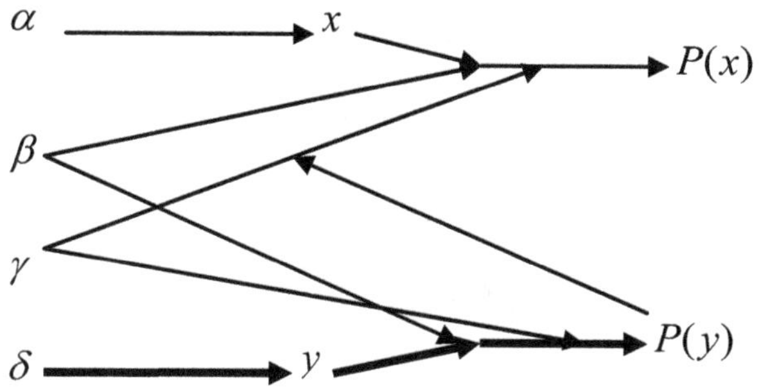

זהות המקריב ביו"כ שחל בשבת: הרכבה מזגית – אפשרות רביעית.

העובדה שיש חובה להקריב בכה"ג באותו יום מבטלת את הביטול, ומעוררת שוב את החובה להקריב גם את מוספי השבת בכה"ג.

רק כדי להציג תמונה מורכבת של ביטולים, נציג כעת את האפשרות הרביעית בגירסה השנייה:

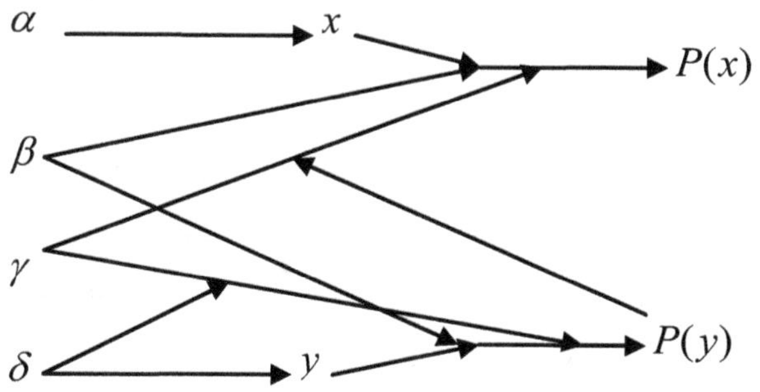

זהות המקריב ביו"כ שחל בשבת: הרכבה מזגית – אפשרות רביעית גירסה שנייה.

יש לשים לב למסלול הביטולים שמתחיל מ- δ שמבטל את הביטול שיוצא מ- γ, שיוצא לבטל את החובה P(y), שבתורה מבטלת את החובה שיוצאת מ- γ

לצד השני, שמבטל את החובה P(x). כעת כשנרצה לבחון האם יש חובה להקריב מוספי שבת בכה״ג, כלומר P(x), עלינו לצאת מהחץ שיוצר את החובה הזאת, וללכת אחורה כדי לראות האם בסופו של דבר היא קיימת. אנחנו סופרים רק את חצי הביטול שבמסלול, וכאן מספר הביטולים הוא זוגי. לכן בשורה התחתונה החובה P(x) לא מתבטלת.

חובת הקידוש ביו״כ שחל בשבת: סיכום השיטות

נראה שגם הקידוש ביו״כ שחל בשבת ניתן להסבר כזה. נזכיר שביו״כ שחל בשבת יש חובה לצום. זו תוצאה שכונית פשוטה. חולה כמובן צריך לאכול גם ביום כזה (כמו בכל יו״כ רגיל). השאלה היא האם הוא צריך לקדש. יש כאן כמה וכמה שיטות, ונבחן את כולן.

ראשית, נציג את התמונה בצורה שכבתית:

- ביו״כ רגיל אין חובת קידוש כי לא אוכלים.
- חולה שאוכל ביו״כ רגיל, יש מחלוקת האם חייב לקדש או לא.
- ביו״כ שחל בשבת גם אין חובת קידוש לכל הדעות כי לא אוכלים.
- חולה שאוכל ביו״כ שחל בשבת, יש מחלוקת האם עליו לקדש או לא. המחלוקת הזו לא בהכרח זהה למחלוקת שבשכבה השנייה. אם סוברים שחולה ביו״כ רגיל צריך לקדש אז פשיטא שצריך לקדש גם ביו״כ שחל בשבת. אבל אם חולה ביו״כ רגיל לא צריך לקדש, עדיין יש מחלוקת האם ביו״כ שחל בשבת הוא צריך לקדש או שגם כאן לא.

נמצאנו למדים ששלוש שיטות הן:

על הצד שמדובר בהרכבה שכונית, הדין תלוי האם חולה ביו״כ רגיל צריך לקדש או לא:

א. הרכבה שכונית: חולה ביו״כ רגיל צריך לקדש וביו״כ שחל בשבת ודאי צריך לקדש (ואז מזכיר גם את יו״כ וגם את שבת).

ב. הרכבה שכונית: חולה ביו״כ רגיל לא צריך לקדש, אבל ביו״כ שחל בשבת כן (ואז מזכיר רק את שבת).

ג. הרכבה מזגית: חולה גם ביו״כ רגיל וגם ביו״כ שחל בשבת לא צריך לקדש.

לסיכום, חולה שאוכל ביו״כ שחל בשבת או שמקדש ומזכיר רק את של שבת, או שהוא מקדש ומזכיר גם את של שבת וגם את יו״כ, או שהוא לא מקדש כלל.

חובת הקידוש ביו״כ רגיל: ניתוח לוגי

כיצד נתאר את שלוש השיטות לגבי כל אחד מהמצבים? נתחיל במחלוקת לגבי חובת קידוש ביו״כ רגיל. לכאורה כאן אין כלל חובה לקדש. ובאמת הגישה שלא מחייבת חולה שאוכל ביו״כ לקדש, כנראה מבינה שביו״כ כלל לא קיימת חובת קידוש. לכן גם אם מישהו אוכל ביו״כ (כגון חולה) אין עליו חובה לקדש.

גם אם מבינים שיש חובת קידוש כללית בכל מועד (x), בגלל החובה לזכור ולהזכיר את המועד (α). ההנחה של בעלי גישה זאת היא שביו״כ כלל לא הוטלה חובה כזאת, בגלל שיש משהו ביו״כ (בלי קשר לאיסור האכילה) שמנטרל את החובה הכללית (נסמן אותו באות β). ההצגה הגרפית של התמונה הזאת היא הבאה:

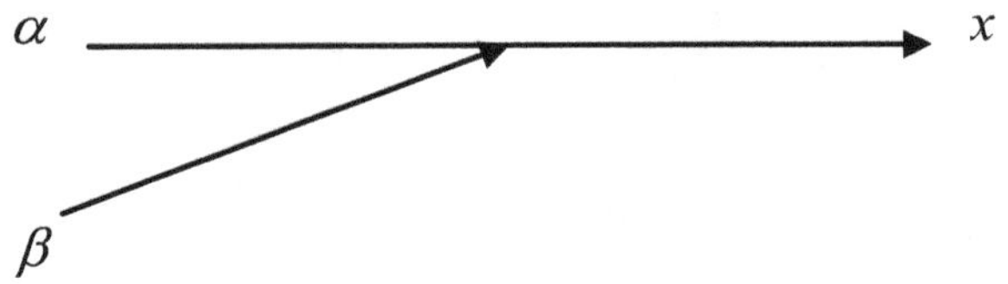

חובת קידוש ביו"כ רגיל לשיטה שפוטרת חולה מקידוש

כיצד נוכל להסביר את הגישה שמחייבת חולה לקדש ביו"כ רגיל? דומה כי גם כאן אנחנו נזקקים לשכבה שנוטרלה והתעוררה, כמו שראינו למעלה. לגבי אדם רגיל ביו"כ ודאי אין חובה לקדש. אלא שלשיטה זו ההסבר לכך הוא אחר: בעצם יש חובה לקדש בכל אחד מהמועדים, כולל יו"כ. אדם רגיל אינו מקדש ביו"כ פשוט מפני שהוא לא אוכל. כלומר יש חובת קידוש, אבל היא מנוטרלת בגלל שלא אוכלים. לפי תפיסה זו, כשהחולה נאלץ לאכול ביו"כ רגיל עליו לקדש, שכן החובה קיימת וכעת היא גם יכולה להתממש.

עקרונית אפשר לתאר את זה באותה צורה שעשינו זאת למעלה. יו"כ הוא מועד, ובמועד יש מגמה לזכור ולהזכיר אותו (α). המגמה הזאת מחוללת חובת קידוש (x). אלא שחובה זו חלה רק כאשר אוכלים, או כשיש חובת אכילה. אבל בגלל מגמת העינוי (β) יש איסור אכילה (y), ואם אסור לאכול אז מנוטרלת חובת הקידוש.

ההצגה הגרפית של התמונה הזאת היא הבאה:

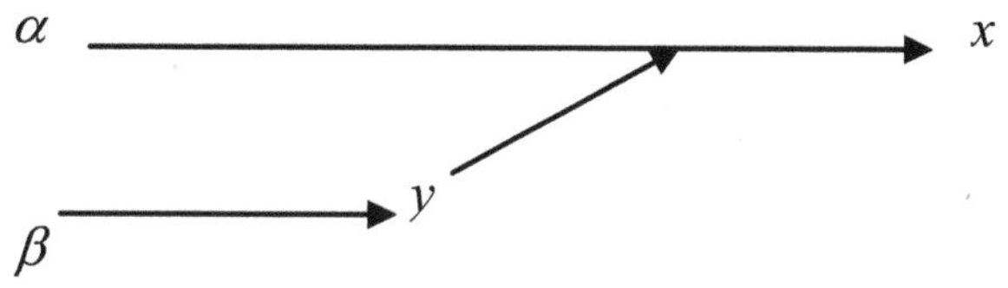

חובת קידוש ביו״כ רגיל לשיטה שמחייבת חולה לקדש

לגבי חולה שאוכל ביו״כ, מה שמשתנה הוא שעליו מוטלת חובה לאכול בגלל מגמת שמירת החיים (γ). ההצגה כעת היא הבאה:

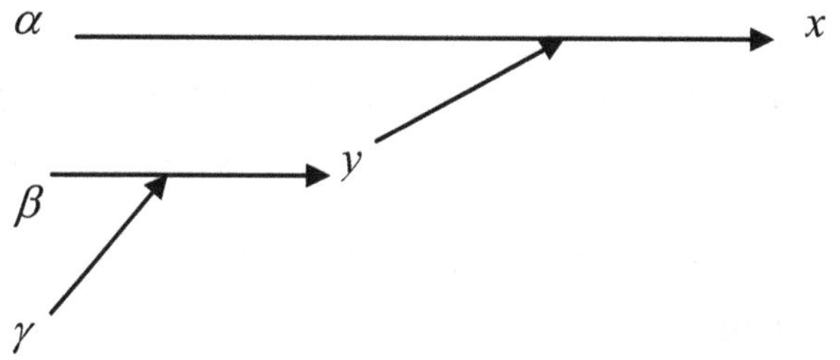

חובת קידוש על חולה ביו״כ רגיל לשיטה שמחייבת אותו לקדש

חובת הקידוש בשבת: ניתוח לוגי

מה קורה מבחינת חובת קידוש בשבת? כאן ברור שגם חולה וגם בריא צריכים לאכול וצריכים לעשות קידוש כשהם אוכלים. נניח שהמגמות ביסוד החובות הללו הן חובת עונג שבת (χ) וזכירת מעשה בראשית (δ) בהתאמה.

לפי מה שראינו למעלה, יש שתי אפשרויות לייצוג הגרפי של התמונה הזאת:

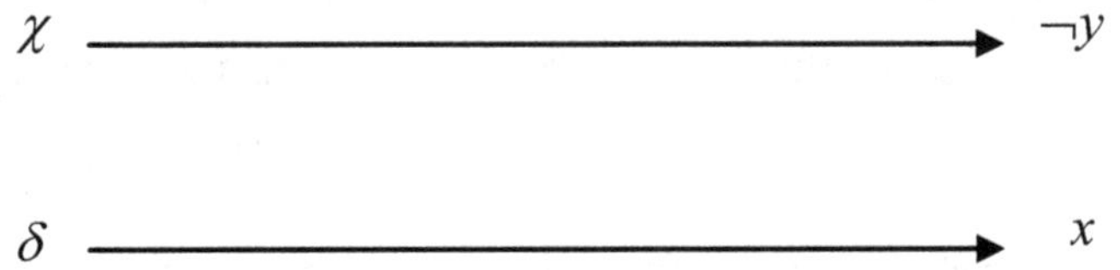

חובת הקידוש בשבת בהנחה שחובת הקידוש לא מותנית באכילה

אפשרות שנייה מניחה שחובת הקידוש כן מותנית באכילה:

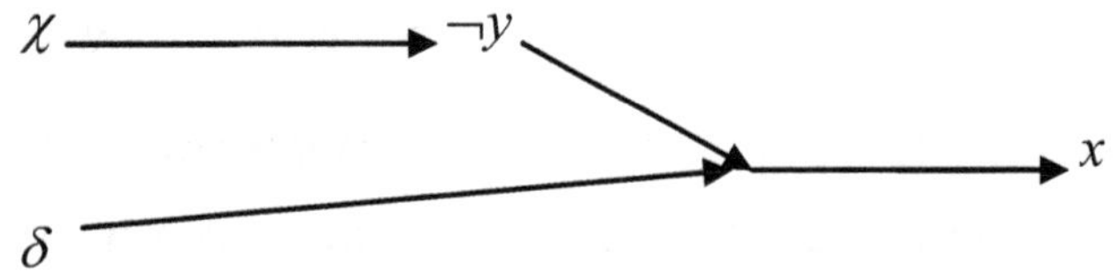

חובת הקידוש בשבת בהנחה שחובת הקידוש מותנית באכילה

אמנם סביר יותר שחובת הקידוש לא מותנית בחובת אכילה, אלא לכל היותר איסור אכילה (או אי אכילה) מבטל אותה. זהו בעצם הציור הקודם.

תוספות חדשות למודל

ישנן כאן כמה נקודות חדשות שלא פגשנו במקרים הקודמים:

- ראשית, מה שגורם לנורמה הסופית (הקידוש) יכול להיות נורמה (חובה או איסור לאכול), או מצב עובדתי (אכילה או אי אכילה), ואולי שניהם (החובה לקדש נובעת מהחובה לאכול, ומותנית בכך שאוכלים בפועל).

- בנוסף לכך, בדרך כלל יש קשר בין הנורמה לבין המצב העובדתי (אם אסור לאכול לא אוכלים, ואם מותר לאכול אוכלים). אמנם הקשר הזה אינו הכרחי, שכן יכול אדם לא לאכול על אף שיש חובה או לאכול כשאסור לעשות זאת.

- מעבר לזה, אם מבחינה נורמטיבית מותר לאכול, כי אז המצב העובדתי בכלל לא נקבע על ידי הנורמה (האדם יכול לאכול או לא לאכול לפי בחירתו).

- נקודה נוספת היא שהמצב העובדתי הוא בעל שתי אפשרויות (או שאוכלים או שלא אוכלים), אבל לגבי המצב הנורמטיבי יש שלוש אפשרויות: חובה, אסור ומותר.

הדבר מאלץ אותנו להכניס אלמנט חדש למודל שלנו: נקודה בעלת שלושה מצבים. מעבר לזה יש כאן כמה אפשרויות שצריכה להיות אפשרות להציג אותן במודל שלנו (האם הקידוש מותנה באכילה, בחובת אכילה, באכילה וחובת אכילה, ואולי הוא חובה לא מותנית כשלעצמה, אלא שאי אכילה מבטלת אותה).

את המצב הנורמטיבי נציג כאן בצורה של עיגול שמסומנים עליו שלושה מצבים שונים:[13]

[13] היחס בין חובה, אסור ומותר, נדון בהרחבה בספר השלישי בסדרה שלנו שעסק בלוגיקה דאונטית, ולא ניכנס אליו כאן.

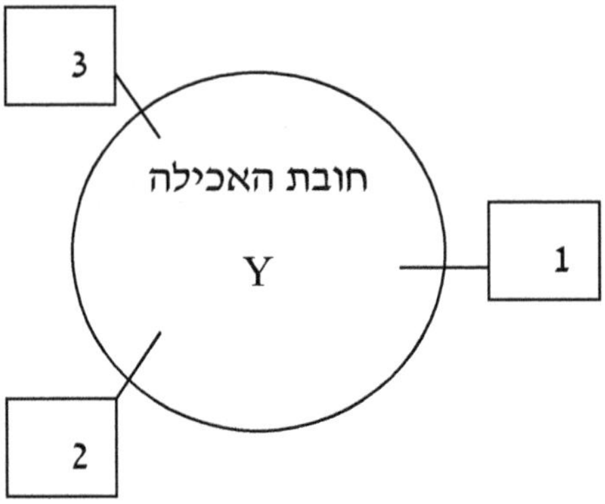

עיגול נורמטיבי בעל שלושה מצבים: 1 – יש חובת אכילה. 2 – מותר לאכול. 3 – יש איסור לאכול.

כעת נוכל לשוב לדיאגרמות הבסיסיות שלנו, ולהציע את המודלים השונים עבור קידוש ביו״כ רגיל ובשבת רגילה. מה שעלינו לעשות הוא להכניס את העיגול במקום הנקודה הרלוונטית בדיאגרמות הקודמות. למשל, החובה לעשות קידוש בשבת תוצג כאן כך:

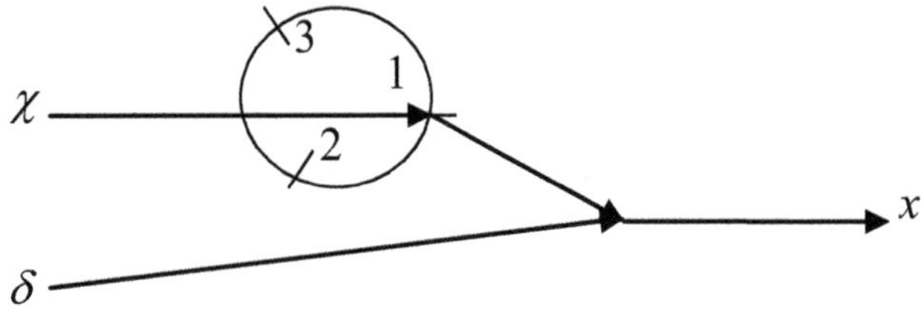

חובת הקידוש בשבת בהנחה שחובת הקידוש מותנית בחובת אכילה

לגבי יו״כ הדיאגרמה הרלוונטית היא הבאה:

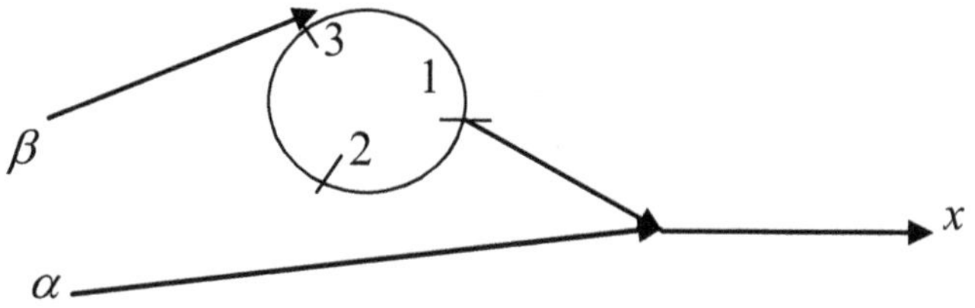

חובת קידוש ביו״כ רגיל לשיטה שמחייבת חולה לקדש

המגמה β מסובבת את העיגול, ומשמעותה היא שיש איסור לאכול ביו״כ, ולכן לא נוצרת חובת קידוש. אין מסלול רציף מהמגמה β אל הצומת שיוצרת את חובת הקידוש.

ומה לגבי חולה ביו״כ? ראינו שמה שמשתנה כעת הוא שעליו מוטלת חובה לאכול בגלל מגמת שמירת החיים (γ). לכאורה זה מסובב בחזרה את העיגול (או מסיט את החץ שיוצא מ-β) למצב שלו בשבת (לנקודה 1), כלומר שיש עליו חובה לאכול ולכן גם יש עליו חובה לעשות קידוש.

המצב הוא הבא:

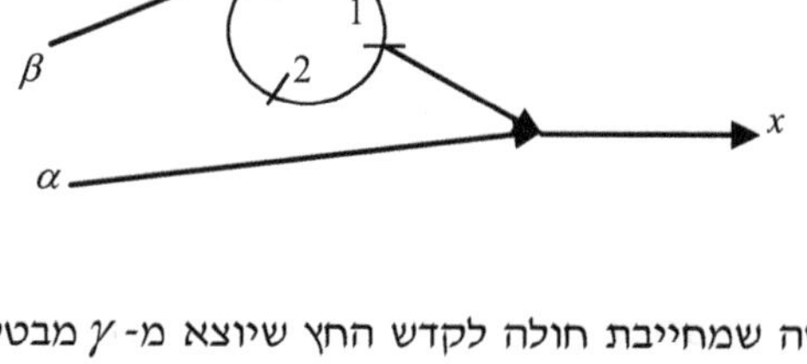

חובת קידוש לחולה ביו״כ רגיל לשיטה שמחייבת חולה לקדש החץ שיוצא מ-γ מבטל את החץ שיוצא מ-β.

אמנם במקרה זה החץ המבטל אינו סתם מבטל את החץ המקורי אלא מסיט אותו. במקרה כזה נוצר היתר לאכול ביו״כ, כלומר החץ מוסט לכיוון נקודה 2 בעיגול.

כעת עלינו להחליט האם חובת הקידוש מותנית בפעולת אכילה, או שהיא מותנית בחובת אכילה. יתר על כן, הרי חובת האכילה על החולה היא כדי להציל את נפשו ולא אכילה מחמת המועד של יו״כ. ייתכן שהחובה לעשות קידוש נוצרת מהחובה לאכול בגלל המועד ולא מכל חובה לאכול. אלא שאם זה כך, אז חזרנו למצב בו אין חובת קידוש ביו״כ, לא על בריא ולא על חולה. כדי להסביר את השיטה שיש חובה על חולה לעשות קידוש, וזוהי מטרתנו כאן, עלינו להניח שיש חובה בסיסית לעשות קידוש גם ביו״כ, אלא שהיא מתבטלת בגלל שלא אוכלים (ולא בגלל האיסור לאכול). לפי שיטה זו, החובה לעשות קידוש קיימת ביו״כ בכל אופן, אלא שאי אכילה מבטלת אותה.

זה מביא אותנו להכניס עוד גורם לתמונה: היחס בין הנורמה לבין פעולת האכילה.

ההצגה של שיטה זו עבור קידוש בשבת רגילה היא הבאה:

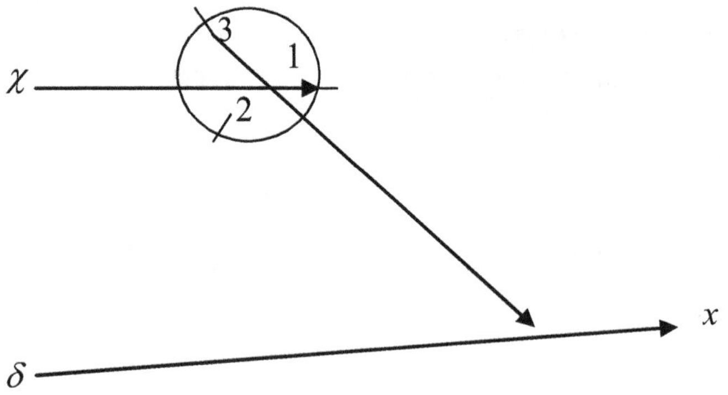

חובת הקידוש בשבת בהנחה שאי אכילה מבטלת את חובת הקידוש. החץ שיוצא מהנקודה 3 (איסור אכילה) מבטל את חובת הקידוש. כעת הכל תלוי בשאלה האם החץ שיוצא ממגמות היום נכנס ל-3 או לאחת משתי הנקודות האחרות.

מכיון שהחץ יוצר חובה לאכול, אזי אין מסלול רציף מהמגמות אל חובת הקידוש, ולכן החובה לא מתבטלת.

לעומת זאת, ביו"כ המצב הוא הבא:

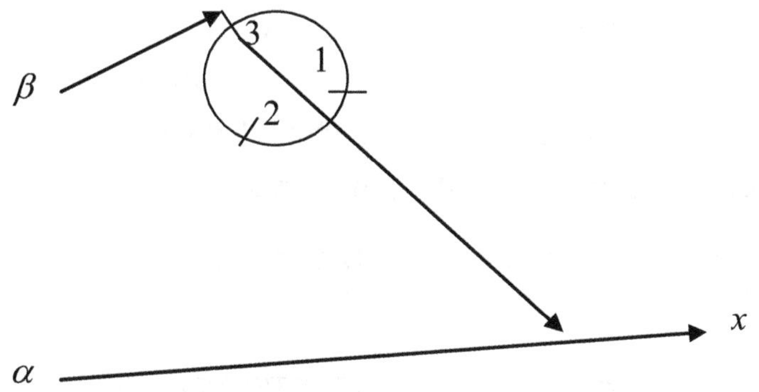

חובת הקידוש ביו"כ בהנחה שאי אכילה מבטלת את חובת הקידוש. החץ שיוצא מהנקודה 3 (איסור אכילה) מבטל את חובת הקידוש. ביו"כ החץ שיוצא ממגמות היום נכנס ל-3 ולכן יש מסלול רציף של ביטול.

מה קורה עבור חולה? כאן ישנו חץ הסטה, שיוצר את המצב הבא:

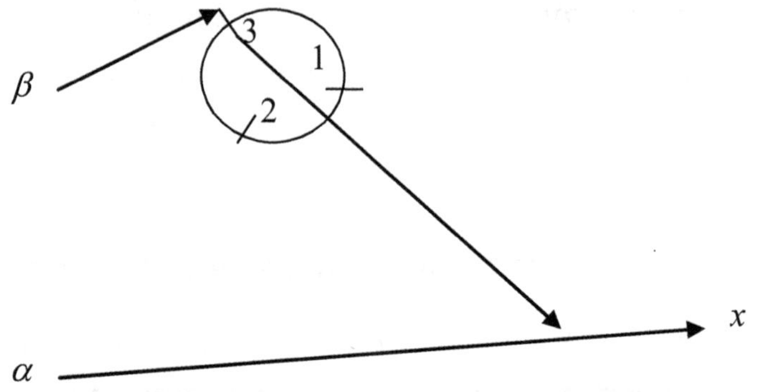

חובת הקידוש בשבת בהנחה שאי אכילה מבטלת את חובת הקידוש. החץ שיוצא מהנקגודה 3 (איסור אכילה) מבטל את חובת הקידוש. כעת הכל תלוי בשאלה האם החץ שיוצא ממגמות היום נכנס ל-3 או לאחת משתי הנקודות האחרות.

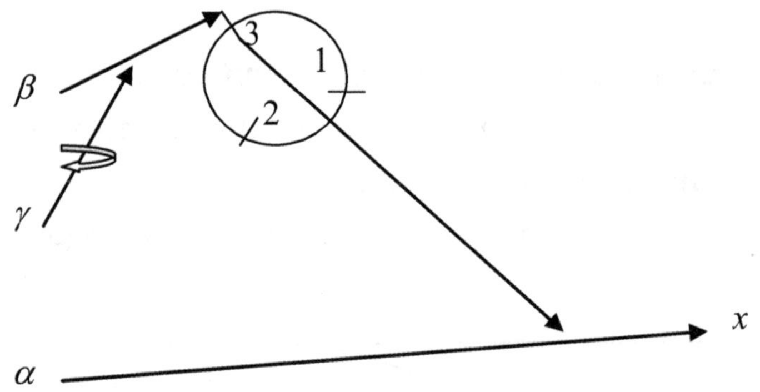

חובת קידוש על חולה ביו״כ רגיל לשיטה שמחייבת אותו לקדש. החץ היוצא מ- γ מסיט את איסור האכילה (מסובב אותו ב-120 מעלות בעיגול), והופך אותו להיתר או חובה לאכול. כך החץ שיוצא מ- β בסופו של דבר נכנס לנקודה 1 או 2, ולא 3. לכן אין מסלול ביטול רציף, וחובת הקידוש לא מבוטלת.

מכאן והלאה נחזור לסימון הנקודתי (בלי עיגולים תלת-מצביים), שכן העיקרון הוגדר כאן. תמיד אפשר להגדיל את הרזולוציה ולהחליף את נקודת האכילה בעיגול כזה. כדי לפשט את החישוב ואת ההצגה, מכאן והלאה לא נעשה זאת במפורש.

חובת הקידוש ביו״כ שחל בשבת: ניתוח לוגי

עד כאן ניתחנו את חובת הקידוש בשבת וביו״כ. כעת עלינו לעבור ליו״כ שחל בשבת. ביום זה צמים, ולכן עקרונית לא עושים קידוש. ושוב השאלה היא האם אין כלל חובה כזאת, ואז גם חולה לא יהיה חייב לקדש, או שמא יש חובה כזאת אלא שהאיסור לאכול מנטרל אותה. במקרה זה, החולה כן יהיה חייב לקדש. אם כן, עלינו לפתוח בהצגת שתי האפשרויות לאדם בריא ביו״כ שחל בשבת.

אם יו״כ שחל בשבת הוא הרכבה שכונית, משמעות הדבר היא שחובת הקידוש מצד שבת קיימת, וחובת הקידוש מצד יו״כ נותרת כשהיתה (אם יש חובה כזאת או לא. תלוי בשיטות שראינו למעלה). אמנם ביום כזה יש איסור אכילה, ולכן בכל אופן זה מנטרל את שתי החובות הללו, גם אם הן קיימות.

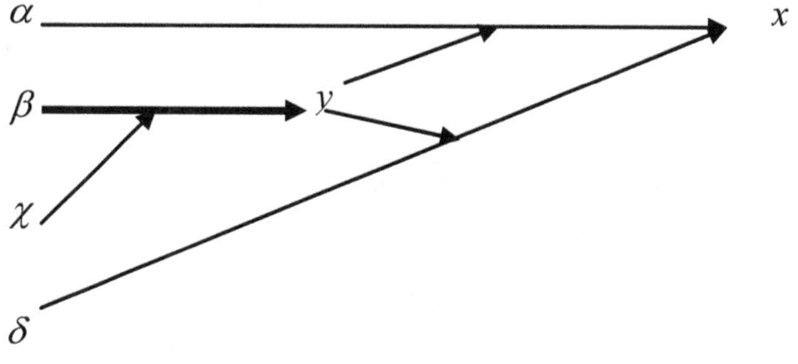

יו״כ שחל בשבת: המגמה לאכול בשבת (קו דק) אינה מצליחה לבטל את חובת העינוי של יו״כ שהיא חמורה (קו עבה). לכן חובת הקידוש נותרת בטלה. אמנם יש חובה לקדש מצד השבת, אבל גם היא מתבטלת בגלל שאסור לאכול.

אם מניחים שביו״כ אין חובה בסיסית לעשות קידוש (ולא רק בגלל היעדר אכילה), מקבלים את הייצוג הבא:

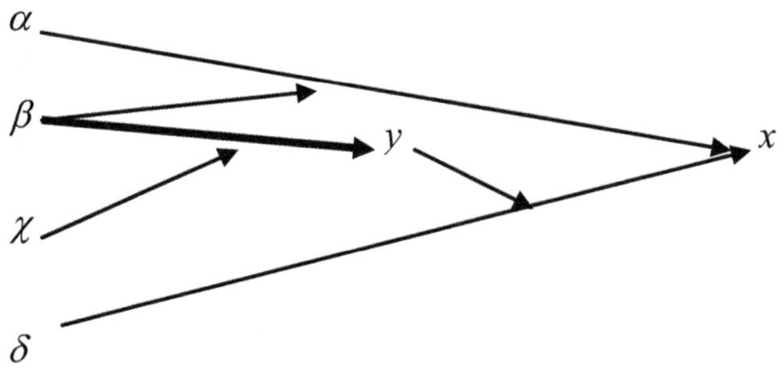

יו״כ שחל בשבת: גם כאן המגמה לאכול בשבת שהיא חלשה אינה מצליחה לבטל את המגמה להתענות ביו״כ, ולכן מתבטל גם קידוש השבת וגם יו״כ.

אם מדובר בהרכבה מזגית, כפי שטען **האו״ש**, כי אז עולה האפשרות שאין כלל חובה לקדש ביום כזה, כי יו״כ שחל בשבת הוא בעצם סוג אחר של יו״כ. בתפיסה זאת רכיב השבת נמחק לגמרי.

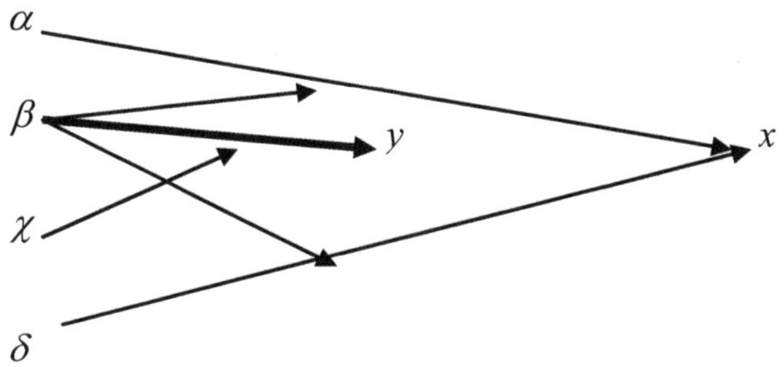

יו״כ שחל בשבת: גם כאן המגמה לאכול בשבת שהיא חלשה אינה מצליחה לבטל את המגמה להתענות ביו״כ, ולכן מתבטל גם קידוש השבת וגם יו״כ.

חובת הקידוש לחולה ביו״כ שחל בשבת: ניתוח לוגי

ראינו את דין קידוש ביו״כ שחל בשבת. מה שקורה כאשר חולה אוכל ביו״כ שחל בשבת? כפי שראינו, נוספת המגמה לשמור על החיים שיוצרת חובה לאכול. הדין הסופי יהיה תלוי בציורים שלמעלה.

ראינו למעלה שיש שלוש שיטות במצב כזה, ונוכיח זאת כעת על סמך הייצוגים הגרפיים:

א. הרכבה שכונית: חולה ביו״כ רגיל צריך לקדש וביו״כ שחל בשבת ודאי צריך לקדש (ואז מזכיר גם את יו״כ וגם את שבת).

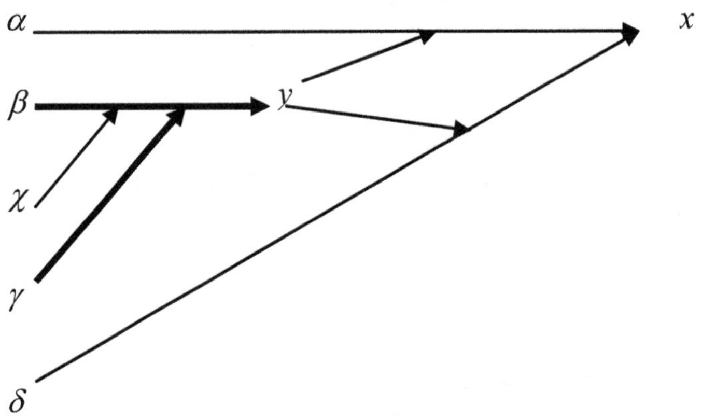

חולה ביו"כ שחל בשבת: המגמה לאכול בשבת (קו דק) אינה מצליחה לבטל את חובת העינוי של יו"כ שהיא חמורה (קו עבה). אבל בצירוף עם המגמה של שמירת החיים היא כן מבטלת זאת (הקו של שמירת החיים הוא עבה, כי נראה שכוונת ההלכה היא שזה כשלעצמו מצליח לבטל את החובה לצום). לכן חובת הקידוש מצד יו"כ נותרת בעינה. והוא הדין לגבי חובת הקידוש של שבת.

ב. הרכבה שכונית: חולה ביו"כ רגיל לא צריך לקדש, אבל ביו"כ שחל בשבת כן (ואז מזכיר רק את שבת).

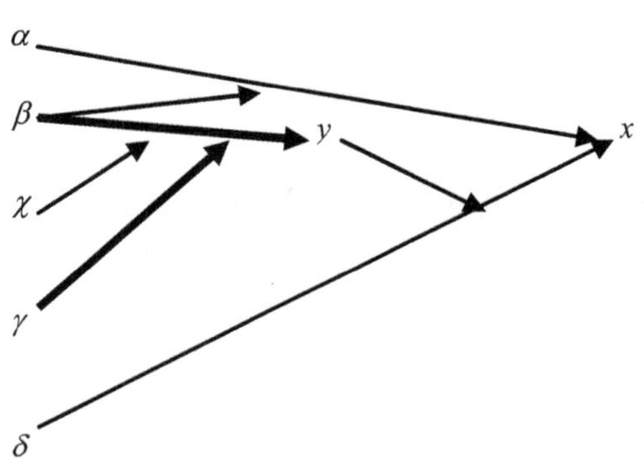

חולה ביו״כ שחל בשבת: גם כאן המגמה לאכול בשבת שהיא חלשה אינה מצליחה לבטל את המגמה להתענות ביו״כ, אבל המגמה של שמיר תהחיים כן מבטלת זאת. בגלל המבנה היסודי התוצאות כאן הן אחרות. הקידוש של שבת לא מתבטל.

ג. הרכבה מזגית: **חולה גם ביו״כ רגיל וגם ביו״כ שחל בשבת לא צריך לקדש.**

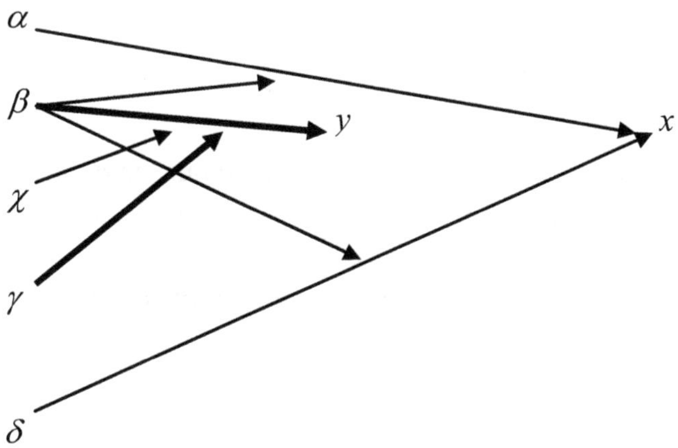

יו״כ שחל בשבת: גם כאן המגמה לאכול בשבת שהיא חלשה אינה מצליחה לבטל את המגמה להתענות ביו״כ, אבל שמירת החיים מבטלת זאת. אלא שזה לא משפיע, כי אין כלל חובה לקדש ביום כזה, לא מצד שבת ולא מצד יו״כ.

זוהי שיטת **האו״ש** שראינו למעלה. ההרכבה מזגית יוצרת מצב שבו גם חולה שאוכל לא צריך לקדש כלל.

הערה על היסקו של ה'או"ש'

ראינו שה**או"ש** מסיק מדינו של הרמב"ם לגבי זהות המקריב של מוספי שבת ביו"כ שחל בשבת את הדין של קידוש בחולה שאוכל ביו"כ כזה. מה הקשר בין שני אלו? מהמודלים שהצגנו כאן לא נראה שאפשר להסיק את השני מהראשון.

נראה שה**או"ש** מניח שיו"כ שחל בשבת הוא בעצם סוג אחר של יו"כ, כלומר שזהותו כשבת, לפחות בהיבטים מסויימים שלה, נמחקת. זה מה שכינינו כאן 'הרכבה מזגית'. אם זה סוג של יו"כ אז הכה"ג הוא שמקריב את כל קרבנותיו, ומכאן הוא הסיק שגם אין בו חובת קידוש אפילו על חולה שאוכל. זוהי בעצם צורת החשיבה של הצ"פ שמגדיר את המושג 'הרכבה מזגית'.

אם כן, ה**או"ש** מניח שההרכבה של שני הימים יוצרת יום מסוג שלישי (אולי דומה יותר ליו"כ, אבל לא בכל), בהקשר של זהות המקריב זה דומה במעט לדיאגרמה של הרכבה מזגית מהסוג הראשון שהצגנו למעלה. בדיאגרמה הזאת ראינו שיש אפשרות שההרכבה של הימים מוסיפה מגמות שלא היו בשני הימים הבסיסיים (סימנו זאת ב- ε). מכאן הוא מסיק שיש מגמה נוספת ביו"כ שחל בשבת, והיא כנראה גם מבטלת את חובת הקידוש על חולה שאוכל ביום כזה. משמעות הדבר היא שהדיאגרמה שלו לחובת קידוש היא שונה ממה שראינו למעלה. הוא כנראה רואה זאת כך:

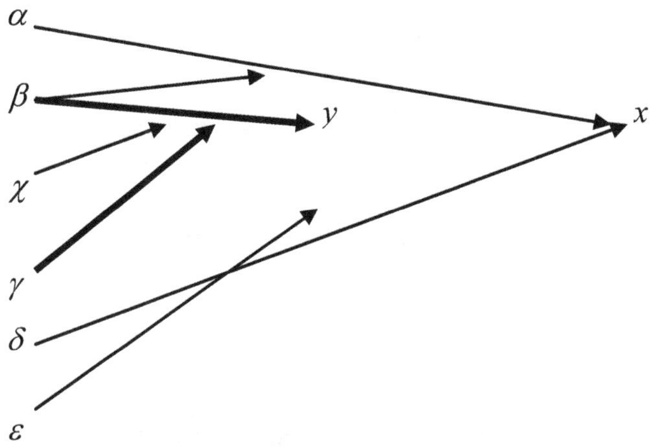

קידוש ביו"כ שחל בשבת – הרכבה מזגית. שיטת **האו"ש**.

המגמה הנוספת ε שביטלה את השבתיות בדיאגרמה של זהות המקריב מבטלת את השבתיות גם בדיאגרמה של חובת הקידוש, הן על החולה והן על בריא.

במובן הזה, כל המודל שלנו הוא אלטרנטיבה מנוגדת לצורת החשיבה הזאת. אנחנו הצענו להסביר את כל התופעות הללו בלי להיזקק למושג 'הרכבה מזגית', כלומר בהתבסס על ההנחה שהמגמות של היום המורכב אינן אלא כלל המגמות שמאפיינות את שני הימים הבסיסיים. מה שמשתנה הוא שהצירוף הזה יכול לעורר דינים רדומים על ידי ביטול המגמה שמבטלת אותם. כמובן שלפי הצעתנו אין אפשרות להסיק את הדין של הקידוש מהדין של זהות המקריב, כפי שעשה **האו"ש**. המסקנה הזאת מתבססת על אופיים של שני הימים ושל הצירוף ביניהם, ובעצם ההנחה בתשתית ההצעה שלנו היא שהצירוף הזה הוא שכוני במובן מסויים. המגמות מצטרפות זו לזו, ומה שמשתנה הוא רק האינטראקציה ביניהן. ניתן לכנות זאת הרכבה שכונית ממוזגת.

הערה על חובת הקידוש בשבת ובכלל

כדי לפשט את הדיון הנחנו כאן כמה הנחות על חובת הקידוש בשבת ובכלל. בסעיף זה נציג בקצרה את הבסיס להנחות אלה. אין טעם להיכנס לכך בפירוט רב מדי, שכן הדבר אינו חשוב לעצם הלוגיקה שלנו.

עקרונית ישנה חובת קידוש בכל מועד. בשבת הדבר נלמד מהפסוק בעשרת הדיברות (שמות כ, ז) ״זכור את יום השבת לקדשו״. לגבי יום טוב נחלקו הראשונים. מפשט לשון הרמב״ם בפכ״ט הי״א מהל׳ שבת משמע שגם כאן החובה היא מן התורה, אבל **המ״מ** שם כותב שהיא מדברי סופרים. החובה היסודית היא בליל השבת או היו״ט. ישנה חובת קידוש נוספת מדרבנן ביום עצמו, ובה לא נעסוק כאן. עוד נעיר כי איננו עוסקים כאן בקטע הקידוש שנאמר בתפילת ערבית בבית הכנסת.

מניסוח החובה הזאת בתלמוד ובראשונים לא נראה שיש לה קשר לאכילה. לדוגמה, הרמב״ם בתחילת פכ״ט מהל׳ שבת (ראה גם ב**ספר המצוות** עשה קנה) כותב:

> ***א. מצות עשה מן התורה לקדש את יום השבת בדברים שנאמר +שמות כ׳+ זכור את יום השבת לקדשו, כלומר זכרהו זכירת שבח וקידוש, וצריך לזכרהו בכניסתו וביציאתו, בכניסתו בקידוש היום וביציאתו בהבדלה.***
>
> ***ב. וזה הוא נוסח קידוש היום: ברוך אתה ה׳ אלהינו מלך העולם אשר קדשנו במצותיו ורצה בנו ושבת קדשו באהבה וברצון הנחילנו זכרון למעשה בראשית תחלה למקראי קדש זכר ליציאת מצרים כי בנו בחרת ואותנו קדשת מכל העמים ושבת קדשך באהבה וברצון הנחלתנו ברוך אתה ה׳ מקדש השבת.***

רואים שהמצווה היא לקדש את השבת ואת היו״ט, בלי קשר לאכילה.

אמנם ישנו דין נוסף שמופיע ברמב"ם שם בה"ה:

אסור לאדם לאכול או לשתות יין משקדש היום עד שיקדש, וכן משיצא היום אסור לו להתחיל לאכול ולשתות ולעשות מלאכה או לטעום כלום עד שיבדיל, ולשתות המים מותר, שכח או עבר ואכל ושתה קודם שיקדש או קודם שיבדיל הרי זה מקדש ומבדיל אחר שאכל.

רואים שאמנם אסור לאכול לפני הקידוש כמו גם לפני ההבדלה, אבל הדבר אינו נובע מקשר בין האכילה לקידוש, אלא כמו כל מצווה יש איסור לאכול לפני שמקיימים אותה (ראה משנה פסחים צט ע"ב ומקבילות).

אולם ישנו דין נוסף בקשר לקידוש שכן קושר אותו לאכילה: קידוש במקום סעודה. הרמב"ם שם בה"ח כותב:

אין קידוש אלא במקום סעודה, כיצד לא יקדש בבית זה ויאכל בבית אחר, אבל אם קידש בזוית זו אוכל בזוית שניה, ולמה מקדשין בבית הכנסת מפני האורחין שאוכלין ושותין שם.

מעמדה ותוקפה של ההלכה הזאת אינם ברורים. עיקר הדיון בשאלה זו מתעורר סביב מנהג אשכנז קדמון לקדש בבית הכנסת (לפני שסועדים בבית). הרא"ש בפסחים פ"י ה"ה מביא דעות שהחובה הזאת היא רק מדרבנן (ר' יונה, וכן הוא בר"ן על הרי"ף שם, כ ע"א בדפיו). אחרים שללו את המנהג הזה (ראה **טור** או"ח סי' רסט ועוד).

בכל אופן, ברור שאם מקדש ולא סועד לא יצא ידי חובת קידוש (ראה **שו"ע** או"ח סי' רעג ה"ג). לכן יש מהאחרונים שדנו האם החובה לעשות קידוש במקום סעודה הופכת את הקידוש והסעודה לחובה אחת. לדוגמה, בשו"ת **אגרות משה** או"ח ח"ד סי' סג ענף ד כותב:

היינו דאיכא קפידא בשבת שיהיה קריאה שהוא קידוש ועונג שהיא הסעודה דהוא ענין אחד שחייבו בשבת שנעשה משני דברים

הקידוש תחלה ואח"כ העונג, וא"כ לא איכפת לן בכל מקום שהוא, ולפ"ז לא שייך לדון אם הוא דין בקידוש או דין בהסעודה אלא הוא ענין אחד הקידוש והסעודה שהם דברים המעכבים זה את זה שאם אין קידוש אין סעודה ואם אין סעודה אין קידוש, וכעין מצות ארבעה מינים שמעכבין זא"ז כדתנן במנחות דף כ"ז שלא שייך לומר על אחד מהן שהוא עושה הצורך לכולהו.

ומכאן מובן מדוע ביום כיפור ברור לכל הדעות שאין חובה לעשות קידוש. אמנם דין זה מוסכם על כולם, גם אלו שרואים בדין קידוש במקום סעודה דין דרבנן. אם כך, נראה שלכל הדעות ישנו קשר בין חובת הקידוש לבין אכילה. אמנם יש שכתבו שכשאומרים בתפילה את הברכה "מקדש ישראל ויום הכיפורים" יש לכוין לצאת ידי חובת קידוש. בכל אופן, ברור שלא מדובר כאן על הקידוש שעושים על הסעודה.

המסקנה היא שבהחלט יש מקום לראות בחובת הקידוש חובה עצמאית שאנה תלויה באכילה אלא מדרבנן. אבל יש מקום לראות את החובה הזו כנוצרת על ידי חובת האכילה וכחלק ממנה. בכל אופן, כשלא אוכלים ודאי שלא מקדשים את הקידוש שנאמר בסעודה, ובו עסקנו כאן.

משמעות הדברים במודל הכללי שלנו

בפרקים הקודמים ראינו שהרכבות מזגיות משמעותן שהלכה כלשהי שבשני האבות מושפעת מרכיבים מסויימים, כשהיא מופיעה בתולדה היא עשויה להיות מושפעת מרכיבים נוספים שמתערבבים לתוכה דרך הווקטור C. זוהי המשמעות של האי-ליניאריות של ההרכבה.

בפרק הנוכחי הצענו מכניזם אפשרי לערבוב הזה. ראינו שברוב המקרים כשמדברים על הרכבה מזגית, משמעות הדבר היא שיש רובד מנוטרל שמסתתר כבר בשלב הבסיסי, ובשלב המורכב הוא מתעורר לחיים בגלל

הרכיב שנוסף לשלב הבסיסי. הצענו כאן למפות את המושג הרכבה מזגית ולהעמיד אותו על חשיפת שכבות מנוטרלות.

חשוב להבין שהמכניזם הזה אינו אלא פירוט ברזולוציה גבוהה יותר של המודל הכללי שלנו, שעוסק במעבר מהעובדות להלכות. כאן ראינו שהעובדות הרלוונטיות יכולות להיות רבות יותר ממה שנראה במבט ראשון. משמעות הדבר היא שהפונקציה f היא אכן חד-ערכית, כלומר בהינתן הנסיבות יוצאת תמונה הלכתית חד-ערכית. עמדנו על כך בפרק הרביעי, ונסביר זאת כעת ביתר פירוט.

נניח שיש לנו שני אבות:

$$\varphi_1(\alpha, x) \; ; \; \varphi_2(\alpha, \beta, y)$$

פירוש הדבר הוא שבהקשר אחד המאפיין α מביא לתוצאה ההלכתית x, ואילו בהקשר שני על אף שאותו מאפיין עצמו קיים שם, הוא לא מביא לתוצאה ההלכתית x. לכאורה יש כאן פגיעה בחד-ערכיות של הפונקציה f שקושרת את העובדות להלכות.

אך לאור הניתוח שעשינו כאן, ניתן להבין שהדבר אינו נכון. ההבדל נובע מכך שישנה כאן השפעה של צירוף שני המאפיינים גם יחד. המאפיין α הוא אמנם תנאי הכרחי להיווצרות ההלכה x, אך הוא לא תנאי מספיק. בנוסף, עלינו לוודא שאין כאן את המאפיין β. התנאי האמיתי להלכה x הוא הצירוף של α עם היעדרו של β. אם ניקח בחשבון את כלל המאפיינים העובדתיים של המושג – אזי בהחלט תישמר החד-ערכיות של הפונקציה f.

הדרך להראות זאת היתה דרך ההנחה שיש שכבות מנוטרלות, שקיומם של מאפיינים עובדתיים נוספים עשוי לעורר אותן. בפרק הבא נעסוק במושג ההלכתי שמבסס את המודל שלנו: "אהדרא לאיסורא קמייתא".

פרק שישי

"אהדרא לאיסורא קמייתא" וביטול של ביטולים בהלכה

בפרק הקודם ראינו שהמכניזם של הרכבה מזגית ניתן להעמדה על התעוררות שכבות מנוטרלות. הרעיון הזה מופיע בגמרא בכמה הקשרים, ובפרק זה נציג אותם כרקע למודל שהצענו.[14] מעבר לזה נציע כאן בסיס הלכתי לאפשרות לבטל ביטולים, כפי שראינו בכמה מהדיאגרמות שבפרק הקודם. הפרק הנוכחי הוא פסק זמן הלכתי, שמטרתו לבסס את המכניזם של ביטול ביטולים, וחשיפת מגמות נסתרות שבהקשרים הלכתיים מסויימים ההלכה מנטרלת אותם. ברצוננו להוכיח שתופעה כזאת אכן קיימת בהלכה, ולאחר מכן לחזור ולהשתמש בה.

---

[14] ראה על כך בספר **בצל החכמה**, מיכאל אברהם וגבריאל חזות, הוצאת תם (מידה טובה), כפר חסידים, תשי"ע, עמ' 137.

א. אהדריה לאיסורא קמייתא

מבוא

בחלק הראשון של הפרק נעסוק במכניזם היסודי אותו הצענו: חזרה לאיסור רדום. היסוד הזה מצוי בתלמוד, אבל לא בפירוש. מעלים אותו ראשונים ואחרונים. כדי להגדיר ולהוכיח אותו עלינו לברר בפירוט מסויים את דין ענישה בשבת, ולאחר מכן להרחיב את התוצאות אליהן נגיע.

ענישה בשבת

בתורה מופיע איסור מלאכה בשבת בכמה וכמה מקומות (וכבר עמדו על כך הרמב״ם בשורש התשיעי והרמב״ן בהשגותיו שם). רוב המפרשים רואים את האזהרה על איסור מלאכה בשבת בעשרת הדברות (ראה שמות כ, ט). והנה, בתחילת פרשת ויקהל התורה מצווה אותנו לענוש את העובר על איסור מלאכה בשבת:

וַיַּקְהֵל מֹשֶׁה אֶת כָּל עֲדַת בְּנֵי יִשְׂרָאֵל וַיֹּאמֶר אֲלֵהֶם אֵלֶּה הַדְּבָרִים אֲשֶׁר צִוָּה יְקֹוָק לַעֲשֹׂת אֹתָם: שֵׁשֶׁת יָמִים תֵּעָשֶׂה מְלָאכָה וּבַיּוֹם הַשְּׁבִיעִי יִהְיֶה לָכֶם קֹדֶשׁ שַׁבַּת שַׁבָּתוֹן לַיקֹוָק כָּל הָעֹשֶׂה בוֹ מְלָאכָה יוּמָת: לֹא תְבַעֲרוּ אֵשׁ בְּכֹל מֹשְׁבֹתֵיכֶם בְּיוֹם הַשַּׁבָּת:

העובדה שנדרש פסוק נפרד כדי ללמד על העונש מעבר לאזהרה על עצם האיסור, היא מובנת. כך מקובל בתלמוד שאין עונשים אלא אם מזהירין. אבל בסוף הפרשייה הקצרה הזאת התורה מוצאת לנכון לצוות על איסור הבערת אש ביום השבת. זוהי חריגה בשני מובנים: ראשית, ראינו שהפרשה עצמה אינה עוסקת באיסור אלא בעונש עליו, ואילו הציווי הזה עוסק דווקא באיסור. שנית, הבערה היא אחת מל״ט אבות מלאכה, ואלו אינם מופיעים

במפורש בתורה. יש רק שני חריגים שעליהם התורה מצווה במפורש: הוצאה והבערה. חז״ל נזקקים לתופעה זו, ומציעים לה כמה הסברים (מה לומדים מכך שהבערה יצאה מן הכלל. ראה רש״י על אתר ועוד). יש תנאים שראו בפסוק הזה מקור לכך שהבערה היא קלה יותר משאר מלאכות (שהרי היא הותרה ביו״ט), ואלו כנראה רואים את הצורך בפסוק כדי ללמד אותנו שבכל זאת בשבת היא נאסרה ככל מלאכה אחרת. לעומת זאת, יש שראו בפסוק זה מקור לחילוק מלאכות בשבת, וכך גם נפסק להלכה (שמלאכת הבערה אינה קלה יותר משאר מלאכות דאורייתא).

להלן נבחן מדרש שלומד מכאן איסור להמית במיתות בי״ד בשבת. גם בו ניתן לראות הצעת הסבר לחריגה עליה הצבענו כאן.

ענישה בשבת: מקורות חז״ל

במכילתא (משפטים, מסכתא דנזיקין פרשה ד, ד״ה ׳מעם מזבחי׳) דנים בשאלה האם מיתת בי״ד דוחה את השבת (כמו שהיא דוחה עבודה וכו׳). במסגרת הדיון מובאת הדרשה הבאה:

> ***אמר תלמיד אחד מתלמידי ר׳ ישמעאל, הרי הוא אומר, +שמות לה ג+ לא תבערו אש בכל מושבותיכם, שריפה היתה בכלל ויצאת, ללמד, מה שריפה מיוחדת שהיא אחת ממיתות ב״ד, אינה דוחה את השבת, אף כל שאר מיתות ב״ד לא ידחו את השבת.***

כלומר הפסוק שמצווה על ההבערה בא ללמד ששריפה בבי״ד לא דוחה את השבת. לאחר מכן זה מורחב לשאר מיתות בי״ד, שגם הן אינן דוחות את השבת. מדוע היינו חושבים שמיתות בי״ד ידחו את השבת? במדרש זה האפשרות הזאת מוצגת כתוצאה של שיקולי קו״ח מכך שמיתת בי״ד דוחה עבודה וכדומה.

ישנו מדרש נוסף, גם הוא ב**מכילתא**, והפעם ההקשר הוא הסבר מדוע ההבערה יצאה מהכלל (ויקהל, מסכתא דשבתא פרשה א, ד"ה 'דלא תבערו'):

אמר אחד מתלמידי רבי ישמעאל, הרי הוא אומר לא תבערו אש, למה נאמר, לפי שהוא אומר +דברים כא כב+ וכי יהיה באיש חטא משפט מות והומת, שומע אני בין בחול בין בשבת, ומה אני מקיים מחלליה מות יומת, בשאר מלאכות חוץ ממיתת בית דין; או אינו אפילו במיתת בית דין, ומה אני מקיים +דברים כא כב+ ותלית אותו על עץ, בשאר כל הימים חוץ מן השבת; ובשבת, ת"ל לא תבערו אש וגו', שריפה בכלל היתה ויצאת ללמד, מה שרפה מיוחדת שהיא אחת ממיתות בית דין, ואינה דוחה את השבת, אף כל שאר מיתות בית דין לא ידחו את השבת.

כאן מוצגת האפשרות להמית גם בשבת כמבוססת על הפסוק המצווה להמית את החייב מיתה (כנראה מהכפילות 'מות יומת'). לאחר מכן מתעוררת התלבטות בדבר ובסופו של דבר מוכרע שמיתת בי"ד אינה דוחה את השבת.

מקור נוסף מצוי בירושלמי סנהדרין פ"ד סוה"ו, במסגרת דיון על האפשרות לדון בערב שבת:

רבי לא בשם רבי ינאי מיכן לבתי דינין שלא יהו דנין בשבת מאי טעמא נאמר כאן בכל מושבותיכם ונאמר להלן והיו אלה לכם לחוקת משפט לדורותיכם בכל מושבותיכם מה להלן בבית דין הכתוב מדבר אף כאן בבית דין הכתוב מדבר.

אמנם במדרש שבירושלמי משמע שכלל לא מדובר על מיתת בי"ד אלא יש כאן קביעה שבי"ד לא דן בשבת. המקור הוא אמנם אותו פסוק, אלא שכאן ישנה הבהרה שלא מופיעה במקורות הנ"ל ב**מכילתא**, לפיה לומדים מהפסוק דווקא על בי"ד בגלל שהמילה 'מושבותיכם' פירושה הוא בי"ד.

האבן עזרא בפירושו על אתר מסביר זאת מעט אחרת:

ופירוש אלה הדברים - המשכן וכליו לעשות, ע"כ כתוב לעשות אותם. והנה הטעם, שהשם צוני שתעשו מה שאומר לכם. והוא הזהיר אתכם, אעפ"י שמעשה שמים אתם חייבים לעשות, השמרו לכם שלא תעשו מעשה בשבת. והעובר בפני עדים ימיתוהו בית דין. ובמקום אחר יפרש שהוא בסקילה:

בפשטות עניינו הוא מלאכת המשכן, אך ייתכן שהוא רואה גם את דרשת חז"ל שלנו כמבוססת על תחילת הפרשה שמדברת על הדברים שצווינו לעשות. ומכאן הוא מפרש שהאיסור על ההבערה נאמר ביחס לאותם דברים, כלומר שגם מעשה שנצטווינו לעשותו (=ענישה) נאסר עלינו בשבת. לפי זה עלינו לקרוא את רצף הפסוקים בפרשה כך: יש שדברים שנצטווינו לעשות. מאידך, יש חובה לשמור על קדושת השבת. ומכאן המסקנה שגם דברים שנצטווינו לעשות אינם דוחים את השבת.[15]

אך דומה כי ההסבר הפשוט יותר נעוץ בהקשר של הפרשה. הזכרנו שהיא מתחילה בעונש על מלאכות שבת בכלל, וממשיכה באזהרה על הבערה. מדוע יש ערבוב כזה? ייתכן שהתשובה היא שיש לקרוא את הפסוקים ברצף: "מחלליה מות יומת" – ואת העונש הזה עצמו (=ההמתה) על המחלל אין לעשות בשבת.

נעיר כי סוגיית הגמרא בסנהדרין לה ע"ב מסכמת את כל המקורות הללו במבנה אחד, ומסבירה שמחלוקת התנאים מדוע ההבערה יצאה מכלל המלאכות אינה קשורה לנדון של מיתת בי"ד בשבת, בגלל שזו לא נלמדת מהיציאה של ההבערה אלא מהמילה 'מושבות'. הרי שבת היא חובת הגוף,

---

[15] די דומה לדרשת חז"ל על "איש אמו ואביו תיראו ואת שבתותי תשמורו", שלומדת שגם אם הוריו מצווים עליו לשמור שבת אסור לו לשמוע להם.

ולכן היא אמורה לנהוג בכל מקום. אם כן, מדוע התורה כותבת שזה 'בכל מושבותיכם'? ללמדנו לרבות גם מיתת בי"ד.

מוני המצוות

דין זה נמנה גם במניין המצוות של הרמב"ם וסיעתו, ב**ספהמ"צ**, לאו שכ"ב (ראה גם ב**חינוך** מצווה קיד) כתב כך:

והמצוה השכ"ב היא שהזהירנו מענוש הגדרים על החוטאים ולהעביר הדינין ביום השבת. והוא אמרו (ר"פ ויקהל) לא תבערו אש וכו' ביום השבת. ירצה בזה שלא תשרוף מי שנתחייב שריפה, והוא הדין לשאר מיתות. ולשון מכילתא לא תבערו אש שריפה בכלל היתה ויצאת ללמד מה שריפה מיוחדת שהיא אחת ממיתות בית דין ואינה דוחה את השבת אף כל שאר מיתות בית דין לא ידחו את השבת. והנה אמרו (סנה' לה ב וש"נ) הבערה ללאו יצאת. ואין זה הלכה אבל היא לחלק יצאת (ע"ש ופס' ה ב) והוא שיהיה חייב על כל מלאכה ומלאכה בפני עצמה כמו שהתבאר במקומו. ובגמרא דבני מערבא (סנה' פ"ד ה"ו) בכל מושבותיכם רבי אילא בשם רבי ינאי מכאן לבתי דינין שלא יהו דנין בשבת:

הנוסח של פתיחת דברי הרמב"ם הוא שאין להעניש בשבת. במובן זה נראה שמקורו הוא בירושלמי. אך בהמשך הוא מפרט שהאיסור הוא רק על מיתות בי"ד ולא על כל ענישה. כך הוא המבנה גם ב**חינוך**.

גדר הדין

לכאורה עולה מכל המקורות הללו שהאיסור להמית את הנדון בשבת הוא עבירה על איסור מלאכה. המקורות המובאים כאן מלמדים אותנו שעל אף

שהמתת הנדון היא מצווה וחובה מן התורה, זה אינו דוחה את איסורי התורה. מכאן עולה בבירור שמי שעבר על זה והמית את הנדון בשבת עבר על מלאכת מבעיר, וגם על איסור נטילת נשמה. בשאר מיתות בי״ד (חנק, סיף וסקילה) אין עבירה בעצם מעשה ההמתה ויש רק איסור נטילת נשמה.

אולם תמונה זו היא בעייתית מבחינת מניין המצוות. לאור האמור כאן היינו מצפים שהאיסור הזה לא יימנה בנפרד במניין המצוות, אלא יהווה פרט באיסורי מלאכה בשבת. יש כאן מקור לכך שגם אם הורגים חייבי מיתות עוברים בכך על איסור מלאכה בשבת. בניסוח אחר, מי שעבר על הלאו הזה והוציא עבריין למות בשבת לא עבר על איסור ענישה בשבת אלא על איסור מלאכה בשבת. אם כן, לא ברור מדוע מוני המצוות החליטו למנות את הלאו הזה בנפרד?

ואכן אנו מוצאים ב**חינוך**, במצווה קיד, כאשר הוא מסביר את שורשי המצווה, את הדברים הבאים:

> ***משרשי המצוה, שרצה השם יתברך לכבד היום הזה שימצאו בו מנוחה הכל גם החוטאים והחייבים, משל למלך גדול שקרא בני המדינה יום אחד לסעודה שאינו מונע הפתח מכל אדם, ואחר יום הסעודה יעשה משפט, כן הדבר הזה שהשם ברוך הוא ציונו לקדש ולכבד יום השבת לטובתנו ולזכותנו, כמו שכתבתי למעלה, וזה גם כן מכבודו של יום הוא.***

לכאורה הדברים תמוהים. מדוע צריך להסביר את יסוד האיסור ברצון לאפשר מנוחה לנדונים למוות?[16] על פניו נראה שהבעייה היא חילול שבת,

---

[16] ובכלל אותה 'מנוחה' שיש נדונים בעת שמענים את דינם ודוחים אותו בערב הוצאתם להורג, מעלה מחשבות לגבי מהי אותה מנוחה שעליה מדובר. ייתכן שהכוונה אינה למנוחת

כלומר חומר איסור מלאכה בשבת. רואים מדברי **החינוך** שבאמת יש כאן איסור עצמאי. הבעייה אינה חילול השבת של בי״ד ושליחיו, אלא חוסר השביתה של הנדונים למוות. גם אם מדובר כאן בטעמא דקרא ולא בגדר הלכתי, דומה כי אפשר ללמוד מכאן את דעתו של בעל **החינוך** לגבי גדרו ההלכתי של האיסור הזה.

השלכה הלכתית נוספת היא בשאלה מי עובר על האיסור הזה? אם מדובר באיסור מלאכה בשבת, אזי העבריין הוא שליח בי״ד שעושה את פעולת המתת החייב במו ידיו. בי״ד שציוו אותו על כך לא עושים מלאכה בשבת, ולכן לכל היותר הם עוברים על ׳לפני עיוור׳. אבל אם האיסור הוא עצם הוצאת העונש לפועל, כאן יש מקום לומר שמי שעובר על כך הוא בית הדין עצמו ולא שלוחיו.

והנה, **החינוך** בסוף אותה מצווה מדבר על העונש של מי שעובר על האיסור, וכותב כך:

> ***ונוהגת מצוה זו בזמן הבית בזכרים, שהם בעלי המשפט וחייבים להזהר לבל יעשו דין בשבת. ואם עברו וציוו לשרוף בריה בשבת עברו על לאו זה. ואין לוקין עליו אם לא עשו בו מעשה. ואם עשו בו מעשה, כגון ששרפוהו הם בידיהם, אם יש עדים והתראה נסקלין, בשוגג מביאים חטאת לכפרה.***

כלומר הנמענים של האיסור הם הדיינים ולא שליחיהם. האיסור הוא הציווי לשרוף ולא השריפה עצמה. אם כן, **החינוך** אכן נותר עקבי בשיטתו שיסוד האיסור לתת עונש מוות בשבת אינו איסור מלאכה בשבת אלא האיסור על הדיינים לדון ולענוש בשבת. אמנם אם הדיינים לא עשו מעשה במו ידיהם אי

הנפש של האדם אלא אי עשיית מלאכה שמהווה באופן אובייקטיבי ׳מנוחה׳ (או שביתה) של העולם.

אפשר להלקותם, שכן זהו לאו שאין בו מעשה ולא לוקים על לאו כזה. אך אם עשו מעשה הם כן נענשים. מה שמפתיע הוא שה**חינוך** כלל אינו מדבר על עונשו של שליח בי״ד שעשה את המעשה במו ידיו, ולכאורה עבר על איסור מלאכה בשבת. ייתכן שמאחר שהיתה הוראת בי״ד הוא נחשב אנוס. אמנם ייתכן גם שהוא לא מצא לנכון לציין זאת כי זה כלול באיסורי המלאכה הרגילים. להלן נראה עוד אפשרות, שבאמת אין כאן איסור מלאכה רגיל, והאיסור היחיד הוא רק האיסור לענוש. לפי זה שליח בי״ד שפועל במצוותם אינו עובר שום איסור.

שני איסורים בהמתת בי״ד בשבת

ישנה נקודה נוספת בדברי ה**חינוך**. הוא מעלה אפשרות שאם הדיינים עשו מעשה יש להלקותם, ושולל זאת בגלל שזהו לאו שאין בו מעשה. משמע מדבריו שזהו לאו רגיל ולא איסור מאיסורי שבת, ולכן העונש על איסור זה (אם היה בו מעשה) היה צריך להיות מלקות. אך בהמשך דבריו הוא קובע שאם נעשה כאן מעשה העונש הוא סקילה במזיד וחטאת בשוגג. מכאן עולה לכאורה שזהו כן איסור מאיסורי שבת.

היה מקום להבין שבאמת איסור זה הוא לאו רגיל, ולכן העובר עליו היה צריך להיות חייב מלקות. אך מעבר לכך, אם בי״ד מוציאים אדם להורג הם גם עשו מלאכה בשבת, ולכן מצד זה הם חייבים סקילה וחטאת.

ובכך נבין עוד הערה בלשון ה**חינוך**. לאחר שהוא קובע שהאיסור קיים בכל מיתות בי״ד (ולא רק בשריפה), בקטע האחרון (זה שהובא כאן למעלה) הוא עובר לדון במי שציוו לשרוף ברייה בשבת. למה הוא מתרכז דווקא בשריפה ולא בכל מיתת בי״ד? לפי דברינו ניתן לפרש זאת באופן פשוט: כל המתת אדם בבי״ד מהווה עבירה על לאו זה, אך אם עברו עליו אין כאן חילול שבת

אלא אם עשו זאת בשריפה. אמנם בכל המתה יש נטילת נשמה, אבל ייתכן שאין איסור נטילת נשמה על מי שחייב מיתת בי"ד.

ניתן להסביר זאת בשני אופנים: א. מפני שהוא חייב מיתה הוא נחשב כגברא קטילא. ב. בגלל ההו"א שראינו במדרשים הנ"ל לפיה מותר להוציא נדון להורג בשבת מצד איסורי שבת, החידוש במסקנה שהדבר אסור לא נאמר על איסור נטילת נשמה. איסור זה באמת אינו קיים אם הנשמה היא של מי שחייב מיתת בי"ד. החידוש בדין זה הוא שיש איסור אחר של המתה בבי"ד בשבת, ועל כך חייבים רק מלקות. זה אינו איסור מלאכה בשבת.

מהצעה זו עולה שאם בי"ד עברו וחנקו את מי שחייב חנק בשבת, הם לא חייבים סקילה או חטאת, כי הם לא עברו על איסור מלאכה. הם עברו על לאו (ענישה בשבת) שלא לוקים עליו. יתר על כן, אם הם עשו מעשה בידיים הם ילקו (כי עברו על הלאו הזה בידיים) אך לא ייסקלו.

מכאן ברור ומובן מה שהקשינו למעלה מדוע **החינוך** לא מדבר על עונשו של שליח בי"ד שהמית בשבת. לפי הצעתנו זו השליח לא עבר כל עבירה מן התורה. איסור המתת בי"ד בשבת נאמר על הדיינים ולא על השליח. בהמתה כעונש בשבת אין איסור מלאכה.[17]

מקורות לחלוקה הזו

נראה כי שני האיסורים הללו עולים משני סוגי המדרשים שהבאנו למעלה בפרק א. לשונם של מדרשי **המכילתא** והבבלי מצביעה בבירור על התפיסה לפיה יסוד האיסור הוא איסור מלאכה בשבת, והחידוש במדרש הוא שהחובה

---

[17] אמנם יש לדון מה קורה אם שליח בי"ד שרף בשבת, שהרי על מלאכת הבערה כן עוברים. רק איסור נטילת נשמה בטל ביחס לחייבי מיתות בי"ד.

להמית חייבי מיתות אינה מפקיעה את איסורי השבת. לעומת זאת, מלשון הירושלמי עולה בבירור שהאיסור הוא איסור מחודש לדון בשבת ("שלא יהו דנין בשבת").

אם נחזור לשני מדרשי **המכילתא** שהבאנו למעלה, ניתן לראות בהם את שתי הנימות הללו: המכילתא הראשונה שוללת את ההו"א שענישה דוחה מלאכת מבעיר בשבת. לאחר שלמדנו את זה, די ברור שמי שענש בשריפה עבר על מלאכת מבעיר, ואין כאן לאו אחר. לעומת זאת, במכילתא השנייה שוללים את האפשרות שהחובה להעניש קיימת בכל ימות השבוע (="שומע אני בין בחול בין בשבת"). כאן המסקנה היא שאין חובה להעניש בשבת (ואפילו יש איסור), והעונש על ההבערה הוא רק תוצאה שבממילא..

והנה ראינו שגם ה**חינוך** וגם הרמב"ם מביאים את שני הממדים הללו ולא מבחינים ביניהם במפורש. אמנם מתוך הדיוקים הלשוניים שהבאנו יש בהחלט מקום לראות ב**חינוך** את התמונה המורכבת ששרטטנו כאן, שמאחדת את שני המקורות ויוצרת משניהם תמונה של שני איסורים במקביל.

דברי הרמב"ם בשורש הי"ד

הרמב"ם בשורש הי"ד עוסק בנושא העונשים בהלכה. הוא קובע שם שיש למנות את החובה להעניש כמצווה בפני עצמה. יש בדבריו שני חידושים: 1. ביצוע הענישה הוא עצמו מעשה מצווה (שמוטל על בי"ד). 2. מצווה זו היא מצווה עצמאית ולא פרט בתוך האיסור שעליו מענישים. לדוגמה, החובה לסקול מחללי שבת צריכה להימנות לחוד כמצוות עשה, ואין להתייחס אליה כפרט מפרטי איסור ל"ת של מלאכה בשבת. אמנם גם הרמב"ם מסכים שלא מונים כל חובה לסקול בנפרד, אלא את החובה הכללית לסקול את חייבי הסקילה. כך גם לגבי מלקות, שריפה, וכדומה. הוא כנראה מבין שהמצווה היא לבצע את העונשים בכל מי שחייב בהם, וזו מצווה אחת.

בדבריו שם הוא מביא ראיות לשני היסודות הללו, ובתוך הדברים הוא נזקק גם למדרשים שלנו, וכך הוא כותב:

> ***והנה קיום אלו הגדרים [=העונשים] כלם מצות עשה. כי אנחנו נצטוינו שנהרוג זה ושנלקה זה ושנסקול זה ושנקריב קרבן על מה שנתחייב אותו בעברנו עליו. ואופן מנינם שנמנה הארבע מיתות בית דין בארבע מצות (רכו - ט) ממצות עשה. ולשון המשנה (סנה' מט ב) זו מצות הנסקלין וכן אמרו (נב א) כיצד מצות הנשרפין כיצד מצות הנחנקין כיצד מצות הנהרגין. ואמרו (שם לה ב וש"נ) גם כן כי אמרו יתעלה (ר"פ ויקהל) לא תבערו אש בא להזהיר העמדת הגדרים ביום השבת. וזה כי הוא הזהיר משריפה שלמצוה ואמר בכל מושבותיכם כלומר במושב בית דין לא יבערו אש ואע"פ שהיא מצות עשה. אמרו (על"ת שכ"ב ממכילת') הבערה בכלל היתה ולמה יצאת ללמד מה שריפה מיוחדת שהיא אחת ממיתות בית דין ואינה דוחה את השבת אף כל שאר מיתות בית דין לא ידחו את השבת. וזה מבואר לא יספק בו שום אדם. וכן גם כן ראוי שיימנה המלקיות מצוה (ע' רכד)...***

הרמב"ם כנראה מתכוין להביא ראיה ליסוד הראשון (שביצוע העונש הוא קיום מצווה). ראייתו מבוססת על כך שנדרש פסוק מיוחד ללמד שאין להמית מיתת בי"ד בשבת, ומכאן משמע שזוהי מצוות עשה (שאם לא כן מדוע שנחשוב בכלל שמותר להמית בשבת חייבי מיתות). בכל אופן, נראה בבירור שהחידוש הוא שהיינו חושבים שהמצווה דוחה את איסור מלאכה בשבת, והתחדש שהיא אינה דוחה אותו. אך לא נראה מדבריו שיש כאן איסור עצמאי לענוש בשבת. וכן הסכים הרמב"ן בהשגותיו שם בד"ה 'ואמנם דעת הרב'.

שיטת הרמב"ם בהלכותיו

לעומת זאת, בלשון הרמב"ם בהלכות שבת (פכ"ד ה"ז) עולה לכאורה תמונה שונה:

אין עונשין בשבת אף על פי שהעונש מצות עשה אינה דוחה שבת, כיצד הרי שנתחייב בבית דין מלקות או מיתה אין מלקין אותו ואין ממיתין אותו בשבת שנאמר +שמות ל"ה+ לא תבערו אש בכל מושבותיכם ביום השבת זו אזהרה לבית דין שלא ישרפו בשבת מי שנתחייב שריפה והוא הדין לשאר עונשין.

מחד, הוא כותב שהמצווה הזו אינה דוחה שבת, ומכאן נראה בבירור כדבריו בשורשים (שהאיסור הוא איסור מלאכה בשבת שלא נדחה בפני המצווה להמית את חייבי המיתות). מאידך, הלכה זו מופיעה ברמב"ם בפרקים האחרונים, כלומר בהקשר של איסורים צדדיים, ולא בתחילת ההלכות שם הוא עוסק באיסורי מלאכה מן התורה. מזה דווקא נראה שזהו איסור מחודש ולא איסור מלאכה, כפי שדייקנו לעיל גם ב**חינוך**.

ניתן להביא לכך עוד שתי ראיות מדבריו כאן. ראשית, רואים שהאזהרה היא על בי"ד, ולא על שליח בי"ד, על אף שהוא זה שעושה את המלאכה בשבת. ומוכח שהאיסור אינו איסור מלאכה אלא איסור לדון בשבת. שנית, יש בדברי הרמב"ם כאן חידוש גדול מאד: הרמב"ם מרחיב את האיסור לכל שאר העונשים, ולאו דווקא למיתות (הן בתחילת דבריו בהלכה זו והן בסופה). כאן עולה בבירור תפיסה לפיה יש כאן איסור עצמאי ולא איסור מלאכה, שהרי במתן מלקות בשבת אין מלאכה שאסורה מן התורה.

למעשה כך גם עולה מעצם העובדה שב**ספהמ"צ** הוא מונה את הלאו הזה כלאו עצמאי, ולא כפרט באיסור מלאכה בשבת. על כן לא ברור עד כמה דבריו בהלכות סותרים לדבריו ב**ספהמ"צ** ובשורשים. ייתכן שבשני המקורות הללו

הוא מביא את הדין שמופיע בתורה, ובהלכות הוא מרחיב אותו לכלל הענישות.[18]

איסור לדון למלקות: מחלוקת הרמב"ם והתוס'

בשו"ע כמובן לא מופיעה הלכה זו, שכן הוא עוסק אך ורק בהלכות שנוהגות בזמן הזה. אמנם מופיע שם (או"ח סי שלט ה"ד) שאסור לדון בשבת, כחלק מהגזירות שמא יכתוב (ולכן אסור לדון גם בדיני ממונות בשבת). בעל **המנ"ח** במצווה קיד סק"א **והמג"א** סי' שלט סק"ג מדייקים ברמב"ם בהלכות (פכ"ד ה"ז שהבאנו לעיל) שיש איסור לדון אדם בשבת בכלל, ולא רק לבצע מיתות בי"ד. **והמג"א** שם מקשה עליו:

כתב הרמב"ם פכ"ד אין עונשין בשבת שאע"פ שהעונש מ"ע אין דוחה שבת כיצד הרי שנתחייב מיתה או מלקות אין מלקין שנא' לא תבערו אש וה"ה לשאר עונשין וכ' המ"מ שמנאה הרמב"ם במנין המצות ע"כ ובאמת במנין המצות סי' שכ"ב משמע דוקא בדבר שיש בו חילול שבת אסור מדאורייתא וכ"מ בגמ' שבת דף ק"ו גבי הבערה ע"ש ואפשר דבמלקות נמי איכא חילול שבת כגון שעושה חבור' וצ"ע ואפשר דמרבוי דקרא דבכל מושבותיכם נפקא לן שאין דנין כלל וצ"ע בסנה' דף ל"ה משמע דוקא בדבר שיש בו חילול שבת וכ"מ בתו' שם ודיני ממונו' אין דנין גזיר' שמא יכתוב: איתא בסנהדרין דף פ"ח ע"ב שבשבת לא היו יושבים הסנהדרין בלשכת

---

[18] ואולי היה מקום לומר שההרחבה הזו היא רק איסור דרבנן, ולכן היא גם מופיעה בפרק כד, וכנ"ל. אמנם הרמב"ם אינו כותב זאת, אלא מציג הכל כאיסור אחד. יתר על כן, הוא גם לא מביא את ההלכה לגבי שריפה כאיסור תורה בפרקים הרלוונטיים. על כן לא נראה שזוהי שיטתו.

הגזית רק בחיל שלא יהא נראה כאלו דנין בשבת ונ"ל דמה"ט אסור לקבוע מקום לחליצה בשבת, ועיין בא"ע בפי' סדר החליצה סי"ז שנדחק בדבר:

יש כאן שני סוגי קושיות: סתירות ללשון הרמב"ם עצמו (ב**ספהמ"צ** ובשורשים), וסתירות מסוגיות הבבלי שבת קו וסנהדרין לה ע"א, מהן מוכח שהאיסור הוא רק במקום שיש חילול שבת במלאכה. לכן הם מגיעים למסקנה שמדובר בחבלה שיש בה איסור מלאכה מה"ת, אך זהו דוחק גדול כמובן. כאמור, לפי דרכנו אין קושי כלל, ובאמת האיסור הוא לדון בשבת, ולאו דווקא איסור לבצע עונש באיסורי מלאכה. כפי שראינו הרמב"ם רואה את הדיינים כנמענים של האיסור, מה שמוכיח את דברינו, וכנ"ל.

לפי דרכנו גם ברורה ההלכה שמובאת כאן בהמשך דברי **המג"א**, שגזרו על הסנהדרין לא לשבת בלשכת הגזית בשבת כדי שלא ייראו דנים. והנה אם האיסור היה רק איסור דרבנן שמא יכתוב (ואיסור מלאכה אם מבצעים את העונש בידיים), לא ברור מה מקום יש לגזירה לגזירה. ולפי דרכנו זוהי גזירה אטו דאורייתא.[19]

אמנם בסוגיית שבת קו ע"א לכאורה מוכח נגד שי' הרמב"ם, שכן הגמרא שם מוכיחה מכך שהתורה אוסרת הבערת בת כהן שזינתה שהבערה זו היא מלאכה דאורייתא (ונחשבת תיקון ולא קלקול). אם כן, ההנחה היא שמה שנאסר כאן הוא מלאכה. גם בסוגיית סנהדרין (המקבילה למכילתות שהבאנו) מוכח כן, שהרי הדרשה מראה שלא התירו הבערה לצורך ענישה, ומשמע שהאיסור הוא מפאת מלאכה בשבת, וכנ"ל.

ובאמת כך מבואר גם בתוד"ה 'אין רציחה' בסוגיית סנהדרין:

---

[19] ראינו בספר **פקודי ישרים** (על **ספהמ"צ**), לפרופ' פיינטוך, שכתב בקצרה כדברינו.

אין רציחה דוחה את השבת - בשריפה ניחא אפילו למ"ד מקלקל בהבערה פטור דיש בה חילול שבת משום פתילה דאמר (יבמות דף ו:) מה לי בישול פתילה מה לי בישול סממנים ובשאר חייבי מיתות נמי אפי' למ"ד (כתובות ה:) דמקלקל בחבורה פטור הכא חשיב תיקון דיש לו כפרה.

רואים שהאיסור הוא רק כשיש מלאכה בשבת. ויש להעיר, הן בסוגיית שבת והן בדברי התוס', מדוע הם לא מתחשבים באיסור נטילת נשמה ודנים רק על איסור הבערה? לכאורה מוכח מכאן שגם לפי התפיסה שזהו איסור מלאכה, האיסור הוא על מלאכת ההמתה ולא על ההמתה עצמה, וכפי שביארנו למעלה.

ובדעת הרמב"ם אין מנוס מהמסקנה שהוא פוסק כירושלמי שהאיסור הוא לדון, ולא איסור מלאכה, וכנראה הבבלי חולק על תפיסה זו. אם כן, מחלוקת הרמב"ם והתוס' היא למעשה מחלוקת בבלי וירושלמי.

סיכום ביניים

ראינו עד כאן שבהמתת חייבי מיתות בי"ד בשבת יש שני איסורים שונים: איסור מלאכה בשבת (שאולי נאמר רק על המלאכות הכרוכות בהמתה עצמה, אך לא על איסור נטילת נשמה, והוא כנראה פונה בד"כ לשליח בי"ד ולא לדיינים) ואיסור ענישה בשבת (שפונה לדיינים עצמם). אך התמונה של שני איסורים שונים באותה סיטואציה אינה נראית בכוונת הראשונים. ראשית, **החינוך** עצמו אינו מציין שמדובר כאן בשני איסורים. הדברים עלו מדיוקים (אמנם מחוייבים) בלשונו. וגם ברמב"ם ראינו תמונה דומה: מחד, נראה מדבריו שעיקר החידוש הוא שאיסורי שבת לא נדחים בפני מצוות המתת חייבי המיתות, כלומר שזהו איסור מלאכה. ומאידך, ראינו שהרמב"ם

מתייחס לזה כאיסור עצמאי, ומרחיב זאת גם למלקות. אך גם ברמב"ם אין אמירה ברורה שיש כאן שני איסורים שונים.

ייתכן שהמצב בפועל הוא מורכב יותר. אנו נציע מודל לפיו שני ההיבטים קיימים ביחד במסגרת של איסור אחד. ההבחנה בין איסורי מלאכה לבין איסור ענישה בבי"ד אינה כה חדה ודיכוטומית כפי שהצגנו עד כה.

המודל המורכב

ייתכן שעלינו להתייחס לשני הממדים הללו כמורכבים זה בתוך זה, ולא כשני צדדים שונים שמוציאים זה מזה. אפשרות אחת להציג זאת היא לראות שהדרשה המקורית מבוססת על כך שהבערה יצאה ללמד ששריפת בת כהן לא דוחה שבת. כלומר היסוד הוא איסור המלאכה. אבל מדוע באמת יש כאן איסור מלאכה, הרי יש מצוות עשה לשרוף אותה? על כך עונה הגמרא שכנראה החובה הזו לא קיימת בשבת, וממילא הפעולה הזו מהווה איסור.

משיקול זה עולה כי הקביעה שאיסור הבערה עומד בעינו מוכיחה בעקיפין את העובדה שביצוע העונשים אסור בשבת. כלומר האיסור העצמאי אינו כתוב בפירוש בתורה, אלא הוא נלמד מכך שהתורה רואה בשריפת בת כהן איסור מלאכה.

כעת נוכל להבין שאם בי"ד כלשהו שורף בת כהן שזינתה, הוא עובר על שני איסורים גם יחד: איסור מלאכה ואיסור לדון אותה. לכן יש עונש סקילה וכרת במצב כזה, ולכן עולה הו"א שיהיו מלקות על הדיינים (אילו היו עוברים את האיסור במעשה).

ייתכן שזה מסביר מדוע ב**ספהמ"צ** מצויין רק האיסור לדון במיתה, ואילו בהלכות מובאת ההרחבה לגבי כל עונשי בי"ד. זוהי תוצאה של דרשה מרחיבה על הפסוק, ולא משהו שכתוב במפורש בתורה, ולכן הוא לא נמנה

במניין המצוות (לפי דרכו של הרמב״ם בשורש השני, שהלכות שנלמדות מדרשות לא נמנות במניין המצוות).

ההבדל בין ההצעה הזו לתמונה הקודמת הוא בשני מישורים:

1. המקור: לפי התמונה הקודמת המקור לאיסור העצמאי הוא 'מושבותיכם', ואיסור השריפה הוא איסור מלאכה רגיל שלמ״ד הבערה לחלק יצאת אזהרתו היא מהפסוקים בעשרת הדברות. לעומת זאת בתמונה המוצעת כאן גם המקור לאיסור השריפה הוא מכאן, והאיסור העצמאי נלמד בעקיפין מקיומו של איסור מלאכה.

2. מהות האיסור: בתמונה הקודמת איסור המלאכה קיים גם אם היתה חובה לשרוף בת כהן בשבת ולא היה איסור בכך. כאן איסור המלאכה נובע מכך שיש איסור לענוש בשבת. לולא היה איסור כזה השריפה לא היתה איסור מלאכה.

אחת ההשלכות להבחנה הזו היא לעניין ההתראה. כידוע, מי שעובר עבירה אינו נענש אלא אם התרו בו. ישנו דין שההתראה צריכה להיות ספציפית ולהזכיר את האיסור שעליו הוא עובר. כעת עולה שאלה משום מה מתרים במי שעובר על הלאו הזה? האם מתרים בו משום מלאכה בשבת, או שמא מתרים בו משום איסור ענישה. כמובן שאם מזכירים את הפסוק 'לא תבערו אש' בהתראה זה ודאי מועיל לכל הדעות.[20] **במנ״ח** בסק״ב מניח כמובן מאליו שיש להתרות בו משום איסור הבערה בשבת, וזה כמובן מתאים לשיטתו.

[20] **המנ״ח** אומר שהתראה זו מועילה גם לבי״ד שחונקים בשבת, שכן גם איסור זה נלמד מהפסוק 'לא תבערו'. לפי הרמב״ם נראה שזה יועיל גם לבי״ד שמלקים בשבת. אמנם בד״כ אין עליהם עונש ולכן לא דרושה התראה, אבל אם עשו מעשה בידיים הם כנראה ילקו.

נציין שבשו״ת **אבני נזר** או״ח סי׳ רכח כתב ממש כדברינו אלה. הוא מסביר שיסוד האיסור הוא ענישה בשבת ולא מלאכת שבת (ומביא לכך גם חלק מן הראיות שהבאנו כאן), ומחלק שם בין שני היבטים של ענישה: המצווה לענוש את העבריין, והמצווה לבער את הרע. הוא מביא השלכות של ההבחנה הזו לעניין ענישה בשבת. כל דבריו שם דורשים עיון ודיון מפורט, ועל כן לא נעשה זאת כאן.

אהדריה לאיסורא קמא

הגמרא בביצה יב ע״א קובעת שהשוחט עולת נדבה ביו״ט לוקה. עולת חובה הותרה גם ביו״ט, אבל עולת נדבה באיסורה עומדת שכן נדרים ונדבות לא קרבים ביו״ט. ובתוד״ה ׳השוחט׳, שם, מקשים:

> ***וא״ת והא אפילו ב״ה מודו דלוקה דסבירא להו לקמן (שם) דנדרים ונדבות אין קרבים בי״ט ואמאי מוקים לה אליבא דב״ש וי״ל דמהיכא אית ליה דנדרים ונדבות אין קרבים בי״ט מלכם ולא לגבוה וא״כ הוי לאו הבא מכלל עשה דאין לוקין עליו***

כלומר לפי ב״ה לא לוקה כי זה לאו הבא מכלל עשה (שהוא כעשה) ולא לאו רגיל. כעת שואלים התוס׳ על שיטת ב״ה:

> ***וא״ת כיון דאהדריה אהדריה לאסורא קמא דהא אמרי׳ גבי גוזז פסולי המוקדשין דלוקה אע״ג דלא ידעינן אסור גזיזה רק מדכתיב (דברים יב) תזבח ולא גיזה דהיינו לאו הבא מכלל עשה דאין לוקין אלא ש״מ כיון דאהדריה אהדריה לאסורא קמא כלומר ללאו שהיה בו קודם שנפסל וגם גבי נדרים ונדבות נימא הכי דאהדריה לאסורא קמא ולוקה***

תוס׳ קובע שיש עיקרון כללי בהלכה שאם יש דבר אסור שהותר, ומסיבה כלשהי בנסיבות מסויימות הוא נאסר, אזי באותן נסיבות הוא חוזר לאיסורו

המקורי. הדוגמה שתוס׳ מביאים היא מסוגיית תמורה לא ע״א (ובכורות ו ע״ב), שם לומדים שיש איסור לגזוז קודשים שנפסלו, מכוח לאו הבא מכלל עשה: ׳תזבח׳ – ולא גיזה. ברקע הדברים יש איסור גיזה ועבודה בקודשים, שהוא לאו רגיל, ובפסולי המוקדשין הלאו הזה אינו קיים, כי הם לא מיועדים להקרבה. אבל מעת שהתחדש איסור לאו הבא מכלל עשה על הגוזז אותם, חזר האיסור של גזיזת קדשים, ולכן גם בפסולי המוקדשים הוא לוקה. כלומר מרגע שבטל ההיתר לגזוז, גם אם הביטול הוא עשה, חזר והתעורר האיסור המקורי שזהו לאו ממש (ולא לאו הבא מכלל עשה), ולכן לוקים. תוס׳ מקשים שגם לגבי נדרים ונדבות ביו״ט צריך להיות אותו דין, שאם אין היתר להקריבם בגלל לאו הבא מכלל עשה, צריך לחזור איסור לאו של נטילת נשמה, ולכן גם לפי ב״ה צריך ללקות. תוס׳ מחלק שבפסולי המוקדשים זה לא באמת הותר אף פעם, מה שאין כן בנדרים ונדבות ביו״ט שהאיסור הראשוני בטל לגמרי ולכן הוא אינו חוזר וניעור.

המנ״ח אצלנו בסק״א (ד״ה ׳והנה׳) כותב:

> ***והנה אין לפלפל כאן בדין אהדריה לאיסורא קמא (עי׳ ביצה יב ע״א תוד״ה ׳השוחט׳), כי נראה מהש״ס דהוא רק גילוי מילתא...וכתבה התורה דהיא מלאכה ואינה דוחה שבת...***

כוונתו כנראה לומר שלכאורה היה כאן מקום לומר שמכיון שדין בשבת נאסר מכוח איסור עצמאי, אזי הפעולה של השריפה חוזרת להיות מלאכה אסורה בשבת, וחייבת סקילה. כלומר הוא מציע אפשרות לראות את איסור המלאכה לא כלאו ממש אלא כחזרה של איסורא קמא. הוא לשיטתו שיש כאן איסור מלאכה רגיל שלא בטל, ולא חזרה של איסורא קמא, וכך אכן שיטת התוס׳ בסנהדרין הנ״ל.

אבל לפי דרכנו בביאור שיטות הרמב״ם וה**חינוך**, זהו בדיוק המצב כאן: בגלל שיש איסור לדון בשבת, שהוא איסור קל ואינו איסור מלאכה, אזי חוזר האיסור המקורי של שריפה ומלאכה למקומו. לכן למדו הרמב״ם וה**חינוך**

שאם יש איסור מלאכה בפעולת ההמתה (כמו בשריפה) חייבים עליו כמו על איסור מלאכה רגיל, ואם אין איסור מלאכה אז עוברים רק על האיסור המחודש (שמקביל ללאו הבא מכלל עשה, כלומר לאיסור הצדדי והקל, בדוגמאות של תוס׳ בביצה).

וראה שם **במנ״ח** בהמשך דבריו, שם הוא נסוג מעט מטענתו ומעלה אפשרות שלפי הרמב״ם שאוסר בכל העונשים זהו לאו עצמאי, והוא מסביר בכך את העובדה שהלאו הזה נמנה בנפרד במניין המצוות. וזה ממש כדברינו כאן. ו**במנחת סולת** מוכיח זאת מן העובדה שהרמב״ם מדבר על מלקות בלאו זה (והעמדנו זאת למעשה בבי״ד שהלקו בשבת, ועשו מעשה בידיים), אף שלכאורה זהו לאו שניתן לאזהרת מיתת בי״ד (=כלומר לאו שבנסיבות אחרות ממיתים את העובר עליו). מוכח מכאן שלפי הרמב״ם הלאו שאוסר לענוש בשבת אינו אותו לאו כמו זה שאוסר הבערה בשבת. זהו ביטוי נוסף לכך שהלאו הזה נמנה בנפרד.

הקשר לדיון שלנו

נזכיר שראינו למעלה שבשו״ת **צפנת פענח** סי׳ ב מעלה שאלה לגבי מי שבישל ביו״ט שחל בשבת. **הצ״פ** דן שם האם מי שעבר ובישל עבר רק על איסור שבת או שמא הוא עובר גם על איסור בישול ביו״ט. ההסבר שהוא מציע לצד הזה הוא שאם במצב כזה (שהיו״ט חל בשבת) אין היתר בישול לצורך אוכל נפש, או אז חוזר וניעור גם איסור המלאכה ביו״ט. כפי שראינו, זוהי דוגמה לעיקרון של אהדרא לאיסורא קמא.

השלכות על דין רודף

דין רודף מטיל חובה על כל אדם מישראל להרוג את מי שרודף אחר חברו להרגו. אותו דין קיים גם לגבי מי שרודף אחר נערה המאורסה בכדי לאנוס

אותה (ראה רמב״ם הל׳ רוצח, פ״א ה״י). מה הדין כשמישהו רואה רדיפה כזו בשבת? ברודף רגיל מפורש בגמרא שהורגים אותו גם בשבת, וזאת משום פיקו״נ שדוחה שבת. אבל ברודף אחר נערה לאונסה מסתפק **המל״מ** (שם) האם מותר להרגו בשבת או לא. יסוד הספק הוא האם הריגת הרודף אחר נערה היא עונש כמו עונשי בי״ד, ואין לענוש בשבת, או שמא מדובר בהריגה לשם הצלה כמו במקרה של רדיפה רגילה (והחידוש הוא שהצלה מאונס היא כמו הצלת חיים), ולכן היא מותרת גם בשבת. **המל״מ** נותר בצ״ע.

והנה, אם ההבנה באיסור לענוש בשבת היא שזהו איסור מלאכה בשבת, אז סביר שאיסור זה קיים גם בהדיוט. אם המתה בבי״ד לא דוחה איסור מלאכה בשבת אז המתה ע״י הדיוט ודאי שלא תדחה זאת.[21] אבל אם ההבנה היא שהאיסור הוא איסור עצמאי על בי״ד לדון ולענוש בשבת, קשה להמציא מדעתנו איסור כזה על הדיוט. הרי בפועל אין כאן מעשה של דיון כמו בבי״ד, אלא זוהי פעולה שמהווה דה-פקטו אקט של ענישה, ומנין שגם היא נאסרת בשבת?

השלכה נוספת היא לגבי הצלה באחד מאבריו. אם המציל יכול להציל את הנרדף באמצעות פגיעה ברודף שאינה ממיתה אותו אסור לו להרוג את הרודף. פגיעה כזו לפעמים אינה כרוכה באיסור שבת, שכן אין בה המתה. אם כן, דווקא לפי התוס׳ שיסוד האיסור הוא מלאכה בשבת יהיה מותר לפגוע ברודף באופנים כאלו, שכן אין כאן איסור מלאכה. אבל לפי הרמב״ם **והחינוך**, הסוברים שזהו איסור עצמאי, והוא מוטל גם על ענישה במלקות, אז גם פגיעה ברודף שאינה ממיתה אותו היא אקט של ענישה, ואם אקט כזה אסור בהריגה הוא יהיה אסור גם בפגיעה רגילה.

---

[21] אמנם יש לדחות שכאן ישנה דחיפות של הצלה (שהרי בבי״ד אפשר להרוג ולהלקות למחרת, ואין כל נזק בלתי הפיך בהמתנה).

אמנם יש לדחות את הנפ"מ הללו, שהרי כפי שראינו לפי התמונה הראשונית שהצענו בשיטת הרמב"ם **החינוך** (שני איסורים מקבילים ונפרדים), יש בענישה כזו גם איסור מלאכה ולא רק איסור עצמאי. אם כן, גם אם האיסור העצמאי לא יחול על מציל, הרי איסור המלאכה כן יחול עליו. אך לאור דברינו בתמונה המורכבת (שני איסורים שאחד נלמד מהשני), איסור המלאכה נלמד רק מכך שיש איסור עצמאי, וממילא גם איסור המלאכה חוזר לאיסורא קמייתא. אם כן, כשאין את האיסור המחודש, ייתכן שלא יהיה גם איסור מלאכה (כי הוא נדחה מפני המצווה להציל, כמו שהיה הדין לגבי בי"ד לולא המקור מהפסוק של 'לא תבערו').

ב. ביטול ביטולים

מבוא

בחלקו הראשון של הפרק ראינו את הבסיס למנגנון של התעוררות איסורים רדומים. זה היה כרוך בביטול ביטולים. הנושא של ביטול ביטולים נדון כבר בספר השישי (על לוגיקה של שליחות. ראה שם בפרק החמישי והעשירי), ולכן כאן רק נזכיר אותו ונעיר עליו בקצרה.

ביטול הביטול בשליחות: תשובת הרשב"א

כאשר אדם ממנה שליח נוצרת זיקה בינו לבין השליח. אדם יכול כמובן גם לנתק את הזיקה הזאת, כשהוא מבטל את השליחות. מה יקרה אם הוא רוצה לחזור ולמנות את השליח מחדש, האם הוא צריך למנות אותו שוב, או שדי יהיה לו לבטל את הביטול?

בפשטות ביטול של הביטול לא יכול להועיל. הסיבה לכך היא שלאחר הביטול ניתקת הזיקה בינו לבין השליח, וכדי לקומם אותה מחדש יש ליצור אותה מחדש, כלומר דרוש עוד מינוי.

והנה, ישנה תשובה של הרשב״א שמובאת **בב״י** אבהע״ז סוס״י קמא, שם הוא דן בנושא של ביטול הביטול וכותב כך:

כתב הרשב״א בתשובה (ח״ד סי׳ פד) על אחד ששלח גט לאשתו וביטל השליחות שלא בפניו ואח״כ נמלך לבטל הביטול ושיהיה שליח לגרש כמו שהיה. שאפשר לומר שאם הגיע הגט מיד שליח זה ליד האשה הרי זו מגורשת שכל מקום שצריך שליח לדעת המשלח אינו (יכול) [צריך] ליחד שליח אלא כל שאמר סתם כל מי שישמע קולי יכתוב ויתן כל מי שכתב ונתן הרי זו מגורשת (גיטין סו.) וכיון שכן זה שעשאו שליח לחבירו אף על פי שביטל שליחותו [של] זה אילו אמר כל הרוצה יטול ויתן לה ועמד אחד ונתנו לה הרי זה גט א״כ אף זה בשעת נתינתו כבר חזר בו המשלח ונתרצה שיתנו לה ואם נפשך לומר שאינו גט שצריך שישמעו מפיו הא לא אמרינן (שם עב.) אלא בכתיבת הגט וחתימתו וזה קרוב בעיני אלא שראוי להחמיר עכ״ל.

רואים מדבריו שביטול הביטול לא באמת מועיל לדעתו, ומה שבכל זאת הגט כשר זה רק מפני שלא באמת צריך שהנותן יהיה שליח הבעל, ודי בהבעת רצון שהגט יינתן לאישה. ביטול הביטול הוא הבעת רצון מספיקה, ולכן השליח יכול לפעול בשם הבעל.

ובאמת בסיום התשובה שם הוא כותב שראוי להחמיר, כלומר הוא לא משוכנע שהגט כשר כשביטלו את הביטול. והסיבה לכך היא שאם שליח לגירושין באמת אמור להיות שליח ממש ולא די בהבעת רצון, כי אז ברור שביטול הביטול לא מועיל.

עיקרון דומה רואים בסוגיית קידושין נט, שם הגמרא דנה האם דיבור מבטל דיבור או לא. למסקנת הגמרא שם בסוע"ב פוסקים כריו"ח שסובר אתי דיבור ומבטל דיבור:

והילכתא כוותיה דר"י ואפילו בקמייתא, ואף על גב דאיכא למימר: שאני נתינת מעות ליד אשה דכמעשה דמי, אפילו הכי אתי דיבור ומבטל דיבור.

כעת הגמרא מקשה עליו מדברי ר"נ:

קשיא הילכתא אהילכתא! אמרת: הילכתא כרבי יוחנן, וקיימא לן: הילכתא כרב נחמן! דאיבעיא להו: מהו שיחזור ויגרש בו? רב נחמן אמר: חוזר ומגרש בו, רב ששת אמר: אינו חוזר ומגרש בו, וקיימא לן: הילכתא כותיה דרב נחמן! נהי דבטליה מתורת שליח, מתורת גט לא בטליה.

ר"נ דן בשאלה האם כשאדם מבטל שליחות גט הוא יכול לחזור ולגרש בגט עצמו. תולים זאת בכך שהגט עצמו לא בטל אלא רק השליחות. מוכח מכאן שאם הגט כן היה בטל לא היה שייך לחזור בו ולבטל את הביטול. וכך מוכיח הרשב"א בחידושיו שם.[22]

ביטול הביטול בתנאי

דיון נוסף בביטול ביטולים עולה בהקשר של ביטול תנאים. אם התנאי הוא מנגנון לבטל את החלות (ראה בספר הרביעי בסדרה), כי אז ביטול התנאי הוא

---

[22] אמנם הוא מביא שם מחלוקת האם ניתן בכלל לבטל גט, וזה תלוי כיצד לומדים את תירוץ הגמרא: האם זו אוקימתא לפיה מדובר שלא ביטל את הגט, או שזה תירוץ שאומר שעל כורחנו לא מדובר שביטל את הגט כי אי אפשר לבטלו שכן זהו מעשה ולא דיבור.

סוג של ביטול של ביטול. לדוגמה, אם אדם מתנה שהאישה תהיה מגורשת אם היא לא תשתה יין עשר שנים, וכעת הוא מבטל את התנאי. בעצם מה שהוא רוצה זה לקומם את הגירושין מחדש ללא הביטול המלווה של התנאי. כעת גם אם האישה תשתה יין במצהלך עשר השנים היא תהיה מגורשת.

ב**קובץ ביאורים** לרא"ו (**קו"ש** ח"ב) גיטין סי' מד דן בשאלה זו, וכותב כך:[23]

> ***ונלע"ד לפי מ"ש בשו"ת הרא"ש, דאם מחל התנאי, אמרינן אתי דיבור ומבטל דיבור והמעשה חל בלא קיום התנאי. ומבואר שם מדבריו דבעושה מעשה על תנאי הוא עושה שני דברים נפרדים, הקנין הוא דבר שלם מצ"ע, והתנאי הוא מילתא אחריתא בפני עצמו, ומשו"ה אם מחל על תנאו נשאר ממילא הקנין בלא תנאי. והנה בהא דאמרינן אתא דיבור ומבטל דיבור, הדבר פשוט דאין הביטול אלא מכאן ולהבא ולא למפרע, כגון בעשה שליח ונמלך וביטלו, לא אמרינן איגלאי מילתא למפרע שלא היה שלוחו מעולם, אלא עד עכשיו היה שלוחו, ומשעת חזרתו ואילך נתבטל, והוא פשוט בסברא. ועיין בב"י סי' קמ"א שהביא תשובת רשב"א, בממנה שליח וביטלו ואח"כ חזר ונמלך ורוצה שיהיה שלוחו, ועיי"ש דמוכח מדבריו דלא שייך לומר דאתי דיבור של הביטול השני ומבטל דיבור הביטול הראשון. והמעיין בגוף דברי הרשב"א (כי הב"י הביאה בקיצור כדרכו) יבואר כן להדיא. ואי נימא דאתי דיבור ומבטל דיבור למפרע, אמאי לא נימא כן גם בביטול השליחות שיתבטל הביטול למפרע ואיגלאי מילתא למפרע שלא נתבטל מעולם. וק"ו הוא כמ"ש הרא"ש בשו"ת הנ"ל לענין מחילת התנאי דאי אמרינן אתי דיבור***

---

[23] ראה דברים דומים גם ב**קו"ש** ב"ב סי' תמ וב**חלקת יואב** אבעה"ז סי' כא. וראה חידושי רבי שמואל קידושין סי' יב סק"ו שדחה את הראייה שלהם.

ומבטל דיבור לבטל המעשה כ״ש וק״ו לקיים מעשה. אבל אי נימא דלא אמרינן אתי דיבור ומבטל דיבור אלא מכאן ולהבא דברי הרשב״א פשוטין בטעמן, דכשעושה שליח ומבטלו, נהי דעד עכשיו היה שליח מ״מ נתבטל מכאן ולהבא, וצריך מנוי חדש. ולפי״ז מ״ש הרא״ש דבמחילת התנאי נשאר הקנין בלא תנאי הוא ג״כ מכאן ולהבא, אבל עד שעת מחילתו היה הקנין על תנאי. ואף דלכאורה קשה כיון שבשעת עשיית הקנין כבר חל המעשה על תנאי, מאי איכפת לן מה שנמחל אח״כ מכאן ולהבא, הא מ״מ כבר נתגרשה בתנאי, צ״ל דחלות דין התנאי אינו דומה לחלות המעשה, דהגירושין עצמן אין אנו צריכין אלא שיחולו בשעתן, וכיון דהאשה כבר נעשית מגורשת לא איכפת לן תו אם יבטל אח״כ את הגירושין מכאן ולהבא, אפילו אי הוה אמרינן אתי דיבור ומבטל מעשה, וכעין סברת הרשב״א הנ״ל לענין ביטול הביטול, ודוקא בקידושין איצטריך לטעמא דלא אתי דיבור ומבטל מעשה, אבל בגירושין בלא״ה לא שייך ביטול מכאן ולהבא, דאם חל הגט בשעתו ונעשית מגורשת מהיכן תחזור ותעשה אשתו בלא קידושין אחרים. וכ״ז הוא בגירושין עצמן, אבל תנאי הגט דהוא מילתא אחריתא, צריך שימשך חלותו בכל שעה ושעה, ואם שעה אחת יפסק מלחול שוב ישאר קנין בלא תנאי, כדמוכח מדברי הרא״ש הנ״ל.

הוא מוכיח מדברי הרא״ש שעקירת דיבור היא למפרע, שכן לגבי תנאי הרא״ש (שו״ת, כלל לה סי׳ ט) כותב שניתן לבטל את התנאי (שבעצמו מבטל את המעשה).[24]

[24] ראה חידושי רבי שמואל קידושין סי׳ יב סק״ו שדחה את הראייה.

בכל דבריו הוא מניח שכדי שביטול של ביטול יפעל, חייב להיות שהביטול לא מנטרל את ההיווצרות של השליחות או התנאי מתחילתם, אלא שהוא מלווה את הדבר המבוטל ומנטרל אותו כל הזמן. בתפיסה הזאת יש מקום לביטול של הביטול, שכן הדבר המקורי עדיין קיים ולא בטל מן העולם. במצב כזה ביטול הביטול מעורר את הדבר המבוטל שהיה רדום עד עתה, ממש כמו העיקרון של מהדרנא לאיסורא קמייתא שפגשנו בחלק הקודם.

בשולי הדברים נציין ש**הקו״ש** תולה את האפשרות לבטל דווקא בכך שהביטול הראשון חל למפרע. במצב כזה ביטול אולי מבטל את המינוי ולא את השליחות עצמה, ואם נבטל את הביטול המינוי ישוב לתוקפו. אבל אם הביטול חל רק מכאן ולהבא, כי אז אחרי הביטול לא נותרה כלל שליחות (המינוי כבר חל ופג), אז לא ניתן לשוב ולעורר אותו. לעומתו, אחרונים אחרים (ראה **שערי חיים**, לר״ח שמואלביץ, גיטין סי׳ נא סק״ג) מוכיחים מהרשב״א הזה עצמו את ההיפך. הם טוענים שאם אכן ביטול הדיבור הוא רק מכאן ולהבא אז לא היה שייך להסתפק האם ניתן לבטל את הביטול, שכן במקרה כזה ברור שלא ניתן לבטל. אם הרשב״א מסתפק ומחפש ראיות, אות הוא שהוא מבין שהדיבור מבטל למפרע, ובכל זאת למסקנת הרשב״א לא ניתן לבטלו. נציין שנראה כי טיעון זה אינו הכרחי, שכן ייתכן שזה גופא היה ספקו של הרשב״א, האם דיבור מבטל דיבור למפרע או מכאן ולהבא.

בכל אופן, כולם מסכימים שאם דבר בטל מן העולם בעקבות הביטול הראשון, שוב לא ניתן לחזור ולעורר אותו. רק אם הדבר המקורי עדיין בתוקף אלא שהוא מלווה במשהו שמבטל אותו, או אז ניתן לבטל את הדבר המלווה, ובכך לשוב ולעורר את הדבר המקורי שבוטל. זהו בדיוק המצב במהדרנא לאיסורא קמייתא, ובכל המקרים בהם עסקנו בפרק הקודם. כאשר אנחנו אומרים שיש עניין שכל הקרבנות יוקרבו על ידי כה״ג, אלא שמבטלים זאת כדי להקל עליו, ברור שמדובר בעניין שעדיין קיים גם אחרי הביטול, אלא שהביטול מנטרל אותו. לכן כעת כשנבטל את הביטול, אותו עניין מקורי יחזור לתוקף. זו בדיוק ההנחה במודל שהצענו.

סיכום

בשורה התחתונה ניתן להסיק מכאן שאם הביטול הראשוני הוא מכניזם שנילווה לדין המתבטל, כי אז ניתן לבטל את הביטול ולעורר את הדין המתבטל בחזרה לתוקפו. אם הדין המתבטל כבר כלה מן העולם אז ודאי לא היתן לבטל את הביטול וליצור אותו שוב יש מאין.

זהו הבסיס להצעתנו בפרק הקודם, לפיה יכולים להיות דינים רדומים שניתן לעורר אותם על ידי מכניזם של ביטול של ביטול. בכל המקרים שם מדובר בביטול של דינים ולא של מגמות, ואם המגמות נותרות בתוקף אז גם הדין אינו בטל לגמרי אלא מוקפא או מורדם. ולכן ביטול הביטול יכול לעורר אותו מחדש ולהשיבו לחיים.

פרק שביעי
המודל הכללי של ההצגה הגרפית

מבוא

בפרק החמישי ראינו הצגה גרפית של הצירופים השכוניים והמזגיים. עמדנו שם על כך שבתפיסה הרגילה של **האו״ש** ו**הצ״פ** מדובר על מזיגה של שני הימים לכלל יום מסוג שלישי (שבדרך כלל קרוב ברוחו לאחד מהם). לעומת זאת, הוכחנו שאת ההשלכות ש**האו״ש** בא להסביר ניתן לבסס גם בלי להיזקק למנגנון של הרכבה מזגית, אלא בהתבסס על התעוררות של דינים רדומים (ביטול של ביטול). בפרק הבא נבחן זאת על הדוגמאות של **הצ״פ** שייסד והמשיג את המכניזם הזה.

בפרק החמישי הצגנו כמה דוגמאות וניתוח לוגי וגרפי שלהן. בפרק זה נסכם את מה שהעלינו שם, ונציע את המודל הכללי שלנו.

כללים לשרטוט הדיאגרמה הבסיסית

כאמור, נקודת המוצא היא שני ימים פשוטים, שמורכבים זה עם זה ויוצרים את היום המורכב. כל סוג של יום מיוצג על ידי דיאגרמה שמתארת יחס בין מגמות לנורמות הלכתיות. הרכבה של ימים היא צירוף והרכבה של דיאגרמות. בסעיף זה נציג את הכללים לשרטוט הדיאגרמה הפשוטה, שמתארת את אחד מהימים הבסיסיים.

בפרק החמישי ראינו כמה מהכללים הללו, וכאן נצרף אליהם את כל מה שהצטבר מניתוח הדוגמאות עד כאן:

- יש שני סוגי קודקודים בדיאגרמה: מגמות (שמסומנות באותיות יווניות) ונורמות (שמסומנות באותיות לטיניות). בדרך כלל המגמה תוצב בצד שמאל והנורמה מימין לה.

- החץ הבסיסי מייצג את הקשר בין מגמה לבין נורמה. משמעותו היא שמגמה או מגמות מסויימות (α) מחוללות נורמה הלכתית (x).

- חיצים כאלה מגיעים רק לנורמות ולא למגמות. המגמות אינן תוצאות של חיצים.

- יש כמה סוגי עוצמה של נורמות (חובות או איסורים), שמיוצגים באמצעות עובי הקו של החץ.

- חץ יכול גם לצאת מדין ולא רק ממגמה.

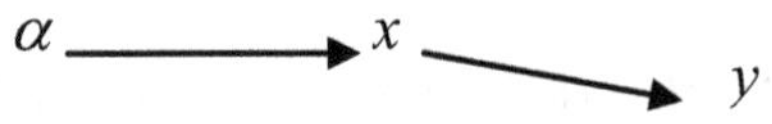

- כאשר שני חיצים מגיעים לאותה נקודה ויוצרים חץ אחד שממשיך הלאה, הכוונה היא ששתי המגמות גם יחד מחוללות את התוצאה הנורמטיבית.

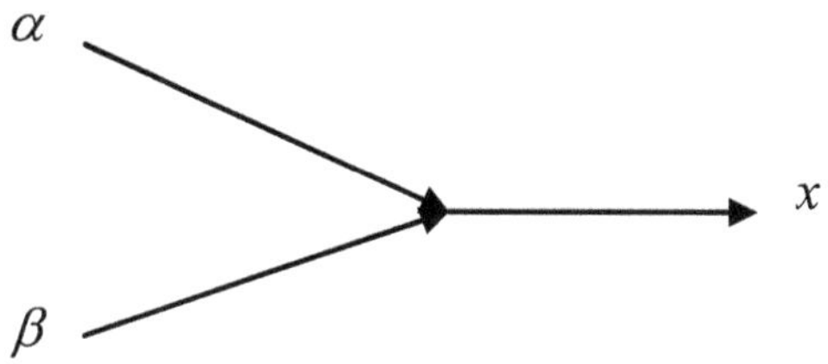

- כאשר יש דין שחל על דין אחר, אנחנו מסמנים זאת בצורה של פרדיקט. לדוגמה, אם החובה להקריב קרבן מסומנת x, אז החובה שכה"ג יקריב אותו תסומן P(x). בדרך כלל הסיבה לכך שהחובה x אמורה להתבצע באופן P(x), נובעת ממגמה כלשהי (β). אנחנו מייצגים זאת באופן הבא:

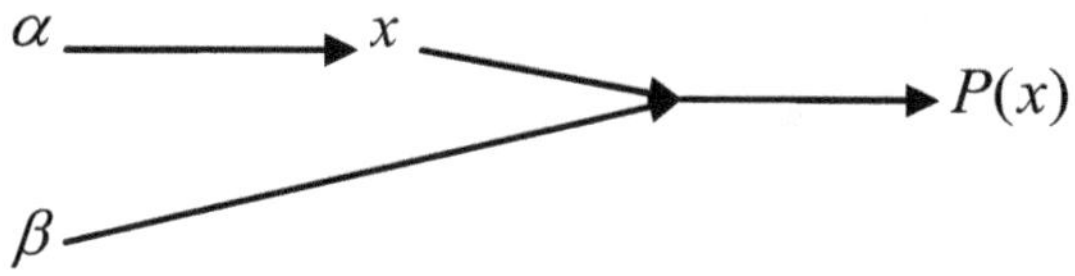

- בדרך כלל כאשר חץ שיוצא ממגמה הוא עבה, אז החץ שממשיך אותו גם הוא עבה, וזה מסמן נורמה חמורה.

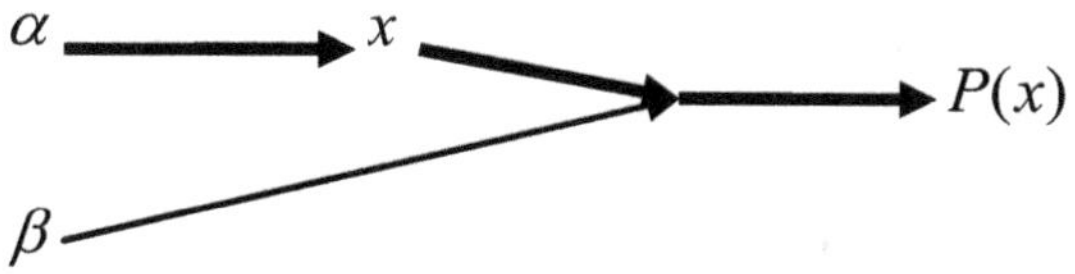

- ישנו סוג אחר של חיצים, חיצי ניטרול. אלו חיצים שמגיעים לאמצע של חץ אחר בדיאגרמה, ולא לנורמה. כאשר קצה של חץ ניטרול פוגע באמצע חץ אחר (בין הוא עצמו חץ רגיל ובין אם זהו חץ ניטרול), הוא מנטרל אותו.

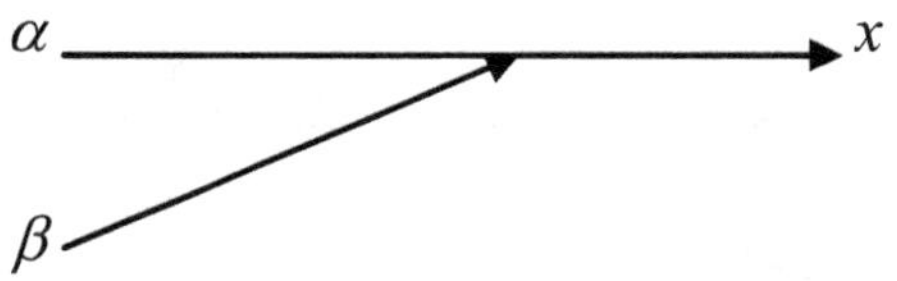

- אם חץ ניטרול פוגע בחץ רגיל – הנורמה שהחץ הזה אמור ליצור לא נוצרת. אם הוא פוגע בחץ ניטרול – הניטרול מבוטל, והנורמה חוזרת ונוצרת.

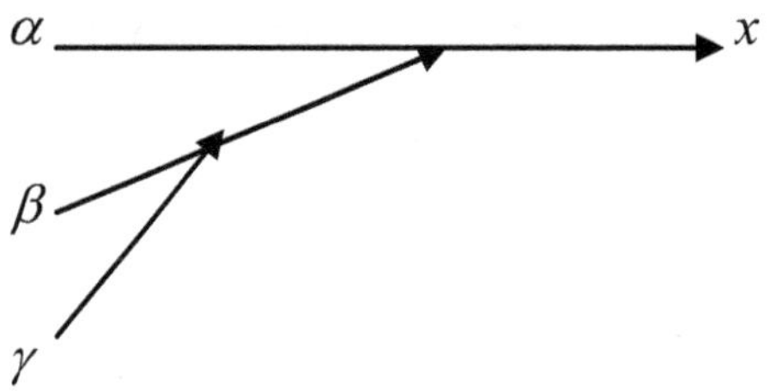

- כל זה קורה רק אם חץ הניטרול הוא מספיק חזק לעומת החץ שאותו הוא בא לנטרל. חץ ניטרול רגיל לא ינטרל חץ חזק. חץ רגיל מנטרל רק חץ רגיל, ואילו חץ חזק מנטרל גם חץ חזק.

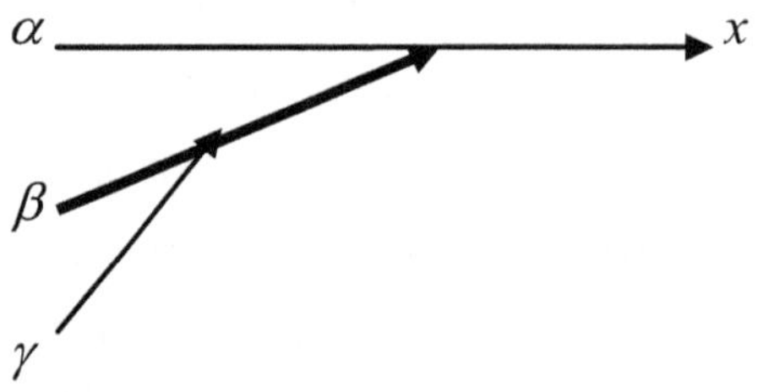

במקרה זה, חץ הניטרול העבה שיוצא מ- β מצליח לנטרל את החץ שיוצא מ- α (כי הוא חזק ממנו), אבל החץ שיוצא מ- γ לא מצליח לנטרל את חץ הניטרול שיוצא מ- β (כי הוא חלש מדי ביחס אליו).

שני חיצי הניטרול הבאים מצליחים לנטרל את חיצי המטרה:

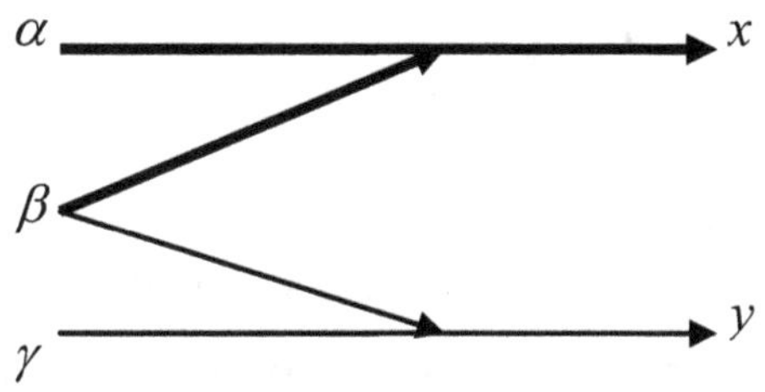

כללים להרכבת דיאגרמות: הכנת התשתית

לאחר ששרטטנו את הדיאגרמה הבסיסית, הצעד הבא הוא להרכיב שתי דיאגרמות כאלה. נתאר את הכללים שעולים מניתוח הדוגמאות שנעשה בפרק החמישי.

- בשלב ראשון מציירים כל אחת משתי הדיאגרמות הבסיסיות לפי הכללים שבסעיף הקודם.
- לאחר מכן מציירים דיאגרמה מורכבת שמכילה משמאל את כל המגמות ומימין את כל הנורמות של שתי הדיאגרמות הבסיסיות. אם יש מגמה או נורמה בעלת תוכן זהה (כמו איסור, או חובה, לאכול) בשתי הדיאגראמות הבסיסיות, יש לזהות ולאחד אותן בדיאגרמה המורכבת. אם מדובר בחובות בעלות תוכן שונה, למשל הקרבת קרבנות שונים (כמו מוספי שבת ומוספי יו"כ), אין לאחד אותם. זוהי התשתית של ההרכבה.

- לאחר מכן משלימים את ההרכבה על ידי מילוי הקשרים (שמיוצגים על ידי חיצים) הרלוונטיים בין המגמות והנורמות. השלמה זו יכולה להיעשות בצורה שכונית או מזגית.

הכללים שמנחים אותנו בהשלמת הדיאגרמה המורכבת תלויים בשאלה האם מדובר בהרכבה שכונית, הרכבה מזגית (לפי **האו"ש** ו**הצ"פ**, כלומר שיש בה מגמות נוספות מעבר לאלו שבשתי הדיאגרמות הבסיסיות), או הרכבה שכונית ממוזגת, כלומר כזו שמכילה רק את הנורמות והמגמות הבסיסיות, אלא שיש בה ניטרולים של ניטרולים.

כללים להרכבת דיאגרמות: הרכבה שכונית

הרכבה שכונית היא ציור של שתי הדיאגרמות זו על גבי זו (כמו שני שקפים). אחר הכנת התשתית שתוארה בסעיף הקודם, מעבירים את הקווים בדיוק כמו שהם היו בדיאגרמות הבסיסיות.

כללים להרכבת דיאגרמות: הרכבה מזגית

- התשתית להרכבה מזגית כמעט זהה לזו של השכונית. עלינו להחליט האם יש מגמה נוספת בדיאגרמה המורכבת מעבר למגמות שבשתי הדיאגרמות הבסיסיות, ומה החיצים שיוצאים ממנה. זה לא ניתן לחישוב מתוך הדיאגרמות הבסיסיות אלא מנתוני הבעייה והגיונה.

- אם ניתן לייצג את התוצאה בלי להוסיף מגמות חדשות, אזי לפי הצעתנו יש להשתמש רק במגמות המקוריות ובקווי ניטרול.

- אם בשתי הדיאגרמות הבסיסיות יש תוצאה הפוכה לגבי נורמה x, כך שבא' נורמה x מבוטלת (על ידי α) ובב' הנורמה x לא מבוטלת,

ייתכנו מצבים שבדיאגרמה המורכבת יהיה קו ביטול חדש שמנסה לבטל את הביטול שבדיאגרמה א (ההצלחה של הניטרול תלויה בעוצמה היחסית של שני החיצים).

- קו הביטול החדש בדיאגרמה המורכבת תמיד ייצא מנקודה כלשהי בדיאגרמה השנייה. הוא יכול לצאת או ממגמה או מנורמה בדיאגרמה השנייה. בד"כ הוא ייצא מהמגמה שמבססת את הנורמה x בדיאגרמה ב. משמעות הדבר היא שהמגמה הזאת היא כה חזקה עד שהיא אינה מוכנה לחיות עם מצב שהנורמה תהיה מבוטלת גם כאשר הביטול הוא רק מצד אחר. אבל לפעמים ייצא קו הביטול מהנורמה בדיאגרמה ב (x) שסותרת את הנורמה המתבטלת בדיאגרמה א.

- אם החץ שיוצא מהנקודה הזאת בדיאגרמה המקורית הוא חזק, אזי חץ הביטול החדש בדיאגרמה המורכבת יכול גם הוא להיות חזק (אם כי לא תמיד).

- קו הביטול יכול לבטל חץ שמוביל לנורמה או או חץ ביטול.

- כאשר רוצים לחשב האם נורמה כלשהי נמצאת בתוקף או לא, יש לצייר מסלול של ביטולים ממנה אחורה. כל פעם שעוברים מפגש בין חץ ניטרול לחץ אחר (בין אם הוא רגיל או אם הוא חץ ניטרול) זהו ביטול אחד. מספר הביטולים בשרשרת קובע את התוצאה הסופית. מספר זוגי פירושו שהנורמה ממנה יצאנוט לדרך נותרת בתוקף. ראה דוגמה מורכבת (מסלול עם ארבעה ביטולים) בדיון על זהות המקריב בפרק החמישי, בדיאגרמה של האפשרות הרביעית בגירסה השנייה.

- באופן עקרוני ניתן כעת להשתמש בכללים הללו גם כדי להרכיב שתי דיאגרמות שאחת מהן או שתיהן מייצגות בעצמן ימים מורכבים.

חלק שני:
אנליזה של הרכבות דו-קומתיות

בחלק הקודם עסקנו בהרכבת מושגים שכל אחד מהם עומד לעצמו. הדוגמאות היו הרכבה של יו״ט כלשהו (יו״כ, ר״ה, יו״ט רגיל) עם שבת. שאלנו מה יהיה טיבו של המושג המורכב, ואיך הוא מתייחס לשני המושגים הבסיסיים שמרכיבים אותו. תיארנו את ההרכבות הללו בצורות שונות של חיבור דיאגרמות.

בחלק זה נעסוק בהרכבות מסוג שונה. לא הרכבה של שני מושגים, אלא מושג שבנוי על גבי מושג אחר במבנה דו-קומתי. אנו נראה שיש כאן בחינה משלימה של המודל מהחלק הקודם, אלא שכאן מדובר בחיסור של דיאגרמות במקום בצירוף שלהן.

החלק הזה לא יהיה פורמלי, ועיקר מטרתו היא להראות את העוצמה של המודל שלנו בהסבר של כמה וכמה סוגיות הלכתיות תמוהות. אנחנו נראה כאן שהמודעות לאפשרות של הרכבה מזגית ושל התעוררות שכבות מנוטרלות פותרת כמה וכמה חידות הלכתיות.

פרק שמיני

בעיות של קומות: דוגמאות ראשוניות

מבוא

בפרק הראשון ראינו מכניזמים שונים להרכבת מושגים, שכונית ומזגית. לאחר מכן בנינו מודל לוגי שמתאר את סוגי ההרכבה השונים. בפרק זה נעסוק בסוג אחר של הרכבות שהוזכרו בקצרה בפרק א: הרכבה של קומות.

הדוגמה הראשונה היא היחס בין כהן גדול לכהן הדיוט. בפרק הראשון עסקנו בשאלה האם כהן גדול הוא סוג של כהן הדיוט, כלומר כהן גדול הוא מבנה בעל שתי קומות: כהן הדיוט שעל גביו עוד קומה של גדלות. או שמא מדובר כאן במודל של קומה אחת מסוג חדש.

כעין זה ניתן לשאול בנוגע ליחס בין יהודי לגוי: האם ההלכה רואה את היהודי כמבנה דו-קומתי, כלומר גוי שעל גביו קומה נוספת, או שמא היהודי הוא קומה מסוג חדש?

במבט ראשוני עולה שגם שאלות אלו נוגעות בסוגי ההרכבה השונים שנדונו למעלה. האם כהן גדול הוא הרכבהה שכונית של שתי קומות, או שמא מדובר במזיגה של שני הדברים לכלל מבנה חדש. אמנם כאן אין לנו באופן מפורש את שתי הקומות בנפרד, אלא רק אחת מהן (הגוי, או כהן הדיוט). והשאלה היא כיצד להגדיר את התוספת על גבי הקומה הזאת שיוצרת את המבנה האחר? האם זו ועוד קומה או שהתוספת עושה שינוי של הקומה הבסיסית.

שני ניסוחים שונים לשאלה

ראינו ש**הצ"פ** בתשובתו הנ"ל קושר את שתי השאלות: הוא מדמה את המקרה של יו"ט שחל בשבת למקרה של כהן גדול והדיוט. אמנם אצלו זה יוצא מהניסוח שהוא בחר לתאר את הבעייה, כבעייה במדיניות ההלכה:

> ***בגדר יו"ט שחל בשבת השאלה הי' אם עשה מלאכת אוכל נפש ביו"ט שחל בשבת והתרו בו משום יו"ט אם מחוייב משום יו"ט ג"כ.***
>
> ***יש בזה אריכות גדול אם היכי דהתורה חדשה לנו דבר אם זה רק אם עשה כדין.***

כלומר הניסוח שלו לשאלה הוא הבא: האם כשהתורה מתירה משהו (כמו אוכל נפש ביו"ט) היא התירה אותו רק כשעושים אותו כדין (ביו"ט רגיל), או שההיתר קיים תמיד (גם ביו"ט שחל בשבת, שאז בכל אופן מלאכות אוכ"נ אסורות, ולכן אם הוא בישל הוא עשה שלא כדין). זהו ניסוח של השאלה כשאלה על המדיניות של ההלכה.

בניסוח הזה ברור שגם לגבי כהן גדול ניתן לשאול את השאלה באופן דומה: האם כשהתורה התירה לכהן הדיוט לשאת אלמנה (שאסורה על כהן גדול), זה מותר רק למי שעושה זאת כדין (כהן הדיוט), או שלכל כהן. בניסוח הזה הקשר בין שתי השאלות הוא ברור.

אבל בדיון של **האו"ש** לגבי קידוש ביו"כ שחל בשבת והקרבת מוספי שבת ביו"כ שחל בשבת, או בשאלה של תקיעה בר"ה שחל בשבת, עלה ניסוח אחר של השאלה, לפיו היא עוסקת במטפיזיקה הלכתית ולא בשאלה של מדיניות הלכתית. השאלה היא הבאה: האם יו"ט שחל בשבת הוא סוג של יו"ט, סוג של שבת, או שמא מדובר ביום מסוג חדש.

גם בניסוח הזה ניתן לשאול זאת גם ביחס לכהן גדול: האם כהן גדול הוא סוג של כהן הדיוט או שזהו כהן מסוג חדש.

בכל אופן, לפי שני הניסוחים הקשר הלוגי בין שתי השאלות, ובין שני הניסוחים של כל אחת מהן, טעון הבהרה, ונעשה זאת להלן.

הבעייה של חיסור דיאגרמות

הצ"פ בתשובתו נוגע ביחס בין כהן גדול כהן הדיוט:

> ***... והארכתי הרבה גבי כהן גדול שנטמא לקרובים אם חייב ג"כ משום כהן הדיוט אם התרו בו עי' תוס' נזיר מ"ח ע"א*** [צ"ל: מז סוע"ב] ***וד' מ"ט ע"ב וכן אם בא על גרושה בלי קידושין לשיטת הרמב"ם ועי' קידושין ע"ז ע"ב אם מחוייב גם משום כהן הדיוט.***

שתי השלכות מובאות בדבריו: א. כהן גדול שנטמא לקרובים. ב. כהן גדול שבא על גרושה בלי קידושין. בשני המקרים מדובר על מצב בו יש מעשה x שאסור על כהן גדול ומותר לכהן הדיוט.

אם ננתח את הדברים במונחי המודל שלנו, אנחנו מחפשים שתי דיאגרמות בסיסיות והרכבה שלהן. למשל, ביו"ט שחל בשבת ברור על מה מדובר: התורה מגדירה יו"ט וגם שבת. אלו שתי הדיאגראמות הבסיסיות. כעת אנחנו רוצים להבין מה קורה ביו"ט שחל בשבת, אז עלינו לעשות את ההרכבה של הדיאגראמות, באופן שכוני, מזגי, או שכוני ממוזג.

מהי המקבילה לכל זה במקרה של כהן גדול וכהן הדיוט? כאן שתי הדיאגרמות הבסיסיות לא נתונות לנו, אלא רק אחת מהבסיסיות (כהן הדיוט) והדיאגרמה המורכבת (כהן גדול). חסרה לנו הדיאגרמה הבסיסית השנייה, שמייצגת בעצם משהו לא מוגדר: התוספת שיש בכהן גדול מעבר לכהן הדיוט. לצורך הפשטות נכנה את המושג הזה 'גַדלות'. ההרכבה של כהונה עם גדלות נותנת כהן גדול (הנחתנו היא שכהן הדיוט הוא פשוט כהן).

במובן הזה מדובר כאן בבעיה ההופכית של הפרק הקודם. כאן אנחנו מחסרים דיאגרמות ולא מרכיבים דיאגרמות. ביחס לכהן גדול אנחנו בעצם שואלים כיצד המושג המורכב נוצר, וממה? מהן שתי הדיאגרמות הבסיסיות וכיצד הן הורכבו (בצורה שכונית, מזגית, או שכונית ממוזגת)?

כהן גדול והדיוט: ניתוח גרפי

כיצד הדבר יבוא לידי ביטוי במודל שלנו? נסמן את האיסור שקיים רק בכהן גדול ולא בכהן הדיוט ב-x. לגבי הדיאגרמה של כהן הדיוט (או כהן בכלל) יש שתי אפשרויות להציג אותה:

א. לא מוגדר לגביו איסור x. במקרה כזה אין מקום לדיון שלנו. ברור שגם כהן גדול שיעבור על האיסור זה יהיה רק מצד הכהונה הגדולה שבו. כהן גדול יהיה סוג כהן חדש ולא סוג של כהן הדיוט. היחס ביניהם מתואר בדיאגרמת וון הבאה:

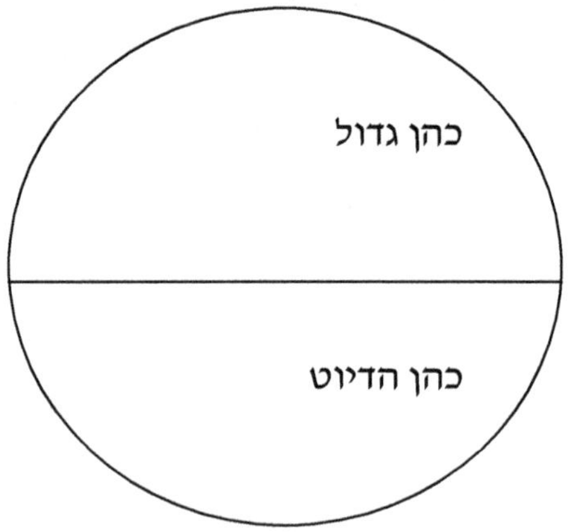

העיגול הגדול הוא הכהונה בכלל (קבוצת הכהנים). ברור שכאן אין מקום לדבר על דיאגרמה של גדלות, שכן הכהן הגדול אינו מושג מורכב, אלא סוג אחר של כהונה, שהוא זר לכהן הדיוט.

ב. יש עליו איסור x בגלל מגמה α, אלא שהוא מתבטל בגלל מגמה β.

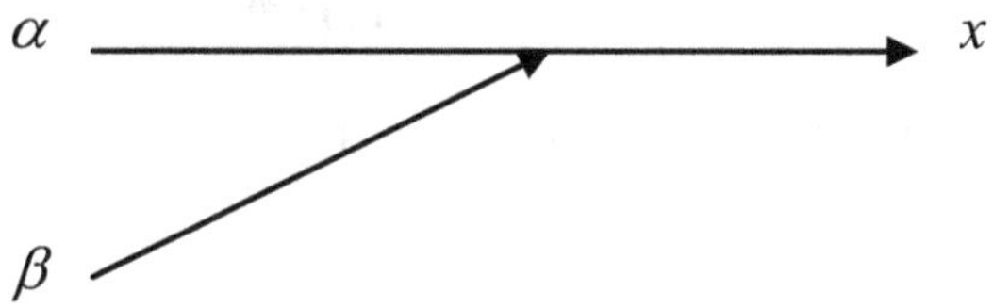

נציין שזוהי בדיוק הנחת הניסוח של **הצ"פ**. הוא מניח שההיתר של כהן הדיוט להיטמא לקרובים או לבוא על גרושה בלי נישואין הוא היתר ולא היעדר איסור. ולכן הוא שואל האם ההיתר הזה נותר בעינו גם כשמשתמשים בו באופן לא ראוי. אם כן, לפי הניסוח שלו הדיאגרמה הרלוונטית היא הבאה:

לפי התפיסה הזו, יש מקום כעת לדון מה קורה בדיאגרמה המורכבת של כהן גדול? גם כאן יש כמה אפשרויות:

1. בכהן גדול אין את המגמה הנוספת β, ולכן שם האיסור נותר בתוקף:

זה משקף את התפיסה של כהן גדול כסוג נפרד של כהן, זר לכהן הדיוט. אולי אפשר לסמן את המגמה בדיאגרמה הזאת באות γ, שכן מדובר במושג זר לכהן הדיוט (ראה להלן).

2. בכהן גדול יש מגמה שלישית, γ, שמבטלת את הביטול:

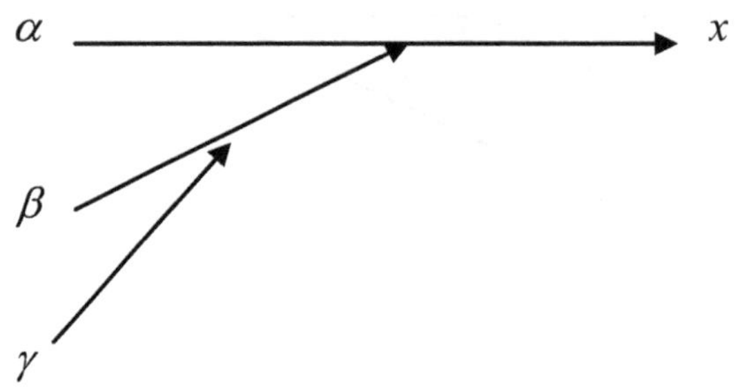

כעת אנחנו חוזרים אחורה לבחון את הדיאגרמה של הגדלות. כדי לעשות את זה עלינו לחסר דיאגרמות זו מזו. לכאורה מתקבלת דיאגרמה שאין בה כלל חץ לכיוון x. זו דיאגרמה נקודתית שכל מה שהיא עושה הוא לבטל את הביטול שיוצא מ-β. הרכבה שכונית של שתי הדיאגרמות נותנת לנו את הדיאגרמה הזאת של כהן גדול.

אבל ניתן להתבונן על זה אחרת. עקרונית הגדלות אמורה להחיל על מי שמאופיין בה את האיסור x. המגמה שמאפיינת את הגדלות היא γ. לכן הדיאגרמה שלה היא:

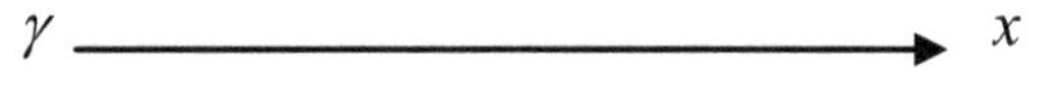

כעת נוכל להרכיב את הדיאגרמה הזאת בשלוש צורות עם הדיאגרמה של כהן הדיוט.

- הרכבה שכונית:

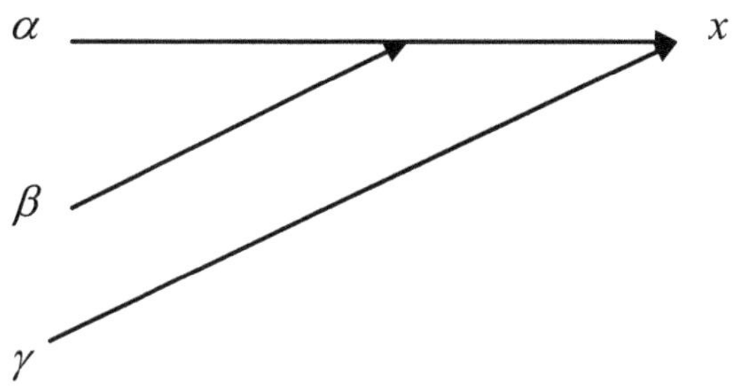

המשמעות היא שבכהן גדול יש איסור רק מצד הגדלות שבו.

היחס בין כהן גדול להדיוט בשיטה זאת מוצג בדיאגרמת וון הבאה:

משמעות הדבר היא שהכהן הגדול הוא כהן הדיוט בתוספת לעוד משהו שמצטרף אליו בלי לשנות אותו.

- הרכבה מזגית:

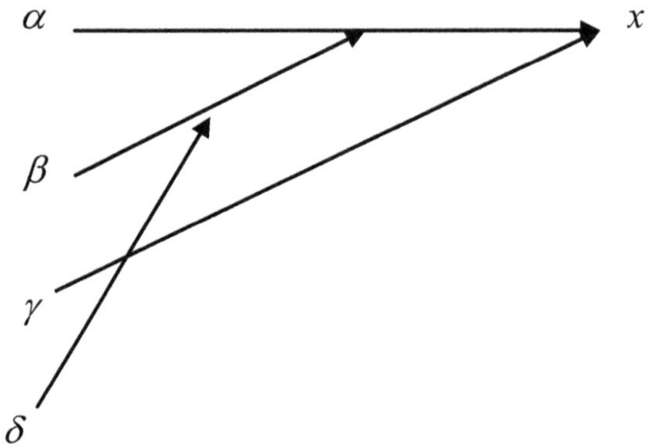

המשמעות היא שהוא עובר פעמיים את האיסור x, הן מצד ההדיוט והן מצד הגדלות שבו. דיאגרמת וון שמתארת את היחס לפי השיטה הזאת היא הבאה:

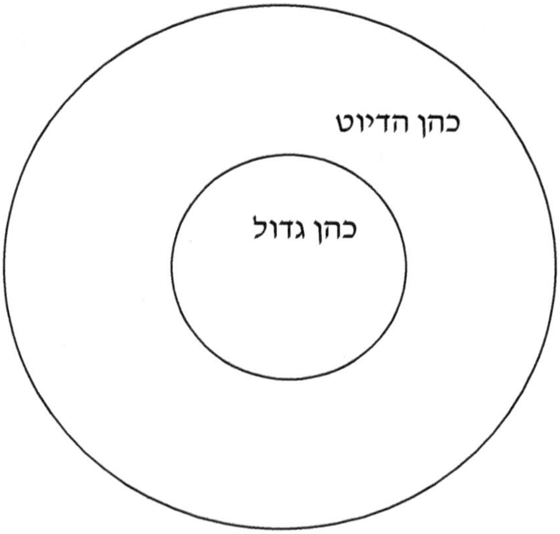

הכהן הגדול הוא סוג של כהן הדיוט, שיש לו מאפיינים נוספים, אלא שכאן התוספת של הגדלות משנה את אופיו.

- הרכבה שכונית ממוזגת:

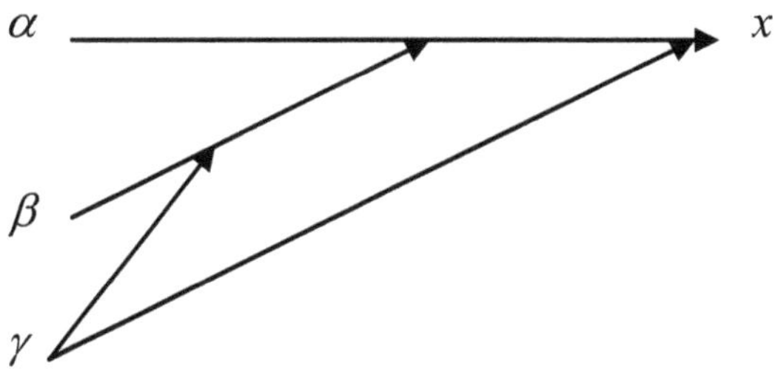

המשמעות היא שהכהן הגדול עובר פעמיים את האיסור x, הן מצד כהן הדיוט והן מצד כהן גדול.

מה ההבדל בין שתי האפשרויות האחרונות? הלכתית אין הבדל, אבל יש כאן שתי תפיסות שונות: לפי האפשרות של הרכבה שכונית ממוזגת, אין בכהן גדול מאומה מעבר להדיוט אלא הגדלות שבו. לפי האפשרות של הרכבה שכונית ממוזגת, יש מאפיין מיוחד לגדלות כשהיא מופיעה אצל הכהן הגדול.

מכיון שהגדלות היא מושג פיקטיבי, נראה סביר יותר לאמץ כאן את המכניזם של הרכבה מזגית. הגדלות אינה אלא המרכיב הנוסף שיש בכהן גדול מעבר להדיוט שבו.

זיהוי השיטות השונות ביחס בין כהן גדול להדיוט

ראינו למעלה שהצ"פ מתייחס לכהן גדול כהרכבה מעל כהן הדיוט, כך שבשניהם יש את אותו איסור אלא שהוא הותר להדיוט. על כך הוא שואל האם מה שהותר הותר באופן גורף או רק אם הוא נעשה כדין. זוהי התפיסה ב של כהן הדיוט.

ההלכה לשיטתו רואה את הכהן הגדול ככהן הדדיוט עם תוספת, כך שיש מקום לראות שכשהוא עובר על האיסור הוא עובר שני איסורים (מצד ההדיוט והגדול). זו הרכבה שכונית ממוזגת.

בפרק הראשון ראינו שמהנימוק של תוד"ה 'אי', נזיר מז סוע"ב (וכן בד"ה 'על כל', שם מט ע"ב), עולה תפיסה שונה. שם הטענה היא שאיסור כהן גדול להיטמא בקרובים מקו"מ מכהן הדיוט, שכן הכהן הגדול הוא כהן הדיוט + עוד משהו. זו נראית תפיסה של הרכבה שכונית.

כלומר מדברי תוס' עולה שכל מה שיש בהדיוט יש גם בגדול. אבל **הצ"פ** מתקדם צעד אחד הלאה: הוא טוען שיש אפשרות שבכהן גדול יתעורר איסור רדום של כהן הדיוט. דברי תוס' הם תנאי הכרחי אך לא מספיק לדברי **הצ"פ**. תוס' לא מסביר היתר של כהן הדיוט אלא איסור של כהן הדיוט שקיים גם בכהן גדול.

ראינו שם אפשרות שלפי **האו"ש** היחס בין כהן גדול להדיוט הוא שונה, כלומר שכהן גדול הוא לעולם סוג אחר של כהן. הרי לא ייתכן מצב בו כהן גדול אינו כהן הדיוט, ולכן די ברור שזהו רק מין שונה בתוך הסוג של הכהנים. במקרה כזה ברור שהתפיסה היא של שתי קומות ולא של מושג חדש. לעומת זאת, יו"כ ושבת יכולים להופיע כל אחד בלי חברו, ולכן יש כאן מקום לראות בהם הרכבה של שני דברים שונים. במצב כזה יש מקום לדון האם ההרכבה הזאת יוצרת מושג חדש (מזגית) או שמדובר בתערובת של שני המושגים הקודמים.

מכאן הצענו שעל אף הדמיון במסקנה ההלכתית, תפיסתו של בעל **צ"פ** היא כנראה שונה. נראה שהוא הבין שהרכבה של שבת ויו"ט יוצרת מבנה דו קומתי, כלומר ששני המרכיבים הללו נותרים בתוך המושג החדש שנוצר. ולכן עקרונית יש כאן היתר מצד יו"ט ואיסור מצד שבת. אלא שהוא תוהה האם היתר מיוחד שנאמר לגבי יו"ט נותר בעינו גם כשמשתמשים בו שלא כדין, וזהו הצד שלו לאסור גם מצד יו"ט. כלומר התמונה לשיטתו היא דו-קומתית בעליל, גם במקרה של יו"ט שחל בשבת (ולא רק בכהן גדול), זאת בניגוד לתפיסת **האו"ש** לגבי יו"כ שחל בשבת.

אם כן, נראה ששני החכמים הללו תופסים באופן שונה את ההרכבה של יו״ט שחל בשבת: **הצ״פ** מבין זאת כמבנה בעל שתי קומות, או 'הרכבה שכונית' בלשונו, ואילו בעל **או״ש** מבין זאת כ'הרכבה מזגית', כלומר שבת יו״ט הותכו לכלל מושג חדש.

לאור דברי תוס' בנזיר, ראינו שבשיטתו של בעל **או״ש** יש מקום לחלק בין שני סוגים של הרכבת מושגים:

א. כאשר מדובר בשני מושגים בעלי מעמד עצמאי (בלתי תלויים זה בזה, שכל אחד מהם יכול להופיע ללא השני), אז נוצרת התכה שלהם לכלל מושג חדש (כמו כל ההרכבות בין הימים טובים לשבת שנדונו עד כאן: יו״כ שחל בשבת, יו״ט שחל בשבת ור״ה שחל בשבת).

ב. כאשר מדובר בצמד מושגים שלאחד מהם יש הופעה עצמאית אבל השני אינו יכול להופיע בלי הראשון, כי אז ניתן לראות כאן הוספת קומה חדשה על גבי הקודמת (כמו תפיסת התוס' לגבי כהן גדול ביחס לכהן הדיוט).

אמנם ייתכן שבמושג המורכב יהיה קו ביטול חדש. אבל סביר שלא יהיו שם מגמות שלא היו בשני המרכיבים היסודיים. כפי שראינו למעלה, במקרה של כהן גדול סביר יותר לראות את הגדלות כממד שנוסף לכהן הגדול על פני הכהן ההדיוט ולא במושג שעומד לעצמו. לכן מדובר בהרכבה מזגית ולא בהרכבה שכונית ממוזגת.

״צד תמות במקומה עומדת״

כדי לבחון את ההצעה לפיה כשיש שני מושגים שאחד תלוי בשני והשני לא תלוי בראשון (כמו בכהן גדול), אז לכל הדעות ההרכבה שלהם יוצרת מבנה דו-קומתי, נתבונן בסוגיא נוספת מאותו טיפוס, והפעם בסוגיא שעוסקת ביחס בין שור תם ושור מועד.

שור שנוגח עד שלוש פעמים קרוי שור תם, וחיובו הוא תשלום של חצי נזק. במקרה זה התשלום נגבה ממכירת גופו של השור הנוגח. לעומת זאת, שור שכבר נגח שלוש פעמים נחשב מועד, ומהפעם הרביעית והלאה הבעלים שלו משלם לניזק את מלוא הנזק (=נזק שלם). שור מועד משלם מכספו של בעל השור (ולא ממכירת גופו של הנוגח, כמו בשור תם).

היחס בין שור תם לשור מועד דומה ליחס בין כהן הדיוט לכהן גדול. אין שור מועד שלא היה שור תם. אבל יש שור תם שלא הופך למועד. בדיוק כמו שאין כהן גדול שלא היה כהן הדיוט, אף שיש כהן הדיוט שלא הפך לכהן גדול. מאידך, יש מקום להבחין בין הסיטואציות, שכן בשור מועד מעורב גם ציר הזמן. לאחר שהוא היה תם הוא הופך למועד. אבל כהן גדול יש מקום לראות אותו עדיין ככהן רגיל שהוא גם גדול. יש כאן זיהוי של כהן סתם עם כהן הדיוט. יש כהן רגיל (=הדיוט), ויש סוג מיוחד של כהן שהוא כהן גדול. כאן זוהי בבירור תמונה של שתי קומות. אם נראה כהן הדיוט כסוג של כהן ולא כשם נרדף לכהן, כי אז הדמיון לשור מועד נראה מלא יותר.

למעלה הצענו לאפיין מצב שבו יש מושג אחד שמופיע בלי השני והשני יכול להופיע בלי הראשון כמצב שבמהותו הוא בן שתי קומות. לפי זה, היינו מצפים שבשור מועד יחולו דיני שור תם, אלא שתתווסף עליהם עוד קומה של מועדות. זאת, כמובן, אם אכן רואים את השור המועד כסוג של שור תם. זהו שור נגחן, שעבר לסטטוס של נגחן מועד. לגבי כהן גדול די ברור שזהו המצב (שהוא גם כהן רגיל), אבל בשור מועד יש גם מקום לראות אותו כמשהו חדש. שור מועד אינו סוג של שור תם אלא סוג של שור, כמו שגם שור תם הוא סוג של שור. בתמונה הזו יש כאן שני מושגים זרים.

והנה, במסכת ב"ק (מה ע"ב ומקבילות) אנו מוצאים:

תניא, ר"א בן יעקב אומר: אחד תם ואחד מועד ששמרו שמירה פחותה - פטור. מאי טעמא? סבר לה כר"י, דאמר: מועד בשמירה פחותה סגי ליה, ויליף נגיחה לתם ונגיחה למועד. אמר רב אדא בר

אהבה: לא פטר ר״י אלא צד העדאה שבו, אבל צד תמות במקומה עומדת.

ראב״י קובע שאין הבדל בין שור תם למועד ברמת השמירה, ובשניהם די בשמירה פחותה כדי להיפטר. אבל רב אדא בר אהבה סובר שבשור תם נדרשת שמירה מעולה.[25] ולכן לדעתו בשור מועד די בשמירה פחותה רק לגבי צד ההעדאה שבו, אבל צד התמות זוקק שמירה מעולה. ומכאן שאם הוא שמר על שור מועד שמירה פחותה, אז הוא פטור מהתשלום על הצד המועד אבל חייב בתשלום על צד התמות, שכן מבחינתו היתה דרושה שמירה מעולה.

נעיר שבדף יח ע״א מתנהל דיון דומה לגבי תשלום מגופו או מהעלייה. אם צד תמות במקומה עומדת, כי אז בשור מועד שנגח יהיה חצי מהתשלום מגופו (מכוח צד התמות) וחצי מהעלייה (מכוח צד המועדות).

בשתי הסוגיות הללו אנחנו פוגשים את העיקרון: ״צד תמות במקומה עומדת״. משמעותו היא ששור מועד אינו סוג שונה של שור, אלא זהו שור תם עם קומה נוספת. כלומר דיני שור תם חלים גם על חצי מחיוביו של שור מועד. לכן, לדוגמה, חצי מהתשלום בשור מועד משתלם מגופו של השור, ורק החצי השני משתלם מכספו של הבעלים. חצי דורש שמירה מעולה, ורק החצי המועד די לו בשמירה פחותה. אם כן, שור תם שהועד אינו מפסיק להיות תם, אלא נוספת לו קומה של מועדות.

---

[25] לכאורה זה נגד ההיגיון, שהרי שור תם אינו צפוי לנגוח (ולכן מעיקר הדין אין כלל חובה לשלם פיצוי לניזק בשור תם, אלא רק חצי נזק כקנס שמטרתו לדרבן את הבעלים לשמור. ראה ב,ק טו ע״א) אז איך אפשר לדרוש דווקא בו דרישה גבוהה ותר מבעלים, ולחייבו לשמור שמירה מעולה? כדי להבין זאת, יש לזכור שבשור תם יש חיוב קנס בגובה חצי נזק, ודווקא בגלל שמדובר בחיוב מינורי יותר אז כדי להיפטר ממנו דרושה שמירה חזקה יותר, כלומר שמירה מעולה.

אמנם להלכה, הרמב״ם ורוב הפוסקים הכריעו נגד העיקרון הזה. וכך אנו מוצאים ברמב״ם פ״ז מהל׳ נזקי ממון ה״א:

שור שקשרו בעליו במוסרה ונעל בפניו כראוי ויצא והזיק, אם תם הוא משלם חצי נזק, ואם היה מועד פטור שנאמר ולא ישמרנו הא אם שמרו פטור ושמור הוא זה, וכן אם הזיק בדבר שהוא מועד לו מתחלתו כגון שאכל דברים הראויין לו או שבר ברגלו כדרך הלוכו פטור מלשלם.

רואים שאם הבעלים שמר על שור מועד שמירה פחותה (=כמו ששומר אדם סביר) הוא פטור לגמרי מהתשלום (ולא רק מחצי). וכך בשור מועד משלמים את מלוא התשלום מהעלייה ולא מגופו (ראה שם בהל׳ נזקי ממון פ״א ה״ב).

המסקנה היא שבמעבר משור תם למועד אכן נוצר כאן משהו חדש, ולא שור תם עם קומה נוספת. לכן גם את חלק התמות הוא משלם מהעלייה ולא מגופו. אמנם כפי שראינו, בשור מועד המצב הוא שונה מזה של כהן גדול והדיוט, שכן בשור מועד המצב של תם שייך לזמן שכבר חלף. ולכן אין להסיק מסוגיית צד תמות מסקנה לגבי כהן גדול. שם עדיין ייתכן שאנחנו נראה אותו כקומה נוספת על גבי הקומה של כהן רגיל, כפי שראינו למעלה.

סיכום המכניזמים שראינו כאן

ראשית, עלינו להבחין בין הרכבה של שני מושגים זרים, כמו יום כיפור ושבת, או יו״ט ושבת. הזרות שלהם באה לידי ביטוי בכך שכל אחד מהם יכול להופיע בלי חברו. כאשר שניהם מופיעים ביחד (באותו יום), יש שלוש אפשרויות לראות את התוצאה:

- מושגים זרים – הרכבה שכונית: שני מושגים זרים שמתערבבים זה עם זה ויוצרים מושג שלישי שהוא תערובת של שניהם. לפעמים זו

תהיה הרכבה שכונית ממוזגת (במושג המורכב יופיע עוד קו ביטול חדש).

- מושגים זרים – הרכבה מזגית: שני מושגים זרים שמותכים זה עם זה ויוצרים מושג שלישי שמזוג משניהם.
- מושגים זרים – הרכבה שכונית ממוזגת?: להרכבה יש מאפיינים חדשים שלא קיימים בשני מרכיביה.

לאחר מכן ראינו הרכבות מסוג שונה, שבהן בעצם אין שני מושגים זרים שיוצרים מושג שלישי, אלא שתי רמות שונות של אותו מושג. האינדיקציה לכך היא שהרמה האחת תמיד נוכחת, בעוד הרמה השנייה מופיעה רק לפעמים. ראינו שתי דוגמאות: א. כהן הדיוט וכהן גדול. ב. שור תם ומועד.

גם במצבים אלו יש מקום לראות את המושג המורכב (כהן גדול, שור מועד) בשתי צורות:

- זהו מושג שונה בתכלית מקודמו, ואין בו אפילו ממד של המושג הבסיסי. זוהי המסקנה לגבי שור מועד.
- כפי שהערנו למעלה, ניתן לומר שגם אם רואים את ההרכבה של מושגים זרים כהרכבה מזגית, הרכבות מסוג כזה בכל זאת ייתפסו כמבנה בעל שתי קומות.

  מבנה דו-קומתי כזה דומה באופיו להרכבה שכונית, על אף שכאן אין שני מרכיבים זרים אלא שתי רמות של אותו מושג. הדמיון הוא בכך שהדינים שחלים על הרמה הבסיסית יופיעו גם במושג המורכב (הגבוה) יותר. ראינו שסביר יותר לראות זאת כהרכבה שכונית ממוזגת.

כאשר מדובר בשור תם שהפך למועד, המצב הוא שונה. כאן כשהוא מועד צד התמות שלו חלף לגמרי, ולכן על אף שהמועד לא מופיע בלי התם יש מקום

לומר שלכל הדעות זו תהיה הרכבה מזגית ולא שתי קומות. לעומת זאת, כהן גדול הוא גם כהן הדיוט (=כהן), אלא שנוספה לו עוד קומה.

כעת נעבור לראות דוגמאות נוספות של הרכבות מהטיפוס הזה.

היחס בין קטן לגדול: הדוגמה של ספירת העומר

על פי ההלכה קטן פטור מהמצוות. אחד המקורות לעניין הוא המשנה בתחילת מסכת חגיגה:

הכל חייבין בראייה, חוץ מחרש, שוטה, וקטן,

המשנה קובעת שחרש שוטה וקטן פטורים ממצוות ראיה (עליה לרגל לבית המקדש). הפטור הזה קיים ביחס לכל המצוות. הגמרא שם ב ע"ב מביאה:

חוץ מחרש שוטה וקטן כו'. קתני חרש דומיא דשוטה וקטן, מה שוטה וקטן - דלאו בני דעה, אף חרש - דלאו בר דעה הוא.

וכך נפסק ברמב"ם הלכות חגיגה פ"ב ה"ד:

כל החייב בראייה חייב בחגיגה וכל הפטור מן הראייה פטור מן החגיגה, וכולן חייבין בשמחה, חוץ מחרש שוטה וקטן וערל וטמא, חרש שוטה וקטן מפני שאינן בני חיוב הרי הן פטורין מכל מצות האמורות בתורה.

אם כן, מדאורייתא הקטן אינו חייב במצוות, וגם אם הוא מקיים אותן אין כאן מצווה.

אבל חכמים תיקנו שקטנים יקיימו גם הם מצוות מדין חינוך (ראה יומא פב ע"א, סוכה ב ע"ב ומקבילות). נציין שהראשונים חלוקים האם דין חינוך הוא בעצם חיוב מדרבנן שמוטל על הקטן עצמו או שמא הקטן לא מחוייב ורק הטילו על אביו לחנכו כדי שיידע ויתרגל לקיים מצוות כשיגדל (ראה על כך

באנצי״ת בתחילת ע׳ ׳חנוך׳). כעת נראה כיצד הדבר בא לידי ביטוי מיוחד במצוות ספירת העומר.

התורה מצווה אותנו לספור את הימים בין ממחרת הפסח (יום הינף העומר) לשבועות, בסך הכל ארבעים ותשעה ימים (דברים טז, ט-י):

שִׁבְעָה שָׁבֻעֹת תִּסְפָּר לָךְ, מֵהָחֵל חֶרְמֵשׁ בַּקָּמָה תָּחֵל לִסְפֹּר שִׁבְעָה שָׁבֻעוֹת. וְעָשִׂיתָ חַג שָׁבֻעוֹת לַה׳ אֱלוֹהֶיךָ.

וכן נאמר (ויקרא כג, ט):

וּסְפַרְתֶּם לָכֶם מִמָּחֳרַת הַשַּׁבָּת מִיּוֹם הֲבִיאֲכֶם אֶת עֹמֶר הַתְּנוּפָה שֶׁבַע שַׁבָּתוֹת תְּמִימֹת תִּהְיֶינָה. עַד מִמָּחֳרַת הַשַּׁבָּת הַשְּׁבִיעִת תִּסְפְּרוּ חֲמִשִּׁים יוֹם וְהִקְרַבְתֶּם מִנְחָה חֲדָשָׁה לַה׳.

בעל **הלכות גדולות** מדייק מהמילים ״שבע שבתות תמימות תהיינה״, שמדובר במכלול אחד שלם, כלומר שהכל מצווה אחת. ההשלכה הנובעת מכך היא שאם אדם לא ספר את אחד הימים, שוב הוא לא יכול לספור את ההמשך. אבל רוב הראשונים חולקים על **בה״ג**, ולדעתם יש להמשיך ולספור כרגיל. להלכה הוכרע ב**שו״ע** (או״ח סי׳ תפט ה״ח) שממשיכים לספור אבל לא מברכים (מספק ברכה לבטלה).

מקובל לתלות את המחלוקת ביניהם בשאלה האם מדובר בארבעים ותשע מצוות שונות (מצווה שונה בכל יום), או שמא זוהי מצווה אחת כוללת על כל הימים, שמתקיימת בכל יום ויום.

לאור הדברים הללו, כמה מהאחרונים (ראה למשל **מנ״ח** מצווה שו) מתלבטים מה יהיה דינו של קטן שמגיע לגיל בגרות באמצע ספירת העומר לפי **בה״ג**. לכאורה נראה שמכיון שהספירה שלו עד כאן לא היתה מצווה מדאורייתא, אזי המשך הספירה לא יהווה קיום שלם של מצוות ספירת העומר ולכן הוא אינו יכול להמשיך לספור, או לפחות לא לברך. רוב האחרונים (ראה למשל שו״ת **כת״ס** סי׳ צט, **ערוה״ש** או״ח סי׳ תפט הט״ו,

כה״ח סי׳ צד, **הר צבי** ח״ב סי׳ עו ועוד) סוברים שניתן להמשיך ולספור בברכה. אחרים טוענים שאין לברך, ולכל היותר יש להמשיך ולספור בלי ברכה. כך כותב בעל **יביע אומר** ח״ג או״ח סי׳ כח, שם הוא מאריך בזה ומביא את כל המקורות. מסקנתו שם (אות יג) היא:

> ***ולפ״ז הואיל ונתבאר לעיל שאין הקטן פוטר את עצמו לכשיגדיל, נראה שכל מה שספר עד שהגדיל אינו חשוב כלום, שהרי פטור היה באותה שעה, והימים הראשונים יפלו. והוי כדין דילג לילה אחת שאינו יכול לספור עוד בברכה, דהאי נמי לא קרינא ביה תמימות. ואף על פי שעכשיו הוא שנתחייב במצות, לא חייבתו תורה במצוה זו, כיון שאינו יכול לקיים תמימות, מאיזה טעם שיהיה.***

כאמור, אחרונים אחרים חלוקים עליו בזה. בין היתר בשו״ת **אור לציון** ח״א סי׳ לו דן בזה, ומסקנתו היא שיש להמשיך ולספור בברכה. הוא מביא לכך כמה נימוקים. הנימוק הרווח ביותר באחרונים הוא שהפרשנות אותה מציעים האחרונים הקודמים לדברי **בה״ג** אינה הכרחית. **בה״ג** לא סובר שמדובר במצווה אחת, אלא גם הוא מסכים שיש כאן ארבעים ותשע מצוות שונות. מה שהוא לומד מהמילה ״תמימות״ הוא שאין משמעות לספירה ללא רצף. אי אפשר לספור את היום העשירי אם לא ספרנו את תשעת הקודמים. זו לא ספירה. כלומר הדרישה של ״תמימות״ אינה דרישה הלכתית אלא מושגית (המושג ׳ספירה׳ זוקק רצף). אם כן, **בה״ג** יכול גם הוא להסכים שגם אם הקטן ספר בקטנותו מדין חינוך הרי היתה כאן ספירה (גם אם לא מצוות ספירה), ודי בזה כדי לקיים את הרצף הדרוש לדין ״תמימות״.

בסוף הדיון, הוא מביא שם את הנימוק המעניין הבא:

> ***ואף אם נאמר דספירה שספר בקטנותו לא מהניא ליה כשיגדיל וכמאן דליתא דמי, מ״מ מסתברא דכשם שאנו מצווים לחנך הקטן למצוות, וה״ט כדי שיהא מכיר ורגיל בעבודה ויורגל בקיום המצוות, הוא הדין נמי בגדול שהתחייב בחצי מצווה כשהגדיל (וכגון שהגדיל***

באמצעה), יתחייב לסיימה מדרבנן, כלומר דאף אם נאמר דבכה"ג פטור מהמצוה מדאורייתא, מ"מ יש לחייבו במצוה מדין חינוך.

טענתו היא שאם הקטן ספר בקטנותו מדרבנן מדין חינוך הוא יכול להמשיך לספור גם בבגרותו מאותו טעם עצמו, כלומר מדין חינוך.

מייד לאחר מכן הוא מביא ראייה לדבר מספק שמעלה רעק"א בהגהות **לשו"ע**:

ונ"ל ראיה לזה ממשמעות דברי הגרע"א ז"ל (בהגהותיו לשו"ע או"ח סי' קפ"ו ס"ב), שנסתפק בקטן שאכל כדי שביעה ביום האחרון לקטנותו, ובירך ברכת המזון קודם הלילה, וכשהגיע הלילה והגדיל, אכתי לא נתעכל המזון שבמעיו, אי חייב לחזור ולברך שוב ברהמ"ז או לא. מי נימא דכיון שהוא שבע כעת רמי עליה חיובא דאורייתא לברך, או נימא דלא חייבה תורה אלא למי שאכל נמי בגדלותו וחיובא אשעת אכילה קאי, עי"ש שהניח בצ"ע.

רעק"א מסתפק בקטן שאכל ביום האחרון לפני הבר מצווה שלו כדי שביעה (השיעור הדרוש כדי להתחייב בברכת המזון), ובירך באותו יום, אבל כשהגיע היום הבא והוא הפך לגדול עדיין הוא נותר שבע. מי ששבע חייב לברך ברכת המזון מן התורה, והקטן בירך ברכה מדרבנן בלבד (מדין חינוך).

בהמשך דבריו בעל **אור לציון** תוהה על העמדת צדדי הספק של רעק"א:

ויש להבין אמאי העמיד הגאון ז"ל לספיקו בכה"ג שבירך בהיותו קטן. יותר הו"ל לידון בקטן שאכל כדי שביעה ועדיין לא בירך ברהמ"ז כלל, והגדיל, אי חייב לברך בכלל או לא, וספיקו יחול בין בבירך ובין בלא בירך, אלא ודאי משמע דמפשט פשיט ליה דאם לא בירך כלל בקטנותו, יצטרך לברך כשיגדיל ממה נפשך או מדאורייתא, או עכ"פ מדרבנן ומדין חינוך וכנ"ל.

הוא לא מבין מדוע רעק״א לא מעמיד את הספק בבמצב פשוט יותר: קטן שאכל ולא בירך. השאלה היא האם הוא חייב לברך בגדלותו או לא.[26] מכאן הוא מוכיח שרעק״א הניח שודאי יש חיוב לברך במצב כזה, לפחות מדין חינוך. כלומר הקטן שגדל עדיין חייב לפחות מדין חינוך כמו בשלב הקטנות שלו.

הוא מסיים בהבאת ראיה מסויימת לקביעה שיש דין חינוך בגדול מדברי רש״י והרמב״ן בפ׳ עקב:

> ***וזכר לדבר ממש״כ רש״י והרמב״ן (בפרשת עקב) עה״פ ושמתם את דברי אלה, ופרש״י אף לאחר שתגלו היו מצוינין במצוות, הניחו תפילין, עשו מזוזה, כדי שלא יהיו עליכם חדשים כשתחזרו, וכן הוא אומר הציבי לך ציונים עי״ש, ומשמע קצת דאף בגדול יש כעין גדר של חינוך.***

אם כן, בשורה התחתונה טענתו היא שקטן שהתבגר באמצע ספירת העומר ימשיך לספור בברכה לפחות מדין חינוך.

ניתן להסביר זאת כך: לא ייתכן שיהיה חיוב שיחול על קטן ולא יחול על גדול. הגדול ודאי חייב בכל דבר שחייב בו גם הקטן. הניסוח הזה מתאים יותר לתפיסה שחיוב החינוך הוא בעצם חיוב מדרבנן לקיים מצוות שמוטל על הקטן עצמו. ומה נאמר לפי השיטה האחרת, שרואה את החינוך כחיוב שמוטל על האב?

לפי שיטה זאת נראה שכוונת דבריו היא שבכל אדם מבוגר קיימת גם הקומה של הקטנות. ההתבגרות אינה מחליפה את הקטנות, אלא מוסיפה עליה עוד קומה. אם כן, ההתבגרות היא דוגמה נוספת לתהליך זמני של הרכבת קומה

---

[26] הדיוק אינה כה חזק, אבל לא ניכנס אליו כאן. די לנו במסקנה שהוא מסיק ממנו.

נוספת על גבי מושג קיים. זאת בדומה למה שראינו בשור מועד (בהו״א, שלא נותרת למסקנה) ובכהן גדול.

ובאמת נראה שהמקרה הזה דומה יותר ליחס בין כהן גדול להדיוט מאשר ליחס בין שור מועד לתם. בשור מועד ראינו שלמסקנה אין צד תמות בתוך המועדות, שכן התמות היא דין שחל עליו לפני שהתברר שהוא נגחן. כעת הוא כבר לא קיים שם. אבל כהן גדול מכיל בתוכו ממד של כהונה סתם (כל כהן גדול הוא גם כהן, גם עתה). ובמובן הזה גם אדם גדול מכיל בתוכו ממד של קטנות גם עתה (לאחר שהגדיל). לכן גם כאן למסקנה נותרת התמונה של שתי הקומות.

בפרק הבא נעסוק בדוגמה נוספת למודל הרכבה של קומות: היחס בין יהודי לבן נוח.

פרק תשיעי

יהודי ובן נוח

מבוא

בפרק זה נעסוק בפירוט באחת הדוגמאות להרכבה הקומתית: היחס (המושגי) בין יהודי לגוי. החלטנו להקדיש לה פרק נפרד, מפני שהסוגיא היא סבוכה ויסודית ויש לה הרבה השלכות.

רקע: התיאור ההיסטורי של הרמב"ם

הרמב"ם בהלכות מלכים מתאר את התפתחות נתינת התורה. בפ"ח ה"י שם הוא כותב:

> ***משה רבינו לא הנחיל התורה והמצות אלא לישראל, שנאמר מורשה קהלת יעקב, ולכל הרוצה להתגייר משאר האומות, שנאמר ככם כגר, אבל מי שלא רצה אין כופין אותו לקבל תורה ומצות, וכן צוה משה רבינו מפי הגבורה לכוף את כל באי העולם לקבל מצות שנצטוו בני נח, וכל מי שלא יקבל יהרג, והמקבל אותם הוא הנקרא גר תושב בכל מקום וצריך לקבל עליו בפני שלשה חברים, וכל המקבל עליו למול ועברו עליו שנים עשר חדש ולא מל הרי זה כמן האומות.***

כלומר רק ישראל חייבים בכל המכלול ההלכתי. גויים חייבים רק בשבע המצוות שלהם.

בתחילת פ"ט שם הוא מתאר את ההתפתחות הזאת במבנה הדרגתי לאורך ציר הזמן:

על ששה דברים נצטווה אדם הראשון: על ע״ז, ועל ברכת השם, ועל שפיכות דמים, ועל גילוי עריות, ועל הגזל, ועל הדינים, אף על פי שכולן הן קבלה בידינו ממשה רבינו, והדעת נוטה להן, מכלל דברי תורה יראה שעל אלו נצטוה, הוסיף לנח אבר מן החי שנאמר אך בשר בנפשו דמו לא תאכלו, נמצאו שבע מצות, וכן היה הדבר בכל העולם עד אברהם, בא אברהם ונצטוה יתר על אלו במילה, והוא התפלל שחרית, ויצחק הפריש מעשר והוסיף תפלה אחרת לפנות היום, ויעקב הוסיף גיד הנשה והתפלל ערבית, ובמצרים נצטוה עמרם במצות יתירות, עד שבא משה רבינו ונשלמה תורה על ידו.

כלומר התורה ניתנה בהתחלה לנוח ובניו, והיו בה שבע מצוות. בשלב הזה גם יהודים היו חייבים רק במצוות הללו.[27] אך לאחר מכן נוספות עוד מצוות שמוטלות אך ורק על ישראל.

השאלה היסודית

התמונה ההדרגתית הזאת מעלה את השאלה האם יהודי גם הוא מבנה דו-קומתי, כלומר יהודי הוא גוי בתוספת לעוד קומה, או שמא יהודי הוא משהו חדש. לכאורה מטרת התיאור של הרמב״ם כאן היא להראות שאכן יהודי אינו משהו אחר אלא גוי עם קומה נוספת. המשמעות המתבקשת היא שעל כל יהודי יחולו גם החיובים שחלים על הגוי. יש להוסיף לכך את היחס הביולוגי: ברור שהיהודים הם בני אדם, וגם הם צאצאי אדם ונוח.

---

[27] נציין שר׳ יהודה רוזאניס (בעל **משנה למלך** על הרמב״ם), בספר הדרושים שלו, **פרשת דרכים**, בשני הדרושים הראשונים, מאריך לברר האם האבות יצאו מכלל בני נוח רק להחמיר או גם להקל.

הרב קוק, בספרו **אורות ישראל** (עמ' קנה-קנו) מתחבט בשאלה זו:

צורתם של ישראל צריכה להתברר: אם האנושיות הכללית של תוכן האדם עומדת היא בה בצביונה כמו שהיא אצל כל העמים, ועליה נבנתה הצורה הישראלית המייחדתה, או שמעקב ועד ראש הכל הוא מיוחד? לבירור זה צריך להשתמש במקורות שונים, תורניים, שכליים, הסתוריים, רזיים, הופעיים, שיריים, ולפעמים גם פוליטיים ואקונומיים.

השאלה היא האם ישראל היא צורה חדשה לגמרי (כלומר שתי הקומות הנ״ל מתמזגות בבחינת 'הרכבה מזגית' ליישות חדשה – יהודי), או שמא צורת ישראל מורכבת משתי קומות שונות, זו על גבי זו: קומה הראשונה היא קומת בני נוח, הקומה האוניברסלית, ואילו הקומה השנייה היא הקומה הייחודית לנו (זוהי בעצם 'הרכבה שכונית')?

בסופו של דבר הרב קוק מסיק את המסקנה הבאה:

נראה הדבר שמקודם נערך הדבר שצורת האדם תשתלם בכללותה, ובתור תוספת ויתרון יגלה על האומה המיוחדת רוחה המפואר בהדרת קודש. אבל נתקלקלו העניינים ורוח האדם שקע כל כך בכלל, עד שלא היה החול יכול להיעשות בסיס לקודש אלא א״כ יקלקל אותו, והוכרחה גלות מצרים לבוא בתור כור הברזל שצירפה את צד האדם שבישראל, עד שנעשה לבריה חדשה, וצורתו החולית נתטשטשה לגמרי. והוחל גוי פעם אחת ע״י הגרעין האנושי לצורה שמראש ועד עקב כולה ישראלית, יעקב וישראל.

הוא טוען שהתכנית המקורית של הקב״ה היתה שהיהודי יהווה קומה שנייה על גבי הקומה האוניברסלית של הגוי. אבל הגויים נתקלקלו, ולא היה מנוס מלבנות את היהודי כקומה חדשה, אלטרנטיבית.

מקורו של הראיי״ה הוא כנראה בסוגיית ב״ק לח ע״א, שם הגמרא עוסקת:

א״ר אבהו, אמר קרא: +חבקוק ג׳+ עמד וימודד ארץ ראה ויתר גוים, ראה שבע מצות שקיבלו עליהם בני נח, כיון שלא קיימו, עמד והתיר ממונן לישראל... מאי דרב יוסף? דא״ר יוסף: עמד וימודד ארץ ראה וכו׳ - מה ראה? ראה שבע מצות שקיבלו עליהם בני נח ולא קיימום, עמד והתירן להם. איתגורי אתגר? א״כ, מצינו חוטא נשכר! אמר מר בריה דרבנא: לומר, שאפילו מקיימין אותן - אין מקבלין עליהן שכר. ולא? והתניא, ר״מ אומר: מנין שאפילו נכרי ועוסק בתורה שהוא ככהן גדול? ת״ל: +ויקרא י״ח+ אשר יעשה אותם האדם וחי בהם, כהנים ולוים וישראלים לא נאמר אלא אדם, הא למדת, שאפילו נכרי ועוסק בתורה הרי הוא ככהן גדול! אמרי: אין מקבלים עליהן שכר כמצווה ועושה אלא כמי שאינו מצווה ועושה, דא״ר חנינא: גדול המצווה ועושה יותר ממי שאינו מצווה ועושה.

מהפסוק ״עמד וימודד ארץ, ראה ויתר גויים״, לומדת הגמרא שם שמ עמדןם של בני נוח השתנה אחרי שהתברר שהם לא מקיימים את מחויבויותיהם האוניברסליות (שבע המצות שלהם).

גם ר׳ שלמה פישר בספריו מתייחס לשאלה זו בכמה מקומות. בספר **בית ישי – דרשות**, בסי׳ ט ובסי׳ כו הוא מביא שנחלקו בשאלה זו חכמי ישראל, והוא מחלק אותם לשתי סיעות:

א. יש שהבינו את בחירת ישראל מן העמים בבחינת בכורה בעלמא, כמו שכתוב: ״בני בכורי ישראל״. מקור עיקרי לכך הוא המשנה בפרקי אבות פ״ג מי״ד:

הוא [=ר״ע] היה אומר: חביב אדם שנברא בצלם, חבה יתרה נודעת לו שנברא בצלם. שנאמר (בראשית ט): ״בצלם אלוקים עשה את האדם״. חביבין ישראל שנקראו בנים למקום, חבה יתירה נודעת

להם שנקראו בנים למקום, שנאמר (דברים יד): "בנים אתם לה' אלוקיכם".[28]

אם כן, כל אדם נברא בצלם, כמו אדם הראשון. מתוך כלל בני האדם בני ישראל חביבים יותר, שנקראו בנים למקום.

בעל **התוי"ט** על המשנה הזו, מביא שהמפרשים הוציאו אותה מפשוטה, ופירשו אותה על ישראל, ונסמכו על דרשת חז"ל:[29] "אתם קרויים 'אדם' ואין עובדי אלילים קרויים 'אדם'" (שנאמרה על פסוק ביחזקאל, "אדם אתם"). בעל **התוי"ט** חולק עליהם וקובע שאין להוציא את המשנה מפשוטה ואת הפסוקים מפשטם (שהרי הפסוק "בצלם אלוקים עשה את האדם" מדבר על אדם הראשון), ובודאי ר"ע במשנה מדבר על כלל בני האדם.[30] אם כן, המשנה הזו מכניסה את כל בני האדם תחת צלם אלוקים, ומתוכם יש חיבה יתירה לישראל, כעין בן בכור.

בבית ישי מביא כאן גם את הפסוקים בתהילים קיז, שכל אחד מהם מתחיל בכל הגויים, ואח"כ עובר לישראל, ולבסוף לבית אהרן. גם שם רואים מעבר הדרגתי מבני נוח לישראל, ואח"כ לכהנים.

ב. כנגד עמדה זו עומדים **הכוזרי** והמקובלים, אשר רואים בישראל צורה מחודשת ובריה בפני עצמה, ולשיטתם ישראל כלל אינם שייכים לסוג של שאר האומות, בבחינת "הן עם לבדד ישכון ובגויים לא יתחשב". **הכוזרי**

---

[28] וראה **בתוי"ט** ו**מדרש שמואל** שהסבירו מדוע לא הובא הפסוק "בני בכורי ישראל", אף שהוא קודם.

[29] ראה ***ילקוט שמעוני***, פ' כי-תשא רמז שפח, ד"ה 'תניא רבי יהודה', ויחזקאל רמז שעג, ד"ה 'ילד ואתן צאני'.

[30] גם **התוי"ט** שם, וגם **בבית ישי** שמיישב את דעות המפרשים שדחה **התוי"ט**, מסבירים בדומה לרב קוק, שבני נוח איבדו את מעמדם כבנים בעקבות חטאיהם.

במאמר א (לא-מג) כותב שצורת היהודי היא שונה באיכותה מצורת בן האדם, כמו האדם מן החי והחי מן הצומח והצומח מן הדומם.

אמנם לאור דברינו כאן יש מקום לפקפק במסקנתו של ר״ש פישר, שכן ייתכן שגם הכוזרי מתכוין להרכבה של שתי קומות, אלא שלטענתו הקומה הנוספת היא מאד משמעותית. כלומר, ניתן להסיק מהכוזרי שההבדל בין ישראל לעמים הוא מאד משמעותי (אולי כמו ההבדל בין בהמה לאדם), אבל אין בכך כדי לומר שישראל הוא לא מבנה דו-קומתי שבבסיסו הקומה האוניברסלית.

מהי ההשלכה של הויכוח הזה? כפי שראינו, ברמה ההלכתית הויכוח עוסק בשאלה האם דיני בני נוח חלים בהכרח גם על ישראל, או שלאו דווקא.

אינדיקציה ראשונה: האם יש הבדל בתחולת ההלכות?

אחת האינדיקציות לכך שמדובר במודל של שתי קומות היא הכלל שנקבע בגמרא במסכת סנהדרין. הגמרא בסוגיית סנהדרין נט ע״א דנה במצוות שנצטוו בני נוח, ובתוך הדיון על אבר מן החי היא שואלת מדוע התורה היתה צריכה לחזור ולתת בסיני מצוות שניתנו כבר לבני נוח:

> ***למה לי למיכתב לבני נח ולמה לי למשני בסיני? - כדרבי יוסי ברבי חנינא. דאמר רבי יוסי ברבי חנינא: כל מצוה שנאמרה לבני נח ונשנית בסיני - לזה ולזה נאמרה. לבני נח ולא נשנית בסיני - לישראל נאמרה ולא לבני נח. ואנו אין לנו אלא גיד הנשה ואליבא דרבי יהודה.***
>
> ***אמר מר: כל מצוה שנאמרה לבני נח ונשנית בסיני לזה ולזה נאמרה. אדרבה, מדנשנית בסיני - לישראל נאמרה ולא לבני נח! - מדאיתני עבודה זרה בסיני, ואשכחן דענש נכרי עילווה - שמע מינה לזה ולזה נאמרה. לבני נח ולא נשנית בסיני לישראל נאמרה ולא לבני נח.***

אדרבה, מדלא נישנית בסיני לבני נח נאמרה ולא לישראל! - ליכא מידעם דלישראל שרי ולנכרי אסור.

הגמרא קובעת כלל שמצווה אשר ניתנה לבני נוח ונשנתה בסיני מכוונת לכל באי עולם, אבל מצווה שניתנה רק לבני נוח ולא נשנתה בסיני נאמרה רק לישראל. כמו שהגמרא עצמה מקשה, הסיפא היא קשה מאד: מדוע מצוות שלא נשנו בסיני נאמרו רק לישראל? להיפך: לכאורה נראה סביר יותר שהן יפנו רק לבני נוח? נראה בעליל שהגמרא רואה את ישראל כקומה נוספת מעבר לבני נוח: המצוות האוניברסליות שניתנו לבני נוח, ודאי נאמרו גם לישראל, וחלק מהן נאמרו רק לישראל. פשוט לא ייתכן מצב שתהיינה מצוות שנאמרו רק לבני נוח ולא לישראל. מדוע לא? מפני שבכל יהודי יש קומת בן נוח, ולכן כל מה שקיים אצל בני נוח חייב בהכרח להיות קיים גם אצל ישראל.[31] ואכן, כך כותב שם רש"י על אתר: "שכשיצאו מכלל בני נח - להתקדש יצאו, ולא להקל עליהם". כלומר ישראל הם בני נוח, עם קומה נוספת, ולא ברייה חדשה ממש. נציין שההיפך, כמובן, אינו בהכרח נכון, שהרי אצל ישראל ישנה גם קומה ב (הפרטיקולרית).

הזכרנו בהערה למעלה את שני הדרושים הראשונים בספר **פרשת דרכים**, אשר דנים בשאלת מעמדם של האבות. מובאת שם מחלוקת בין המפרשים האם האבות יצאו מכלל בני נוח והפכו לישראל, או שמא הם רק החמירו על עצמם כישראל (קיבלו על עצמם קומה שנייה בלבד), אבל בפועל היו בני נוח. לפי דברינו כאן, שאלה זו נוגעת רק לקומה השנייה, שכן הקומה הראשונה

---

[31] ר' שלמה פישר בסי' קז מאריך להוכיח שישנה מחלוקת האם הכלל הזה הוא סימן או סיבה, שכן ישנם יוצאי דופן (כמו במקרה של אבר מן החי שהוזכר לעיל).

נותרת בעינה גם אצל ישראל גמור, וגם אחרי מתן תורה (פרט לכמה שינויים בפרטים).[32]

המשמעות של מודל שתי הקומות: האוניברסלי והפרטיקולרי

הבאנו למעלה את דברי הרמב"ם בתחילת פ"ט מהל' מלכים:

> ***על ששה דברים נצטווה אדם הראשון: על ע"ז, ועל ברכת השם, ועל שפיכות דמים, ועל גילוי עריות, ועל הגזל, ועל הדינים, אף על פי שכולן הן קבלה בידינו ממשה רבינו, והדעת נוטה להן, מכלל דברי תורה יראה שעל אלו נצטוה...***

הוא מציין שהמצוות של בני נוח הן מצוות שהדעת נוטה להן. כך כתבו כמה מפרשים, שבעצם המצוות של בני נוח הן החלק האוניברסלי של התורה שיסודו במוסר ובהיגיון. לכן במצוות אלו חייבת כל האנושות ללא יוצא מן הכלל.

בהסתכלות הזאת בעצם יש קומה אוניברסלית של נורמות מוסריות והגיוניות שמחייבת את האדם באשר הוא. הקומה הפרטיקולרית שמחייבת רק את ישראל היא קומה דתית ייחודית, ולכן היא אינה מחייבת בהכרח כל אדם.

---

[32] שם עיקר עיסוקו הוא דווקא בפרטים הללו, שכן ההבדלים בין השיטות נוגעים להלכות שלגביהן בן נוח חמור מישראל. לגבי הלכות אלו עולה השאלה האם האבות יצאו מכלל בני נוח גם לקולא או רק לחומרא. לכאורה העובדה שיש בבן נוח גם חומרות ולא רק קולות לעומת ישראל, מצביעה על כך שהוא יצור שונה במהותו. אם בכל ישראל היה גם רכיב של בן נוח, אזי היינו מצפים שכל מה שיימצא בבן נוח יהיה גם בישראל.

אמנם ישנן חומרות אצל בני נוח שאינן מצביעות בהכרח על שינוי מהותי. לדוגמה, לבן נוח אסור ללמוד תורה. אם כן, לכאורה בזה הוא חמור יותר מאשר ישראל. אך ברור שאין להביא מכאן ראיה שישראל הוא יישות אחרת לגמרי, שהרי זה אינו הבדל הלכתי פרטי, אלא הבדל שבעצמו נגזר מאי השייכות לקומה ב. בסעיף שאחרי הבא נציג הבדלים ששייכים כולם לקומה א.

ואכן ר׳ ניסים גאון בהקדמתו לש״ס (נדפסת במהדורת וילנא בתחילת מסכת ברכות) קובע:

ואם ישיב המשיב ויאמר הואיל ואתם אומרים כי מי ששלימה דעתו נתחייב במצות, ולמה ייחד הקב״ה את ישראל לתת להם התורה ולהטעינם במצוותיה הם לבדם ואין אומה אחרת זולתם, והלוא כולם הם שוין בדין חיב המצות. ועוד יש להשיב והיאך יתכן לעונשן על דבר שלא נתחייבו ולא ניתן להם, והלוא יש להם להשיב כי אילו נצטוינו היינו עושים, ואילו הוזהרנו היינו נזהרים ומקבלים כמו שקיבלו הם.

והרי אנו פושטים אלו תשובת הטענות ונאמר, כי כל המצוות שהן תלויין בסברא ובאובנתא דליבא, כבר הכל מתחייבים בהן מן היום אשר ברא אלוקים אדם על הארץ, עליו ועל זרעו אחריו לדורי דורים. והמצות שהן נודעות מדרך השמועה מדברי הנביאים, לא חשך אלוקינו מלחייב לקדמונים מה שהיה ראוי בעין חכמתו לחייבם.

לאחר מכן הוא ממשיך ומתאר את מתן תורה במקביל לדברי הרמב״ם שראינו, ומתאר את מעילת הגויים במחוייבות שקיבלו על עצמם.

עולה מדבריו שכל דבר שהוא הגיוני או מוסרי מחייב כל אדם בעולם, יהודי או גוי. ההבדל בין יהודי לגוי הוא רק במצוות ה׳דתיות׳ הייחודיות, בדיוק כפי שהצענו למעלה.

הרמח״ל, בספרו **דרך ה׳**, (חלק ב פ״ד) מתאר את השתלשלות ההבדל בין ישראל לאומות העולם כצאצאי אדם הראשון. בסוף הפרק מופיעה פיסקא ט שם מתאר הרמח״ל את ההבדל בין המצוות של ישראל ושל בני נוח:

ואולם במעשיהם של ישראל תלה האדון ברוך הוא תיקון כל הבריאה ועילוייה כמו שזכרנו, ושעבד כביכול את הנהגתו – לפעלם, להאיר ולהשפיע, או ליסתר ולהתעלם חס ושלום על פי

מעשיהם. אך מעשה האומות, לא יוסיפו ולא יגרעו במציאות הבריאה ובגילויו יתברך שמו או בהסתרו, אבל ימשיכו לעצמם תועלת או הפסד, אם בגוף ואם בנפש, ויוסיפו כח בשר שלהם או יחלישוהו.

והן הן דברינו.

השלכה של מודל שתי הקומות: חיוב קטנים במצוות בני נוח

כמה אחרונים מקשים סתירה בין סוגיית סנהדרין נה ע״א (סוגיית 'תקלה וקלון', אשר עוסקת ברביעת בעלי חיים) לבין סוגיית יבמות לו ע״א (אשר דנה באיסור שבת ומצוות המקדש, בסוגיית 'אין איסור חל על איסור').

בסוגיית סנהדרין שם נקבע שאם ישנה בהמה שיהודי קיים איתה יחסי מין יש להרוג אותה. במשנה שם נד ע״א עולות שתי הנמקות לדין זה:

משנה. הבא על הזכור ועל הבהמה, והאשה המביאה את הבהמה - בסקילה. אם אדם חטא בהמה מה חטאה? אלא: לפי שבאה לאדם תקלה על ידה, לפיכך אמר הכתוב תסקל. דבר אחר: שלא תהא בהמה עוברת בשוק, ויאמרו: זו היא שנסקל פלוני על ידה.

הנימוק של תקלה משמעו שאם נעברה עבירה על הבהמה הזאת היא נהרגת (רש״י שם על המשנה: תקלה - מכשול, עון), וקלון הוא דאגה לכבודו של מי שקיים איתה את היחסים.

והנה, הגמרא שם נה ע״ב דנה בדין בהמה שקטן או קטנה קיימו איתה יחסים:

אמר רב יוסף, תא שמע: בת שלש שנים ויום אחד מתקדשת בביאה, ואם בא עליה יבם - קנאה. וחייבין עליה משום אשת איש, ומטמאה את בועלה לטמא משכב תחתון כעליון. ניסת לכהן - אוכלת

בתרומה. בא עליה אחד מן הפסולים - פסלה מן הכהונה. ואם בא עליה אחד מכל העריות האמורות בתורה - מומתין על ידה, והיא פטורה. אחד מכל עריות - ואפילו בהמה, והא הכא, דקלון - איכא, תקלה - ליכא, וקתני: מומתין על ידה! - כיון דמזידה היא - תקלה נמי איכא, ורחמנא הוא דחס עלה. עלה דידה - חס, אבהמה - לא חס.

אמר רבא, תא שמע: בן תשע שנים ויום אחד הבא על יבמתו - קנאה, ואינו נותן גט עד שיגדיל. ומטמא כנדה לטמא משכב תחתון כעליון. פוסל ואינו מאכיל. ופוסל את הבהמה מעל גבי המזבח, ונסקלת על ידו, ואם בא על אחת מכל העריות האמורות בתורה - מומתים על ידו. והא הכא, קלון - איכא, תקלה - ליכא, וקתני: נסקלת על ידו! - כיון דמזיד הוא - תקלה נמי איכא, ורחמנא הוא דחס עילויה. עליה דידיה - חס רחמנא, אבהמה - לא חס רחמנא. נפסק שגם אם קטן עובר עבירה, פעולה זו מוגדרת כעבירה. לעומת זאת, בסוגיית יבמות עולה כי הקטן מתחייב במצוות בגדלותו, ולפני כן מעשיו אינם נחשבים כעבירה.

בשני המקרים רואים שגם יחסים עם קטן נחשבים כעבירה, אלא שהתורה חסה על הקטן מפני שאין בו דעת ולכן היא לא מענישה אותו.

מאידך, בסוגיית יבמות לו ע״א הגמרא דנה בדין אין איסור חל על איסור, שמשמעותו היא שאם יש שני איסורים שחלים על אותו אדם או חפץ רק הראשון מהם מחייב. הגמרא קובעת שם שכאשר שני האיסורים חלים בבת אחת שניהם מחייבים. אחת הדוגמאות לכך היא:

זר ששימש בשבת - כגון דאייתי שתי שערות בשבת, דהויא להו זרות ושבת בהדי הדדי

מדובר בקטן שאינו כהן שנכנס למקדש והקריב קרבנות בשבת. מדובר בשני איסורים: הקרבה של זר (שאינו כהן), והקרבה בשבת (חילול שבת). אם הקטן

הביא שתי שערות (מאז הוא נחשב בוגר מבחינה הלכתית) באמצע השבת, אזי איסור שבת ואיסור זרות חלים עליו בבת אחת.

כמה אחרונים מדייקים מכאן שלפני שהוא מביא שתי שערות, בעודו קטן, אין עליו איסור. הם מקשים שזה עומד לכאורה בניגוד למה שראינו בסוגיית תקלה וקלון בסנהדרין, שם נראה שגם קטן שעבר עבירה יש עליו איסור, וכמה מהם מציעים ליישב את הקושי באותו סגנון (**אור שמח**, איסורי ביאה פ״ג ה״ב. **נחל יצחק** ח״ב סי׳ פט ס״ב. וראה גם **קובץ הערות** ליבמות סי׳ שד במהדורה הישנה, שכתב באופן מעט שונה. לעומת זאת, בעל **חלקת יואב** בסי׳ א, מעלה את האפשרות הזו ודוחה אותה).

הצעתם היא להבחין בין איסורים שבני נוח גם הם חייבים בהם לבין איסורים שמחייבים רק את ישראל. לטענתם כל המצוות שבני נוח חייבים בהן, ברור שגם קטן ישראל חייב בהן, ולכן בסוגיית סנהדרין שהדיון הוא על רביעת בהמה ההנחה היא שגם קטן חייב בזה. אבל בסוגיית יבמות הדיון הוא על איסורים שמחייבים רק יהודים (שבת והקרבה בזרות), ולכן שם ההנחה היא שקטן לא חייב בזה.

יש כאן חידוש הלכתי גדול: בניגוד לכלל ההלכתי שכל המצוות מחייבות רק בוגרים (בני מצווה), הלכות שבני נוח חייבים בהן מחייבות גם קטנים. הנימוק שמובא לכך מתבסס על שתי הנחות:

א. דברי **החת״ס**, לפיהם חיובים של גוי מתחילים מגיל שהוא מבין את חובתו ולא מגיל הבגרות ההלכתי. הכוונה היא לדברים שהובאו בשו״ת **החת״ס**, חיו״ד, תשובות שיז וקפ״ד, שם הוא דן בדין גדלות אצל בני נח. הוא מסיק שם (בעקבות תשובת הרא״ש) שהגדלות היא כמו כל שיעור הלכתי אחר, ולכן אין בבני נח שיעור לגדלות כמו שני סימנים, או גיל שלוש עשרה. חיובם במצוות הוא החל מעת שהם מגיעים להבנה.

ב. נוסיף לכך את מאמר הגמרא שהובא לעיל "ליכא מידעם דלישראל שרי ולבן נוח אסור" (=כלומר כל מה שבן נוח אסור בו גם ישראל אסור בו).

משתי ההנחות הללו נגיע מייד למסקנה שאם בני נוח חייבים על רביעת בהמה משעה שהם מבינים את האיסור ואת חובתם כלפיו, הרי ישראל אינם יכולים להיות פחותים מבני נוח. לכן גם יהודי קטן, לפחות משהגיע לגיל ההבנה, אסור לו לקיים יחסים עם בהמה.

משיקול זה עולה כי לגבי כל מצוות בני נוח תהיה חובה גם בישראל החל מהגיל שהקטן מבין את חובתו, ולא מגיל בגרות, בדיוק כמו אצל בני נוח. רק החובות ההלכתיות ששייכות לקומה הפרטיקולרית (קומה ב) מתחילות מגיל הבגרות ההלכתית.

די ברור שמעבר להוכחה הפורמלית שמתבססת על ההשוואה בין ישראל לבני נוח, ישנה כאן גם טענה מהותית: בתוך כל ישראל כביכול יש בן נוח, ולכן כל ילד יהודי חייב גם בחיובים של ילד גוי. לא ייתכן מצב שבן נוח יהיה חייב במשהו וישראל לא יהיה חייב בו, שהרי בכל ישראל יש בן נוח, בבחינת "בכלל מאתים מנה".

ניתן להרחיב זאת ולומר לגבי כל מצות בני נוח, שכפי שראינו החובות של בני נוח הם חובות שמסברא, ולכן אין צורך שיהיה גיל סף פורמלי שקובע את החיוב בהן, אלא הכל נקבע על פי מידת ההבנה. בחובות שיסודן בסברא, גם כאשר אנו מתייחסים ליהודי, אין אפשרות לקבוע גיל סף, שהרי בחובות שמסברא חייב כל מי שמבין את הסברא שביסוד החיוב. הדיון הזה מעמיד באור אחר את ההבחנה שראינו למעלה בשם **החת"ס**, בין ישראל לבני נוח לגבי גיל הבגרות. כעת אנחנו רואים שאין כאן אסימטריה, אלא רק השתקפות של מודל שתי הקומות.

אחת הדוגמאות שניתן להביא לעיקרון הזה היא דברי הרמב"ם בהל' טוען ונטען פ"ה ה"י, שם הוא כותב כך:

הורו רבותי שאין נשבעין על טענת קטן שבועה של תורה אבל שבועת היסת נשבעין, ואפילו היה קטן שאינו חריף לענין משא ומתן נשבעין היסת על טענתו, שלא יהיה זה נוטל ממונו כשהוא קטן וילך לו בחנם ולזה דעתי נוטה ותקון עולם הוא, נמצאת למד שהקטן שטען על הגדול בין שהודה במקצת בין שכפר בכל בין שהיה שם עד בין שלא היה שם עד, הרי זה נשבע היסת ואינו יכול להפוך על הקטן שאין משביעין את הקטן כלל, ואפילו חרם סתם אינו מקבל לפי שאינו יודע עונש השבועה.

עקרונית קטן אינו יישות משפטית, אבל תיקנו חכמים שנשבעים שבועת היסת על טענתו כדי שלא יבוא כל אחד לגזול אותו. בסוף דבריו הרמב"ם כותב שלהשביע את הקטן לא משביעים מפני שאינו יודע עונש השבועה.

ישנה בעיית גירסה ברמב"ם הזה, ולכאורה דבריו סותרים למה שהוא עצמו כותב בהקשרים אחרים. אבל יש שגורסים כך בדבריו. לפי הגירסה הזאת עולה קושי גדול. הרמב"ם מסביר כאן שאין טעם להשביע קטן מפני שהוא חסר דעת ולכן הוא לא יודע (או מבין) את עונש השבועה. אבל זה תמוה מאד, שהרי על קטן אין כלל עונש שבועה. להיפך, קטן חכם יש להיזהר עוד יותר מלהשביעו מפני שהוא יודע שאין עליו עונש שבועה.

מלשון הרמב"ם עולה בבירור שגם על קטן יש עונש על שבועת שקר. אך זה תמוה, שהרי קטן אינו בר מצוות, ולא בר עונשין.

נראה שביאור הדברים הוא שקיום שבועה היא מחוייבות חברתית-מוסרית, ולכן היא מחייבת כל אדם (גם בן נוח), ואפילו לא נצטווה על כך. כפי שראינו למעלה, מחוייבות כזאת חלה גם על קטן. לכן הרמב"ם כותב שאמנם יש עליו עונש שבועה, אבל כיון שהוא קטן יש חשש שהוא לא יודע או מבין זאת, ולכן אין להשביעו.

מקור ברור לדבר זה ניתן למצוא בדבריו של רבו של אביו של הרמב״ם, הר״י מיגאש. הדברים נכתבים ביחס לשאלה האם שבועה שניתנה בכתב מחייבת. הדבר שנוי במחלוקת גדולה בין האחרונים, ובתשובת ה**אבני נזר** יו״ד סי׳ שו סקט״ו מביא את לשון תשובתו של הר״י מיגאש בעניין זה:

אם כתב בכתב ידו שבועה ונתן לו כתיבת ידו חייב הוא לקיים מה שנשבע ואפי׳ לא הוציא שם שבועה מפיו. ואם לא קיים דינו מסור לשמים. אבל אין לחייבו דבר בידי אדם הואיל ולא הוציא שבועה מפיו.

הר״י מיגאש מסביר ששבועה בכתב מחייבת, אבל אין על כך עונש בבי״ד אלא בעונשי שמים. מייד אחר כך ה**אבנ״ז** מסביר שם את הדברים כך (סקט״ז-יז):

טז) ונראה דהנה נתקשה המל״מ פרק י׳ [ה״ז] מהל׳ מלכים בשבועות שקודם מתן תורה אברהם ויצחק לאבימלך. עשו ליעקב. אליעזר לאברהם. הלא שבועה אינה מז׳ מצוות שנצטוו ב״נ. ולי קשה עוד על שבועת הר סיני שהוא יסוד קבלת התורה. והרי כ״ז שלא קיבלו התורה לא נצטוו על השבועה. ועוד שאפי׳ הי׳ מצווים. מ״מ כל כח השבועה משום שמצוה לא יחל דברו ומה יותר אזהרה זו משאר אזהרות שבתורה. ומה יוסיף כח השבועה באזהרות שבתורה כיון שהשבועה ג״כ אינה רק אזהרה:

יז) אשר ע״כ נראה ברורן של דברים. דודאי מי שנשבע לאחר. זה הסברא מכרעת שמחויב לקיים וא״צ לזה שום אזהרה והיינו שבועת אברהם ויצחק ואליעזר כו׳ וה״ה הנשבע להקב״ה. אך מי שנשבע לעצמו שלא יעשה דבר או יעשה. בזה אין סברא. כי למי נתחייב. אם תאמר להקב״ה. מניין שהקב״ה חפץ בחיוב או איסור זה. לזה הוצרכה התורה לצוות לא יחל דברו ככל היוצא מפיו יעשה. וע״כ ניחא נמי שבועת הר סיני שנשבעו להקב״ה לקיים מצוותיו. וזה מצד הסברא. אך החיוב שמצד הסברא לא מצינו עליו בתורה שום

עונש בידי אדם. מעתה ניחא דברי הר"י מגא"ש דבשבועות שקודם מתן תורה לא נזכר בתורה לא ביטוי שפתים ולא "דברו". וע"כ אין חילוק בין בפה בין בכתב. וע"כ בנשבע לחבירו בכתב ידו ונתן לו כתיבת ידו מחויב לקיים. אך אין עונשין אותו בידי אדם כיון דאין בזה לאו ולא מצינו בזה עונש בידי אדם:

הוא מוכיח שהמחוייבות לקיים שבועות לא נוצרת מכוח ציווי התורה, שהרי היו שבועות קודם מתן תורה. אפילו על קבלת התורה עצמה נשבעו ישראל לקיימה. זהו חיוב אנושי-מוסרי, שהיה קיים עוד טרם הציווי. הציווי מוסיף עליו קומה דתית (שנוגעת בעיקר למחויבויות שאינן כלפי מישהו אחר). לכן שבועה בכתב מחייבת, אבל לא מכוח ההלכה. ולכן אין על שבועת שקר שנאמרה בכתב עונש בבי"ד.

אם כן, הר"י מיגאש הוא מקור שממנו יכול היה הרמב"ם ללמוד ששבועה היא חיוב מוסרי מסברא, והוא ודאי מחייב בני נוח, קטנים, וכל מי שמבין את הסברא הזאת. וזה גופא מה שראינו בדברי הרמב"ם בהל' טונ"ט שגם קטן שנשבע לשקר יש עליו עונש, ובלבד שהוא כבר מבין את משמעות העניין.

האם יש מודל דו-קומתי עם הרכבה מזגית?

בפרק זה ראינו שלפחות לפי חלק מהפוסקים המחוייבות ההלכתית של היהודי בנויה במודל של שתי קומות: קומה ראשונה אוניברסלית וקומה שנייה פרטיקולרית. ההשלכה היא שכל חיוב שקיים אצל בן נוח חייב להופיע גם אצל היהודי. זהו מבנה דומה למה שראינו בפרק הקודם ביחס לכהן גדול מול כהן הדיוט (שחיובי כהן הדיוט חייבים להופיע גם אצל כהן גדול), וכן ביחס לשור מועד מול שור תם (שחיובי שור תם יופיעו גם במועד). האם ההרכבה של שתי הקומות היא שכונית או מזגית? לכאורה מדובר בהרכבה שכונית, שכן כפי שראינו כל חיוב שקיים בקומה א (אצל בני נוח) מופיע גם

במבנה המורכב (אצל היהודי). כך היה גם המצב לגבי כהן גדול ולגבי שור מועד. במודלים הדו-קומתיים נראה שההרכבה היא תמיד שכונית.

והנה, אם מדובר בהרכבה שכונית, אזי לכאורה היינו מצפים שבאותן הלכות ששייכות לקומה א האוניברסלית, תהיה זהות בין גדר החיוב של יהודי ושל בן נוח. אבל מתברר שבכל זאת ישנם כמה וכמה הבדלים שעליהם נעמוד כעת.

ההבדל בפרטי ההלכות המשותפות

מודל שתי הקומות יכול להיבחן הלכתית באופן הבא: אם אכן זהו המודל, אזי אותם דינים שמחייבים גם בני נוח וגם יהודים אמורים להיות זהים. הסיבה היא שדינים אלו פונים אל רובד בני נוח שיש בכל ישראל. לעומת זאת, אם ישראל זוהי צורה חדשה, ואין בתוכה בן נוח כדמותו הרגילה, אזי אין מניעה שיהיו הבדלים הלכתיים גם באותן הלכות שמחייבות את שניהם.

הראי״ה בתחילת ספרו **עץ הדר**, נוגע בשאלה זו, וזאת בהקשר של דברי בעל **הלבוש** שפוסל אתרוג מורכב מפני שנעברה בו עבירה (עבירת הרכבה, שלטענת בעל **הלבוש** בני נח גם הם מצווים בה). הרב קוק טוען כנגדו שהדבר אינו מוכרח מפני הבדלים כלליים בחיוב במצוות שישנם בין בני נח לבין ישראל. הכוונה היא כמובן למצוות בהן חייבים גם בני נח.[33]

הדוגמה הראשונה שמביא הרב קוק היא מנושא השיעורים. הגמרא קובעת (סוכה ה ע״ב ומקבילות): ״שיעורין חציצין ומחיצין הלכה למשה מסיני״. כלומר שיעורי המצוות, כמה צריך לאכול כדי לעבור איסור, מה צריך להיות

---

[33] מעבר לדוגמאות של הרב קוק שיובאו כאן, ניתן לראות גם בע׳ ׳בן נח׳ ב**אנציקלופדיה תלמודית**.

שיעור סוכה, לולב, רשות בשבת וכדומה, ניתנו לנו בהלמ״מ. הוא מסביר שמסיבה זו ברור שהשיעורים לא ניתנו לבני נח (ראה רמב״ם מלכים פ״ט ה״י), כלומר שמצוות בני נוח אינם מוגבלות בשיעורים.

לדוגמה, ראינו למעלה שבשו״ת **החת״ס**, חיו״ד, תשובות שיז וקפ״ד, דן בדין גדלות אצל בני נח, והוא מסיק (בעקבות תשובת הרא״ש) שהגדלות היא כמו כל שיעור הלכתי אחר, ולכן אין בבני נח שיעור לגדלות כמו שני סימנים, או גיל שלוש עשרה. חיובם במצוות הוא החל מעת שהם מגיעים להבנה.

השיעורים הם דוגמה ראשונה להבדל בין שני נוח ליהודים גם באותן מצוות ששייכות בשניהם. הדוגמה השנייה שמביא הראי״ה שם היא שפרטי הלכותיהם של בני נח נקבעים על פי הטבע ולא על פי ההלכה. למשל, אבר מן החי אסור בבן נח אפילו במפרכסת (שעומדת למות אך עדיין לא מתה), שכן סוף סוף במציאות היא חיה. אצל ישראל איבר מן החי תלוי במעשה ההלכתי של שחיטה, ולא במציאות של חיים, ולכן הוא מותר במפרכסת. אם כן, אצל ישראל ההבחנות ההלכתיות נגזרות מרובד הלכתי, או ממעשים בעלי משמעות הלכתית, ואצל בן נח הן נגזרות ממצבים מציאותיים.

הוא הדין גם לגבי ייחוסו של בן נח. כידוע, ייחוסו הולך אחר האם, ולא אחר האב. הרב קוק מסביר שגם זה נובע מן העובדה שההורות של האם היא בטבע (כל אחד רואה שהיא הרתה וילדה את הילד), ואילו ההורות של האב היא מכח חזקה הלכתית (רוב בעילות אחר הבעל).[34]

גם ההבדל שהוזכר למעלה לעניין גיל הבגרות מוסבר על ידי הרב קוק באותו אופן: אצל בן נח הולכים אחר המצב המציאותי (האם הוא בעל הבנה או לא),

---

[34] אמנם יש להעיר שאצל בני נח פשוט לא קיימת החזקה ולכן בכלל לא הולכים אחר חזקת רוב בעילות אחר הבעל. ויש לדון מה קורה במצב שישנה חזקה כזו. מסתבר שלעניין השאלה מיהו האב, נלך אחר החזקה, אולם לעניין השאלה מהו הייחוס פשיטא שנלך אחר האם.

ואצל ישראל הולכים אחר השיעור ההלכתי הפורמלי. ע״ש עוד באורך בדבריו לעניין החיוב ביישובו של עולם, ועוד.

מדברי הראי״ה עולה לכאורה שהוא רואה ביהודי מודל של קומה חליפית. דיני בני נוח משתנים כשהם מופיעים אצל ישראל. אצלם הדברים נקבעים על פי המציאות ואצלנו על פי ההלכה. זה בהחלט עקבי עם מסקנתו בקטע שהובא לעיל מספרו **אורות ישראל**. לכאורה המסקנה היא שבאמת לא נותרה קומה אוניברסלית במושג יהודי, והוא כולו קומה חדשה.

אך המסקנה הזאת פזיזה מדיי. אכן עולה מכאן שישנם הבדלים גם בקומה הראשונה (ולא רק תוספת של הקומה השנייה), אבל אין זה אומר שהמסקנה הגורפת שיהודי הוא צורה חדשה היא בהכרח נכונה. ייתכן שהקומה השנייה משפיעה במשהו על הקומה הראשונה, אבל לא בהכרח היא מחליפה אותה. האינדיקציה שיכולה להיות לכך היא שהדברים שמחייבים את הגוי בהכרח יחייבו את היהודי, כפי שראינו בסוגיית סנהדרין הנ״ל. להלן נראה עוד כמה דוגמאות לכך.

קל לראות שהעיקרון שקובע הרב קוק לפיו בבני נוח הולכים אחר המציאות הטבעית ואצל ישראל מה שקובע הוא המצב ההלכתי, יכול גם להיגזר מן ההבדלים שראינו לעיל. ראינו למעלה ששבע מצוות בני נוח הן הבסיס האוניברסלי שמהווה תשתית לחיים האנושיים. הקומה היהודית-תורנית היא קומה נוספת על גבי הקומה האנושית-אוניברסלית, אך מעבר לה גם המצוות הבסיסיות מקבלות משמעות נוספת אצל ישראל. הן לא מיועדות רק לתיקון העולם ברמה החברתית-מוסרית, אלא יש להן גם מטרה 'דתית'. אם כן, לא פלא שמופיעים הבדלים הלכתיים בין ישראל לבין בני נוח גם ב'קומה הראשונה'.

בכך נוכל להבין מדרש מוכר ותמוה מאד. במדרש **דברים רבה**, פ' עקב, איתא:

> ***מאימתי נפסלו האומות מלפני הקב״ה, משעה שנתן הקב״ה את התורה בסיני, שחזר על כל האומות שיקבלו תורתו ולא בקשו,***

שנאמ׳ ויאמר ה׳ מסיני בא +דברים ל״ג ב׳+. אמר לבני עשו מקבלין אתם תורתי, אמרו לו מה כתי׳ בה, אמ׳ להם לא תרצח +שמות כ׳ י״ג+, +דברים ה׳ י״ז+. אמרו לו עליה אנו בטוחי׳, שהוא מן פטריקון שלנו, דכתי׳ ועל חרבך תחיה +בראשית כ״ז מ׳+. וכן אמר לבני ישמעאל מקבלין אתם תורתי, אמרו לו מה כתי׳ בה, אמ׳ לא תגנוב, אמ׳ עליה אנו בטוחין, שנא׳ ידו בכל +בראשית ט״ז י״ב+. אמ׳ לבני עמון ומואב מקבלין אתם את התורה, אמרו לו מה כתי׳ בה, א״ל לא תנאף, א״ל עליה אנו בטוחין, ומטיפה של זנות אנו באין, דכתי׳ ותהרין שתי בנות לוט מאביהן +בראשית י״ט ל״ו+. אמרו לו הכל, אין אנו מקבלין אותה, תנה אותה לעמך, שנא׳ ה׳ עוז לעמו יתן +תהלים כ״ט י״א+, אמ׳ להם מי שהוא מקבל תורתי להם אני מברך בשלום, שנאמ׳ ה׳ יברך את עמו בשלום +תהלים כ״ט י״א+.

הקב״ה מחזר על האומות ושואל אותם האם הם רוצים את התורה. כל אומה מבקשת לדעת מה כתוב בה, ולאחר שהיא שומעת היא דוחה אותו. בני עשיו אינם מעוניינים באיסור רציחה, בני ישמעאל באיסור גניבה, ובני עמון ומואב באיסור זנות.

הדברים תמוהים מאד, שהרי כל האיסורים הללו בני נוח כולם היו מחוייבים בהם מזמנו של אדם הראשון, והם ממשיכים להיות מחוייבים בהם גם לאחר מתן תורה לישראל. רצח, זנות וגניבה הם חלק משבע מצוות בני נוח. אם כן, מה המשמעות של השאלה ושל הסירוב? וכי אם לא יקבלו את התורה לא יתחייבו באיסורים אלו? הרי החיוב באיסורים אלו אינו תלוי במתן תורה ובמעמד הר סיני?

מכאן עולה שגם ביחס למצוות אלו התחדש משהו במעמד הר סיני, ובני נוח לא רצו אותו. אמנם בני נוח חייבים במצוות אלו כחובות שמטרתן תיקון החברה. הם אמנם לא אוהבים אותן, אך זה לא נמסר לשיקול דעתם. אולם

הקב״ה מציע להם את החובות הללו כמצוות, שאותן יש לעשות מחמת הציווי, ושיש להן השפעה על העולם ותיקונו. כאן הם מסרבים, שכן הם לא רואים בהן את המימד הזה. הם רואים בהן אמצעים לתיקון העולם ותו לא. אלו לא מצוות ׳דתיות׳ בעיניהם, אלא חובות אנושיות אוניברסליות.

השלכה נוספת על ההבחנה הזאת היא תוכנה של מצוות ה׳דינים׳. כידוע, המשפט האזרחי הוא חלק מהמערכת ההלכתית, ומאז ימי **הטור** הוא נקרא ״חושן משפט״. גם בני נוח מצווים לקיים מערכת של משפט אזרחי, וזוהי מצוות ה״דינים״. לכאורה, מדובר במערכת שמטרתה היא סידור חיי החברה והגעה לצדק. אלא שאם אכן זהו המצב היינו מצפים שמצוות ״דינים״ של בני נוח תהיה זהה לחושן המשפט ההלכתי. אולם מתברר שהדבר שנוי במחלוקת בין הרמב״ם והרמב״ן.[35] לפי הרמב״ם הם חופשיים לקבוע לעצמם מערכת דינים כראות עיניהם. משמעותו של הדבר היא שמערכת המשפט האזרחי בהלכה אינה רק אמצעי להגיע לסדר ולצדק, אלא יש בה ממד דתי.[36] הממד הזה אינו מחייב את בני נוח, ולכן הם לא מחוייבים לנהוג על פי חיובי ההלכה גם בתחום הזה.

ובאמת במשפט המלך היהודי יש שרואים מקבילה גמורה ל״דינים״ של בני נוח. תפקידו של המלך הוא להביא לצדק וסדר חברתי, ובכך להשלים את החסרונות במשפט ההלכתי. דוגמה לדבר היא הדיון לגבי נאמנות של אדם להפליל את עצמו. בהלכה הכלל המקובל הוא ״אין אדם משים עצמו רשע״ (ראה סנהדרין ט ע״א ומקבילות). לעומת זאת, אצל בני נוח לא ברור האם

---

[35] ראה על כך גם ב**אנציקלופדיה תלמודית** ע׳ ׳בן נח׳, הערות 258-262.

[36] ראה על כך בשני מאמריו של מיכאל אברהם: ״בין הטריטוריה שלי לטריטוריה של הזולת – על חובות וזכויות בהלכה ומשמעותן״, **מישרים** ו, ירוחם תשעג ; ״האם ההלכה היא ״משפט עברי״?״, **אקדמות** טו.

ניתן לקבל הפללה עצמית. רמ״ד פלאצקי, בספרו **חמדת ישראל**, קונטרס ׳נר מצוה׳ דף ק, עוסבק בשאלה זו וכותב כך:

והנה...כתבנו להכריח דהר״מ ז״ל גם כן סבירא ליה כשיטת החינוך [שבן נוח נהרג בהודאת עצמו] והוא ממה שכתב בהלכות סנהדרין הנ״ל דמה שהרג יהושע לעכן בהודאת עצמו היה מדין מלך, וביררנו שם דמלך...אין לו יותר כוח לדון מדיני בני נוח, ומי שאינו מתחייב בדיני בני נוח, גם המלך אינו יכול להענישו...

הוא מביא ראיה לכך שבמערכת המשפטית של בני נוח אדם נהרג בהודאת עצמו, מכך שהרמב״ם כותב שבמשפט המלך אדם נהרג בהודאת עצמו (וראייתו היא מעכן שנהרג בהודאת עצמו. ראה ברמב״ם הל׳ סנהדרין פי״ח ה״ו). בתוך דבריו הוא משווה באופן מפורש את משפט המלך למשפטם של בני נוח, וטוען שכל מה שמצוי בדיני המלך חייב להיות בדיני בני נוח.

כיצד עלינו להבין את הקישור הזה? ברור שהוא רואה במשפט בני נוח ומשפט המלך פלטפורמה משותפת, שענייננה הוא השלמת ההלכה וסגירת הפערים שקיימים בה, לצורך תיקון העולם. מערכת דיני בני נוח זהה למערכת דיני המלך, וזוהי המערכת האוניברסלית (הקומה הראשונה) שמשותפת לכל בני האדם, ועניינה הוא התיקון החברתי. על גביה קיימת הקומה הנוספת, הפרטיקולרית, שמייחדת רק את עם ישראל.

משמעות הדבר: הרכבה דו-קומתית מזגית

ראינו כעת שיש הבדלים בין יהודי לבן נוח גם בהלכות ששייכות לקומה א האוניברסלית. למשל, איסור מפרכסת שנאסר רק על בני נוח ולא על יהודים. משמעות הדבר היא שהצירוף של קומה ב משנה במעט את קומה א.

כיצד ייתכן שבמודל של שתי קומות יהיה הבדל בין חיובים של בני נוח לחיובים של יהודים ביחס לאותן מצוות שמשותפות לשניהם? הרי אם בכל יהודי יש גם בן נוח, ברור שברובד האוניברסלי (קומה א) חיוביו של היהודי צריכים להיות זהים לאלו של הבן נוח. התשובה היא שההרכבה הדו-קומתית שראינו כאן היא הרכבה מזגית ולא שכונית. צירוף הקומות משנה את הקומה הראשונה.

במובן הזה ההרכבה של יהודי ובן נוח שונה מההרכבות הדו-קומתיות הקודמות. שם ראינו שההרכבה היא תמיד שכונית, ולכן ניתן היה להחסיר באופן פשוט את הדיאגרמות זו מזו כדי להגדיר את הקומה השנייה. ואילו כאן פעולת ההחסרה לא מוגדרת היטב, שכן ההרכבה אינה חיבור פשוט. לכן קשה מאד לחלץ את אופייה של הקומה השנייה (מה שיש ביהודי מעבר לגוי) באמצעות פעולת חיסור.

דיון בדוגמאות לאופיה המזגי של ההרכבה

ראינו את הזיהוי של ישראל כמבנה דו-קומתי, שבו הקומה הראשונה היא הקומה האוניברסלית. לכן היינו מצפים שהקומה הזאת תהיה זהה לדיני בני נוח. ובכל זאת, כפי שכבר ראינו, יש שני סוגי שינוי בין ישראל לבני נוח בקומה א: 1. השינוי הרגיל: ישראל שונים לחומרא. 2. שינוי חריג: בו נוח שונה לחומרא.

השינוי מסוג 1 הוא צפוי, שכן הפרטים השונים כנראה שייכים לקומה ב. אלו הם פרטי דינים שמופיעים באחת משבע המצוות של בני נוח ששייכים בכל זאת לקומה השנייה. אבל השינויים החריגים לא אמורים להופיע במודל הדו-קומתי. לכאורה הם מצביעים על כך שלא נכון שכל ישראל מכיל בתוכו קומת בני נוח. למעלה הסברנו זאת בכך שההרכבה בין הקומות היא מזגית, כלומר שלפעמים הוספת קומה משנה את הקומה התחתונה.

והנה, למעלה ראינו שההרכבה המזגית בעצם מבוססת על ההנחה שגם בקומה האוניברסלית ישנם עוד מרכיבים רדומים (או סמויים) שקיימים גם בבני נוח, אלא שהם מבוטלים שם. והוספת הקומה השנייה פשוט מבטלת את הביטול. על כן, כדי להשלים את התמונה, עלינו לדון כעת בכל שינוי מסוג 2 בקומה א (השינוי החריג), ולראות האם ניתן להציג אותו במסגרת המודל שלנו כהתעוררות של הלכות רדומות (ביטולי ביטולים).

כעת נעבור על כל ההבדלים שמצאנו בין ישראל לבני נוח בכל אחת משבע המצוות, ולגבי כל אחד ננסה לראות מה משמעותו לגבי המבנה הדו-קומתי שתיארנו.[37]

שתי הדוגמאות שראינו עד עתה הן דין מפרכסת שנאסר לבני נוח והותר לישראל, ודין בגרות שבבני נוח מתחיל מעת שהם מבינים ולא מגיל מסוים או מהבגרות הפיזית (שתי שערות) כמו אצל ישראל. ישנן עוד כמה וכמה דוגמאות, ונעבור עליהן כעת אחת לאחת.

א. גיל החיוב במצוות

לגבי גיל החיוב במצוות, הבאנו למעלה שתי גישות: א. הגישה השכונית, לפיה כל מצווה שקיימת אצל בני נוח ומחייבת אותם מגיל ההבנה, קיימת גם אצל ישראל ומאותו גיל עצמו. ב. הגישה המזגית שגורסת שגם במצוות שמחייבות את בני נוח הגיל הקובע אצל ישראל הוא גיל מצוות הרגיל (שתי שערות, או גיל שלוש-עשרה). לפי הגישה השנייה ברור שקיומה של הקומה השנייה משנה את הראשונה, כלומר זוהי תופעה מזגית.

---

[37] ראה על כך **באנצי"ת** ע' יבן נח'.

לפי המודל שלנו, מתבקשת כאן מסקנה שיש כאן איסור רדום שמתעורר או שביטולו מתבטל. ניתן לנסח זאת באחת מתוך שתי דרכים אפשריות: 1. המצב של ישראל קיים באופן רדום גם אצל בני נוח, והוספת הקומה הישראלית מעוררת אותו. 2. המצב של בני נוח קיים גם אצל ישראל, אבל הקומה השנייה מבטלת אותו.

האפשרות הראשונה אומרת שגם אצל בני נוח בעצם הגיל המחייב הוא גיל מצוות, אלא שאצלם יש ביטול כלשהו של הקביעה הזאת. אצל ישראל הביטול הזה לא קיים (או מתבטל). זה בלתי סביר, שכן בשום מקום לא נראה שיש משמעות לגיל מצוות אצל בני נוח, וגם אם הוא היה קיים לא נראית סיבה הגיונית מדוע להחמיר עליהם מעבר לזה ולחייב אותם מגיל ההבנה. לכן התמונה האלטרנטיבית נראית סבירה יותר.

התמונה האלטרנטיבית גורסת שגם אצל ישראל הגיל הקובע הוא גיל ההבנה, שהרי זהו ההיגיון האוניברסלי שודאי קיים גם אצלם. אלא שאצלם יש ביטול של העיקרון הזה מחמת הקומה השנייה. למשל, מחמת רחמים על הצעיר שאינו מבין, או רצון לאפשר תקופת חינוך ללא עול מחייב וכדומה. לעומת זאת, אצל בני נוח אין את הביטול הזה, או שהביטול מתבטל.

אמנם יש לזכור שמדובר על אותן מצוות עצמן. לדוגמה, רציחה היא איסור שקיים גם אצל בני נוח וגם אצל ישראל. ובכל זאת, לפי הגישה הזאת יוצא שבני נוח עוברים את האיסור כבר מגיל ההבנה, ואילו ישראל רק מגיל מצוות. מדוע לבטל את החיוב של ישראל מגיל ההבנה?

ייתכן שההסבר לכך הוא שאצל ישראל יש לקומה הראשונה שני גוונים מצטרפים: איסור רציחה הוא גם איסור מוסרי-אוניברסלי, וגם איסור דתי. האיסור הדתי דורש חינוך ואילו האיסור המוסרי אמור להיות טבוע בנו ומובן מאליו. אם היינו מענישים את היהודי על רציחה כבר מגיל ההבנה, הוא לא היה מצליח להפנים את הממד הדתי שיש באיסור הזה, והיה רואה בו רק איסור מוסרי.

זוהי דוגמה למנגנון שמסביר הבדלים כאלה באופן כללי יותר. אם נראה את הקומה הראשונה של היהודי צבועה בשני צבעים, האוניברסאלי-מוסרי והדתי-פרטיקולרי, אזי ברור שיתבקשו הבדלים. אמנם בדרך כלל מה שיתחייב מהממד האוניברסלי יופיע גם אצל היהודי, שהרי יש בו את הממד הזה, אבל לפעמים הממד הדתי יכתיב שינויים גם בממד האוניברסלי, כפי שראינו כאן.

המודל הדו-קומתי שמתקבל לפי הצעה זאת הוא לא הרכבה פשוטה של שתי קומות, אלא הרכבה של קומה אחת אוניברסלית עם מבנה דו-קומתי שלם ש"מולבש" עליו. הדבר מוצג בציור הבא:

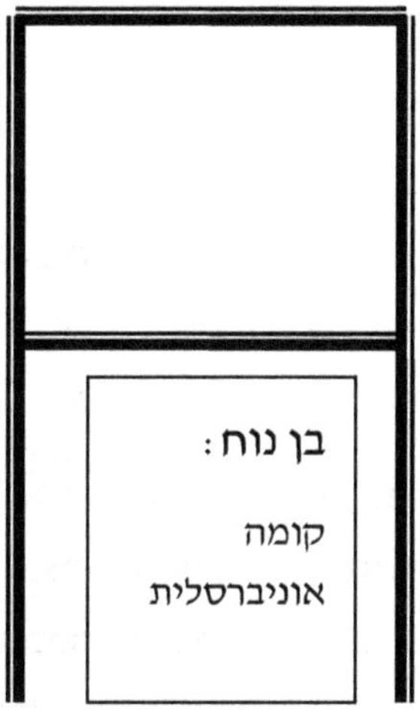

מודל דו-קומתי מזגי: זוהי הרכבה של קומה אוניברסלית אחת (הקו הדק) עם מבנה דו-קומתי פרטיקולרי (הקו הכפול), שכולל בתוכו גוון דתי לקומה הראשונה בתוספת לקומה שנייה שהיא דתית לגמרי.

ברור שאם נבצע כעת החסרה של קומות כדי לאתר ולבודד את מבנה הקומה הפרטיקולרית, לא נוכל לעשות זאת. הורדת הקומה העליונה משנה את התחתונה, ולכן זהו מודל של הרכבה דו-קומתית מזגית.

ב. עונש מיתה

הרמב״ם בהל׳ מלכים פ״ח ה״י כותב:

משה רבינו לא הנחיל התורה והמצות אלא לישראל, שנאמר מורשה קהלת יעקב, ולכל הרוצה להתגייר משאר האומות, שנאמר ככם כגר, אבל מי שלא רצה אין כופין אותו לקבל תורה ומצות, וכן צוה משה רבינו מפי הגבורה לכוף את כל באי העולם לקבל מצות שנצטוו בני נח, וכל מי שלא יקבל יהרג, והמקבל אותם הוא הנקרא גר תושב בכל מקום וצריך לקבל עליו בפני שלשה חברים, וכל המקבל עליו למול ועברו עליו שנים עשר חדש ולא מל הרי זה כמן האומות.

רואים שכל גוי שמסרב לקבל על עצמו את שבע המצוות נהרג. סביר שאי הקבלה הזאת היא הצהרתית, כלומר לא צריך שהוא יעבור על אחת מהמצוות כדי ליהרג, אלא די בכך שהוא ממאן לקבל על עצמו את המערכת הזאת.

והנה, בפ״ט שם הרמב״ם חוזר וכותב בכל אחת מהמצוות מתי בן נוח ״חייב״ ומתי לא. לא ברור במה הוא חייב? הרי עונש מלקות לא התחדש אצלם. יש אפשרות לפרש שהוא חייב בעונש שיטילו עליו בתי הדין שלהם, שהרי יש

עליהם מצווה להקים מערכת בתי דין שלפחות לפי הרמב"ם (ראה שם פ"ט, הי"ד) אחד מתפקידיהם הוא אכיפת מצוות בני נוח.[38]

לגבי איסור גזל ואבר מן החי, הרמב"ם מפורש יותר (פ"ט, ה"ט-יא):

ט. בן נח חייב על הגזל, בין שגזל עכו"ם בין שגזל ישראל, ואחד הגוזל או הגונב ממון או גונב נפש, או הכובש שכר שכיר וכיוצא בו, אפילו פועל שאכל שלא בשעת מלאכה, על הכל הוא חייב, והרי הוא בכלל גזלן, מה שאין כן בישראל, וכן חייב על פחות משוה פרוטה, ובן נח שגזל פחות משוה פרוטה ובא אחר וגזלה ממנו, שניהן נהרגין עליה.

י. וכן חייב על אבר מן החי, ועל בשר מן החי בכל שהוא, שלא ניתנו השיעורין אלא לישראל בלבד, ומותר הוא בדם מן החי.

יא. אחד האבר או הבשר הפורש מן הבהמה או מן החיה, אבל העוף יראה לי שאין בן נח נהרג על אבר מן החי ממנו.

כאן כבר רואים שכוונתו היא שהגוי שעובר על אחת מכל המצוות שלו חייב בעונש מיתה. בזה הוא כמובן שונה מישראל, שהרי ישראל אינו חייב מיתה על גזל (כאן יש רק חובה להשיב את הגזלה), או אבר מן החי (כאן יש מלקות).

כיצד ניתן להבין את המצב הזה? הרי ישראל אינו חייב מיתה על גזל ואבר מן החי, ואם בתוך כל ישראל יש בן נוח, הרי צריך לחייבו מיתה מצד הבן נוח שבו?

כאן המבנה הקודם נראה לא רלוונטי, שהרי אם אצל ישראל יש גם ממד אוניברסלי וגם ממד פרטיקולרי, ודאי שהעונש היה צריך להיות חמור יותר,

---

[38] אחרים חולקים עליו בזה, וסוברים שתפקידם של בתי הדין של הגויים הוא לשפוט בדיני ממונות וכדומה, כלומר בדין אזרחי או פלילי כפי שימצאו לנכון לקבוע.

ולפחות עונש מיתה של בן נוח. לכן כאן נראה שהתמונה מורכבת יותר. ניתן להסביר זאת בשתי צורות:

1. ישנה אפשרות לומר שהתורה חסה על ישראל, ואז באמת הוא כן חייב עונש מיתה, אלא שמוחלים לו. כלומר בעצם יש חיוב מיתה גם על ישראל, אלא שהקומה השנייה מבטלת את ההליכה לפי שורת הדין.

   ייתכן שכך ניתן להבין את הדין שבן נוח נהרג בעד אחד ודיין אחד (ראה סנהדרין נז ע״ב), בעוד שבישראל צריכים שני עדים ועשרים ושלושה דיינים. התורה חסה על ישראל.

2. אפשרות שנייה היא לומר שאצל בני נוח התורה לא רואה תכלית רוחנית לקיומם. הם פשוט קיימים, וכל המצוות שמוטלות עליהם מיועדות להביא לסדר חברתי הגון וראוי ותו לא. שבע המצוות שלהם הן הדרך שלהם להגיע לחיים חברתיים נכונים והגונים. ברגע שזה לא מתקיים אין טעם להמשיך את קיומו של העבריין, ולכן הורגים אותו. לעומת זאת, אצל ישראל יש לו משימות רוחניות שונות שהן תכלית קיומו. ביטויין הוא שאר המצוות הפרטיקולריות שמחייבות אותו, מעבר למצוות האוניברסליות-חברתיות. אם נהרוג אותו, נפסיד את כל התכליות הללו לקיומו, ולכן לא הורגים אותו. גם כאן הקומה השנייה מבטלת תכונה של הקומה הראשונה.

ג. שיעורים

כבר הזכרנו את דברי הראשונים והאחרונים שהשיעורים לא ניתנו לבני נוח. אחת ההשלכות היא גיל ההתבגרות והחיוב במצוות שבו עסקנו, אבל כאן נבחן את סוגיית השיעורים עצמה.

למעלה בה"ט-י שהבאנו מפ"ט בהל' מלכים לרמב"ם, הוא קובע בפירוש שלא ניתנו שיעורים לבני נוח. הרדב"ז שם בסוה"ט מסביר:

וכן חייב על אמה"ח וכו'. שם אכול תאכל ולא אמה"ח והדבר ידוע דכל השיעורים הללמ"מ והללמ"מ לא ניתנה אלא לישראל.

מכיון שהשיעורים הם הלמ"מ, הרי ברור שהם לא נאמרו לבני נוח אלא רק לישראל.

זהו מקרה שבו באופן מובהק התורה שניתנה בסיני מקילה על ישראל לעומת בני נוח. לדוגמה, באיסור אבר מן החי שנאמר לבני נוח, האיסור היה בכל כמות שנאכלה. לאחר מתן תורה, השיעור לישראל הוא כזית, ואילו לבני נוח השיעור הוא כלשהו. כלומר מצאנו חומרא לבני נוח שלא קיימת אצל ישראל.

יתר על כן, איסור אבר מן החי נזכר כבר לפני מתן תורה, ורק חזר שוב אחריו. במצב כזה, לפי הכלל שראינו למעלה, האיסור קיים הן ביחס לבני נוח והן ביחס לישראל. אלא שבגלל שיש לו שני מקורות שונים, ניתן לומר שהאיסור לבני נוח הוא מהפסוק הראשון בתורה, והאיסור לישראל יסודו בפסוק השני.

לפי זה ניתן כמובן להסביר שיש כאן שני איסורים שונים בעלי אותו תוכן, ולכן הקושי כלל לא עולה. ואכן ביסוד האיסור של אבר מן החי לבני נח יש מי שהגדיר (ראה **נאות יעקב** סי' יב) שהוא שונה מאיסורו לישראל. בישראל האיסור הוא מפני שאבר זה מת בלי שחיטה, וכשם שמיתת כולה אוסרתה כך מיתת מקצתה אוסרתה, ולכן אמרו: אבמה"ח חייב משום נבלה, ופירושו: גדר האיסור של אבמה"ח הוא בתורת נבלה, אבל בבני נח, שהנבלה מותרת להם, איסור אבמה"ח הוא, להיפך, משום שבא מן החי ולא מן המת. לפי זה באמת מדובר בשני איסורים שונים.

אבל בדרך כלל לא זו ההבנה. החזרה על האיסור אחרי מתן תורה לא באה לתת עוד איסור, אלא להבהיר שהא נותר בתוקפו גם ביחס לבני נוח (שהרי, כפי שראינו, כשאין חזרה האיסור עובר לחייב רק את ישראל).

שוב חוזרת כאן השאלה, אם אכן אבר מן החי יש לו ממד דתי-פרטיקולרי וגם ממד מוסרי-אוניברסלי, היינו מצפים שישראל יתחייבו עליו בכלשהו, לפחות מצד הממד האוניברסלי שבו.

כאן עלינו לזכור שבסוגיית יומא (עג ע״ב – עד ע״א) נחלקו ריו״ח ור״ל בדין חצי שיעור (מי שאוכל דבר אסור, אבל פחות מהשיעור האסור): לפי ר״ל חצי שיעור מותר מן התורה (ואסור מדרבנן), אבל לריו״ח חצי שיעור אסור מן התורה, אלא שלא לוקים עליו. וכידוע, כל הפוסקים הכריעו שהלכה כריו״ח (ראה רמב״ם הל׳ שביתת עשור פ״ב ה״ג ומקבילות).

אם כן, לפי ריו״ח הקושי הזה נעלם, שכן בן נוח וישראל שניהם אסורים גם בפחות מכשיעור (וכך אכן כתבו בפירוש בתוד״ה ׳אחד׳, חולין לג ע״א). אמנם בן נוח נהרג על זה וישראל פטור, אבל את נושא העונשים כבר הסברנו למעלה. הישראל גם הוא חייב מיתה, אבל לא הורגים אותו, או מפני שחסים עליו או מפני שהוא נצרטוך לתכליות רוחניות נוספות של קיומו.

וכעין זה מסבירים תוד״ה ׳אחד׳, חולין לג ע״א, את ההבדל בין יהודי לגוי לגבי הריגת עוברים (ראה להלן):

> ***ואף על גב דבן נח נהרג על העוברים כדאמר התם וישראל אינו נהרג נהי דפטור מ״מ לא שרי.***

כלומר ההבדל בעונש אינו מפריע לעיקרון שליכא מידי שלבן נוח אסור ולישראל מותר, והן הן דברינו כאן.

אבל הקושי הזה נותר קיים לפי ר״ל, שסובר שח״ש מותר מן התורה. לשיטתו יש חומרא אצל בני נוח שלא קיימת אצל ישראל. לפי דרכנו מתבקשת המסקנה שגם ר״ל מודה שבאותם איסורים שנאסרו גם על בני נוח (איסור האכילה היחיד שיש להם הוא רק אבר מן החי), הרי שגם בישראל ח״ש יהיה אסור בהם מן התורה.

בשולי דברינו נעיר על חקירת האחרונים שתהו האם איסור ח״ש הוא איסור מחודש או שמא מדובר בהרחבה של האיסור הקיים.[39] לדוגמה, אם אדם אוכל ח״ש של אבר מן החי, האם הוא עבר על איסור אבר מן החי או על איסור ח״ש? לפי הצד שזהו איסור מחודש הקושי חוזר ומתעורר, שהרי נמצאנו למדים שאיסור אבר מן החי בח״ש לא קיים אצל יהודי אף שהוא קיים אצל בן נוח.

אמנם תוד״ה 'אחד', חולין לג ע״א, כותבים שהעיקרון שאין דבר שאסור לבני נוח ולישראל מותר אינו דורש שזה יהיה באותו איסור. לדוגמה, אבר מן החי בטמאה אסור לבני נוח, אבל גם לישראל הוא אסור בגלל איסור בהמה טמאה, ולכן מתקיים העיקרון שאין דבר שאסור לבני נוח ומותר לישראל. אם כן, גם בנדון דידן הרי אסור גם לישראל, אלא שבאיסור אחר.

אבל דברי תוס' הללו ודאי אינם מתיישבים עם העיקרון שלנו, שבכל ישראל יש בן נוח, שהרי לפי העיקרון הזה האיסור על ישראל צריך להיות בדיוק אותו איסור שיש על הבן נוח (ואולי עוד איסור מהקומה השנייה). הדרך היחידה להבין את תוס' במסגרת המושגית שלנו היא לומר שבאמת ייתכנו שינויים בקומה הראשונה בגלל ההשפעה המזגית, אבל עקרונית ודאי שכל מה שאסור בבני נוח אסור גם בישראל.

כאן ניתן אולי לומר שבאמת האיסור האוניברסלי קיים גם אצל ישראל, אלא שישראל אינו נענש עליו, שהרי כפי שהסברנו למעלה עונשי מיתה לא מוטלים על ישראל אלא במקומות שחידשה זאת התורה בפירוש. לפי זה באמת יש כאן הרכבה שכונית, והישראל אסור בכל מה שבן נוח אסור בו, וההבדלים הם רק לעניין העונש. בניסוח אחר ניתן לומר זאת כך: מערכת האיסורים של

---

39 ראה **עיון בלומדות** פרק ב. וכן ב**משנת יעבץ** או״ח סי' יד ועוד הרבה.

בני נוח היא מערכת שונה (כמו ההבדל בין מוסר להלכה). הישראל אכן נאסר בח״ש אבר מן החי מצד מערכת איסורי בני נוח, אבל איסור הלכתי רגיל אין בזה אלא מהדין המחודש של ח״ש.

עוד נעיר שיש החולקים וסוברים שגם בן-נח שאכל כחצי זית אבר מן החי פטור (ראה תוד״ה ׳אחד׳, חולין לג ע״א). לפי זה הקושי שלנו נעלם מאליו. יתר על כן, כמה אחרונים (ראה לדוגמה, **פמ״ג** יו״ד סי׳ סב מש״ז ס״ק א) כתבו שלשיטות אלו הוא לא עבר שום איסור, שכן אין אכילה פחותה מכזית, אלא שלישראל נאמרה הלכה מחודשת של ח״ש לאסור בכל שהוא, אבל הלכה זו לא ניתנה לבן נח.

ולאידך גיסא, ר׳ מאיר דן פלאצקי, בספרו **חמדת ישראל** עמ׳ 188, הסביר שמה שכתב הרמב״ם בהל׳ מלכים פ״ט ה״י שבן נוח חייב בכלשהו, זה מדין ח״ש, ולכן צריך את גדרי דין ח״ש כדי שהוא יתחייב. לשיטה זאת כל הקושי שלנו נעלם מאליו. אבל כאמור הסבר זה ברמב״ם שנוי במחלוקת (ראה רדב״ז שהובא למעלה, ובשו״ת ה**חת״ס** שהובא קודם).

ה. לימוד תורה ושביתה בשבת

הגמרא בסנהדרין נח ע״ב קובעת שגוי ששבת חייב מיתה. כלומר אסור לו לשבות. וכך גם לגבי לימוד תורה. אלו שתי דוגמאות שבהן יש איסור על בני נוח שלא קיים אצל ישראל. אצל ישראל לא רק שאין איסור אלא שתי אלו הן מצוות חשובות.

בתוד״ה ׳אחד׳, חולין לג ע״א, באמת הקשו זאת, ותירצו:

> ***ואין להקשות מהא דאמר פרק ד׳ מיתות (שם דף נח:) עובד כוכבים ששבת חייב וכן העוסק בתורה דבדבר שהוא מצוה לישראל לעשות לא שייך למימר מי איכא מידי דלישראל שרי וכו׳ ואף על גב דאמר***

אפילו ששבת בשני בשבת חייב מכל מקום לא דמי הואיל ויש מצות שביתה לישראל כמו בשבת.

תוס' עונה שבשני אלו יש מצווה על ישראל. אז מה? מדוע זה מחריג את האיסורים הללו מהעיקרון הכללי?

כדי להבין זאת יש לשים לב ששני האיסורים הללו לא מופיעים ברשימת שבע המצוות. נראה בעליל שלא מדובר באותה קטגוריה. מהו באמת יסוד האיסורים הללו? הגמרא בסנהדרין שם מסבירה זאת כך:

ואמר ריש לקיש: נכרי ששבת - חייב מיתה, שנאמר +בראשית ח'+ ויום ולילה לא ישבתו. ואמר מר: אזהרה שלהן זו היא מיתתן. אמר רבינא: אפילו שני בשבת. - וליחשבה גבי שבע מצות! - כי קא חשיב - שב ואל תעשה, קום עשה - לא קא חשיב. והא דינין קום עשה הוא, וקא חשיב! - קום עשה ושב אל תעשה נינהו. ואמר רבי יוחנן: נכרי שעוסק בתורה חייב מיתה, שנאמר +דברים ל"ג+ תורה צוה לנו משה מורשה - לנו מורשה ולא להם. - וליחשבה גבי שבע מצות! מאן דאמר מורשה - מיגזל קא גזיל לה, מאן דאמר מאורסה - דינו כנערה המאורסה, דבסקילה.

כלומר אלו הם איסורים על בני נוח שיסודם אינו מוסרי וחברתי, אלא יסוד האיסור הוא הפגיעה בישראל. לימוד תורה נראה כגזל (כי היא ירושה לישראל בלבד) ושביתה בשבת היא פגיעה בייחודיות של ישראל כמשמרי הזיכרון של מעשה בראשית.

ו. מפרכסת

זוהי הדוגמה המפורשת העיקרית שהגמרא עצמה מביאה כהבדל בין ישראל לבני נוח. בהמה שנשחטה והיא מפרכסת מותרת לישראל כמו שחוטה. היא גם לא מטמאת בטומאת נבלה. ומה לגבי בן נוח? אמנם מותר לו לאכול בשר

נבלה ולכן לכאורה אין השלכה לשאלה הזאת, אבל הגמרא חולין קכא ע״ב מביאה מחלוקת אמוראים האם איבר שפרש ממפרכסת הוא אבר מן החי או לא: ריו״ח שם סובר שמפרכסת הרי היא כחיה, ולכן אין כאן שחיטה המתרת. לעומת זאת, חזקיה שם סובר שהמפרכסת יצאה מכלל חיה ולכן אין בן נח מוזהר עליה משום אבמה״ח. להלכה פוסק הרמב״ם בהל׳ מלכים פ״ט הי״ב כדעת ריו״ח:

> ***השוחט את הבהמה אפילו שחט בה שני הסימנין, כל זמן שהיא מפרכסת אבר ובשר הפורשין ממנה אסורין לבני נח משום אבר מן החי.***

אם כן, ישנה כאן חומרא בבן נוח שאינה בישראל. בן נוח מוזהר על אבר מן החי במפרכסת ומבחינת ישראל זה מותר.

מה הדין בבהמה טהורה שנשחטה על ידי ישראל? כאן נחלקו אמוראים ואחריהם גם הפוסקים: הרמב״ם למעלה פוסק שהיא אסורה לבני נוח (כראב״ימ בחולין שם), ואילו הרשב״א ב**תורת הבית** פוסק שהיא מותרת לבני נוח מתוך שהותרה לישראל (כדעת ר״פ בחולין שם).

הנימוק של ר״פ הוא בדיוק זה: שלא ייתכן מצב שלגוי אסור ולישראל מותר. אבל הרמב״ם וראב״י לא מקבלים זאת. לשיטתם מצב כזה בהחלט קיים כאן.

למעלה ראינו את ההסבר שהציע הראי״ה בחיבורו **פרי עץ הדר** להבדל הזה. הוא טוען שאצל ישראל ההלכה נקבעת על פי המישור הנורמטיבי, ואילו אצל בני נוח היא נקבעת על פי המצב הפיזי. לכן מפרכסת, שפיזית היא חיה אבל נורמטיבית היא שחוטה, אסורה לבני נוח ולישראל מותרת.

משמעות הדבר מבחינתנו היא שהקומה השנייה מכתיבה משהו לקומה הראשונה. אמנם יש איסור אבר מן החי ששייך לקומה הראשונה, אבל

הקביעה העובדתית מה נקרא "חי", תלויה בהלכה של הקומה השנייה ולא במציאות הפיזית.

עוד יש להעיר שאיסור אבר מן החי הוא חריג, שכן יש בהחלט מקום לראות אותו כאיסור שאינו מוסרי ולא מיועד לצדק חברתי. אם כן, בהחלט ייתכן שהוא שייך לאיזו קומה ב אלטרנטיבית שקיימת אצל בני נוח. לפי זה אין בכלל מקום לערב אותו בדיון שלנו.

ז. גידוף בכינוי

בסוגיית סנהדרין נו ע"א אנו מוצאים דיון על איסור ברכת (=קללת) ה'. הכלל הוא שלא עוברים על האיסור אלא אם מקיימים "יכה יוסי את יוסי" (ראה משנה סנהדרין נו ע"א), כלומר שמגדפים את ה' בשמו של ה'. על רקע זה מתעורר דיון מה הדין לגבי גידוף בכינוי, ומה דינו של בן נוח בזה:

דאמר רבי מיישא: בן נח שבירך את השם בכינויים, לרבנן חייב. מאי טעמא? דאמר קרא כגר כאזרח - גר ואזרח הוא דבעינן בנקבו שם, אבל נכרי - אפילו בכינוי... ורבי יצחק נפחא אליבא דרבנן, האי +ויקרא כ"ד+ כגר כאזרח, מאי עביד ליה? - גר ואזרח - הוא דבעינן שם בשם, אבל נכרי - לא בעינן שם בשם.

אם כן, לפי חכמים בן נוח חייב על גידוף גם אם עשה זאת בכינוי ולא בשם. זאת על אף שבישראל חייבים רק בשם. כך גם נפסק להלכה ברמב"ם הל' מלכים פ"ט ה"ג:

בן נח שבירך את השם, בין שבירך בשם המיוחד, בין שבירך בכינוי בכל לשון חייב, מה שאין כן בישראל.

לכאורה ההבדל הוא רק בעונש, שכן אפשר לומר שגם בישראל יש כאן איסור תורה, אלא שאינו נענש במיתה. אם ההבדל הוא רק בעונש אין קושי, שכן כבר הסברנו מדוע העונש בבן נוח חמור יותר.

אלא שחשוב להבין שגם בישראל הנוקב את השם הוא במיתה, ולכן נראה שההבדל בין ישראל נכרי כאן הוא גם באיסור ולא רק בעונש. כלומר אם ישראל מגדף בכינוי הוא כלל לא עבר איסור תורה, ולא רק שאינו מומת.

הכס"מ שם מביא את כל הסוגיא ומסכם את שיטת הרמב"ם כך:

> [ר' יצחק נפחא] ***פליגא דר' מיאשא דאיהו סבר אף על גב דאמרי רבנן על הכינויין באזהרה בישראל מיהו עכו"ם חייב מיתה. ופסק רבינו כר' מיאשא לגבי ר' יצחק נפחא וצ"ע למה:***

כלומר הרמב"ם פסק שיש איסור גם על ישראל ורק עונש מיתה אין עליהם. **הכס"מ** שם תמיה מדוע הוא פוסק נגד ר' מיאשא. ולפי דרכנו נראה שהרמב"ם מונחה כאן על ידי העיקרון שבכל ישראל יש בן נוח, ולכן אם בבן נוח יש איסור כך צריך להיות גם בישראל. לכל היותר אין כאן עונש מיתה, כפי שהסברנו לעיל.

ובשיטת ר' מיאשא שעושה הבחנה גם לגבי האיסור, יש אולי מקום לומר גם כאן (כמו באבר מן החי) שיסוד האיסור אינו התיקון החברתי, כלומר ייתכן שהוא לא שייך לקומה האוניברסאלית אלא לסוג של קומה ב אלטרנטיבית של בני נוח. אבל לא נראה כן, שהרי גם איסור ע"ז שייך לשם. נראה יותר שגם היחס לקב"ה, על אף שבפשטות אין בו ממד מוסרי, שייך לרובד האוניברסלי. אם כן, הקושי לגבי ההבדל באיסור בעינו עומד.

נראה להסביר זאת בכך שהקשר בין ישראל לקב"ה נעשה דרך שמות ולא דרך כינויים, בגלל האינטימיות שלו. לעומת זאת, אצל בני נוח די לנו בהצבעה על העצם הניקב (=הקב"ה) כדי שיהיה כאן איסור. זוהי שוב השפעה של קומה ב על הקומה הראשונה.

ח. שפיכות דמים

בנושא שפיכות דמים, ניתן להבחין בכמה הבדלים. ישנם מצבים שישראל אינו חייב מיתה ובן נוח כן. הרמב״ם בהל׳ מלכים פ״ט ה״ד כותב:

בן נח שהרג נפש אפילו עובר במעי אמו נהרג עליו, וכן אם הרג טריפה או שכפתו ונתנו לפני הארי או שהניחו ברעב עד שמת, הואיל והמית מכל מקום נהרג, וכן אם הרג רודף שיכול להצילו באחד מאיבריו נהרג עליו, מה שאין כן בישראל.

מובאים כאן כמה מקרים שישראל פטור ובן נוח חייב מיתה: הריגת עובר (ראה סנהדרין נז ע״ב לפי ר״יש בברייתא. אמנם ת״ק שם חולק וסובר שגם בן נוח לא חייב על עוברים), הריגת טריפה, הריגת רודף כשהיה יכול להצילו באחד מאבריו, הריגה על ידי שליח (שבישראל פטור מפני שאין שליח לדבר עבירה, מהסברא דברי הרב ולדברי התלמיד דברי מי שומעין. ראה על כך בספר השביעי בסדרה שלנו).

מדוע נוצר ההבדל הזה? המאירי מסביר זאת על פי הלכת הרמב״ם בהל׳ רוצח פ״ב ה״ד, שם הוא עוסק באותם מקרים בישראל שהרג:

וכל אלו הרצחנים וכיוצא בהן שאינן מחוייבים מיתת בית דין אם רצה מלך ישראל להרגם בדין המלכות ותקנת העולם הרשות בידו, וכן אם ראו בית דין להרוג אותן בהוראת שעה אם היתה השעה צריכה לכך הרי יש להם רשות כפי מה שיראו.

מכאן מסיק המאירי בסנהדרין נז ע״ב:

וכן לענין שפיכות דמים אפילו הרג עובר שבמעי אמו מה שאין כן בישראל עד שיצא מכלל נפל אפילו הרג טרפה או כפתו לפני ארי או הרג רודף שהיה יכול להצילו באחד מאיבריו וכן כל כיוצא אלו

שחייבין מיתה בישראל אלא שאין בית דין ממיתין אותן בבני נח נהרגין שהרי אף בישראל רשאי המלך להרגן כמו שיתבאר.

הוא מסביר שגם בישראל יש כאן רצח שהרי המלך רשאי להרוג את כל אלו. אלא שישראל לא נהרגים על כך בבי״ד, ולכן בני נוח נהרגין. וכן בתוד״ה ׳אחד׳, חולין לג ע״א, הקשו על כך שבן נוח חייב על העוברים, ותירצו:

ואף על גב דבן נח נהרג על העוברים כדאמר התם וישראל אינו נהרג נהי דפטור מ״מ לא שרי.

טענתם היא שגם בישראל יש איסור, בדומה למאירי.

מה פירוש העניין? מדוע שישראל לא ייהרגו מדין בני נוח, אפילו בבי״ד? אם נבין שהאיסור הוא אותו איסור וההבדל רק בעונש, אזי נותר הבדל בעונש. את ההבדל בין ישראל לבני נוח לגבי העונש כבר הסברנו למעלה.

אבל במאירי לא ברור שכוונתו שזהו ממש אותו איסור. יתר על כן, הגמרא עצמה אומרת (וכך הבינו רוב הראשונים) שהאיסור על ישראל הוא מהפסוק ״לא תרצח״ בעשרת הדיברות, ועל בני נוח הוא מהפסוק ״שופך דם האדם באדם דמו ישפך״ (בראשית ט, ו) או ״אך את דמכם לנפשותיכם אדרוש״ (בראשית ט, ה). אם כן, מדובר כאן בשני איסורים שונים, ומשעה שחל על ישראל האיסור של ״לא תרצח״ פקע מהם האיסור של בני נוח.

לכן סביר יותר שכוונת המאירי והתוס׳ לומר שבמצבים כאלה יש על ישראל איסור של בני נוח, ולא ״לא תרצח״ של ישראל. ולגבי עונש המיתה כבר הסברנו למעלה את ההבדל בין ישראל לבני נוח.

ט. עריות

אנחנו כמובן מחפשים רק הבדלים שבהם בן נוח הוא לחומרא לעומת ישראל. בעניין זה, הגמרא בסנהדרין נז ע״ב מביאה ברייתא:

תניא כוותיה דרבי יוחנן: כל ערוה שבית דין של ישראל ממיתין עליה - בן נח מוזהר עליה, אין בית דין של ישראל ממיתין עליה - אין בן נח מוזהר עליה, דברי רבי מאיר. וחכמים אומרים: הרבה עריות יש שאין בית דין של ישראל ממיתין עליהן, ובן נח מוזהר עליהן.

לפי ר"מ כל ערווה שישראל לא נהרגים עליה בן נוח לא מוזהר בה. מדוע לא? לפי דרכנו זה מאד מובן, שהרי אם בן נוח היה מוזהר הוא היה נהרג, אבל אם כך אז גם ישראל היה נהרג. אם ישראל רק נכרת ולא נהרג, אות הוא שבן נוח כלל לא מוזהר עליה.

אמנם חכמים סוברים שישנם הבדלים בין בני נוח לישראל בעריות לגבי העונש, שישראל רק נכרתים ובן נוח נהרג (כגון אחות אביו, אחות אמו ואחותו. ראה גם בברייתא סנהדרין נח ע"א ועוד). אבל גם לשיטתם זהו רק הבדל לגבי העונש שכבר הסברנו אותו.

י. גזל

גם כאן קיים ההבדל לגבי העונש שכבר נדון למעלה (שבן נוח נהרג על הגזל). אמנם ישנו כאן עוד הבדל בולט לגבי השיעור, כפי שמביא הרמב"ם בהל' מלכים פ"ט ה"ט:

בן נח חייב על הגזל, בין שגזל עכו"ם בין שגזל ישראל, ואחד הגוזל או הגונב ממון או גונב נפש, או הכובש שכר שכיר וכיוצא בו, אפילו פועל שאכל שלא בשעת מלאכה, על הכל הוא חייב, והרי הוא בכלל גזלן, מה שאין כן בישראל, וכן חייב על פחות משוה פרוטה, ובן נח שגזל פחות משוה פרוטה ובא אחר וגזלה ממנו, שניהן נהרגין עליה.

ההסבר המוצע בגמרא (סנהדרין נז ע"א) להבדל הזה הוא טכני: כני נוח לא מוחלים על פחות משוו"פ. לגבי גזל פחות משוו"פ אצל ישראל יש סוברים

שלא עובר על איסור ויש הסוברים שרק אין חובת השבה (ראה רמב״ם הל׳ גזילה פ״א ה״ו). יש המסבירים את שיעור הפרוטה בכך שישראל מוחלים על כך, ואחרים קושרים זאת לשאלת השיעורים, שפחות משווה פרוטה אינו שיעור גזל. אצל גויים שני הנימוקים לא קיימים, שהרי הם לא מוחלים גם על פחות משוו״פ, וכפי שראינו השיעורים ניתנו רק לישראל ולא לבני נוח.

כחלק מהדיון בגזל נית להוסיף כאן לקיחת דברים שאין להם שווי ממוני כלל. לדוגמה, מי שגונב נפש, ואפילו הלוקח אישה בעל כרחה או בעל כרחו של אביה, נחשב כגזלן (ראה רמב״ם הל׳ מלכים פ״ט הי״ד שלמד זאת משכם ודינה, **ומנ״ח** מצווה לה מרחיב זאת לכל אונס ומפתה).

מעניין שיש שלמדו מכאן שגם ישראל שלקח אישה עובר גם באיסור גזל. זהו ביטוי ברור לתפיסה הדו-קומתית, שבכל ישראל יש גם בן נוח, ולכן כשהרמב״ם אומר שגוי עובר על כך בגזל – ברור שגם הישראל יעבור על כך בגזל (ראה **קו״ש** פסחים ו ע״א, סי׳ יח, ושו״ת **שואל ומשיב** מהדו״ק ח״א סוס״י קכח **ומנ״ח** שם ועוד).

יא. דינים

למעלה כבר הזכרנו שהאחרונים נחלקו האם חובת הדינים שמוטלת על בני נוח זהה לזו של ישראל (כלומר כל חו״מ מחייב אותם), או שהם קובעים לעצמם דינים לשם הסדר החברתי (ראה **אנצי״ת** ע׳ ׳בן נח׳, הערה 258 והלאה).

גם כאן אין לראות מזגיות של ההרכבה. ברור שתוספת הקומה היהודית משנה את הדינים ומוסיפה להם נדבך ׳דתי׳. כפי שכבר הערנו, יש מצבים שאותן מצוות בקומה הראשונה של ישראל יש להן כפל פנים: האוניברסלי והדתי. ואצל הגויים יש רק את הפן האוניברסלי. יתר על כן, אין לראות כאן

חומרא אצל בני נוח שלא קיימת אצל ישראל (ובכלל, בדיני ממונות אין חומרא וקולא, שהרי חומרא לזה היא קולא לזה). אלו דינים שונים ותו לא.

השוואה למודלים שראינו בפרקים הקודמים

ראינו את הדוגמה של כהן גדול שנטמא לקרובים, והשאלה היתה האם הוא עובר גם משום כהן הדיוט (שמותר להיטמא לקרובים). לעומת זאת, בשור מועד, גם לפי הדעה שצד תמות במקומה עומדת הוא לא משלם פעם וחצי, אלא חצי מהתשלום נעשה מגופו. כלומר זו הרכבה שונה מזו של כהן גדול.

בשתי הדוגמאות הללו מדובר בהרכבה שכונית. האלטרנטיבה, כלומר הדעה שכהן גדול אינו עובר משום הדיוט או שמועד אינו משלם חצי מגופו, מבטאת תפיסה של קומה תחליפית.

המקרה של ישראל ובני נוח הוא חריג, שכן כאן מדובר על הרכבה דו-קומתית מזגית. הוספת הקומה השנייה לא מחליפה את הקומה הראשונה ולא משאירה אותה כמות שהיא, אלא משנה אותה.

בהקשר של ישראל ובן נוח ראינו אפשרות שדברים שיהודי פטור עליהם הוא יתחייב מצד בן נוח שבו. אבל לא עלתה האפשרות שיהודי יעבור גם מצד ישראל שבו וגם מצד בן נוח שבו. כלומר כאן מדובר בשתי קומות שאינן שכוניות. מדוע באמת שלא נאמר כך? לכאורה זה אפילו פשוט יותר, שהרי הוא מחוייב במצוות כישראל וגם במצוות כבן נוח וכשעבר על אחת מהן הוא עבר על שני ציוויים שונים (למשל: "שופך דם האדם" ו"לא תרצח").

יש מקום לומר שבאמת הוא עובר על שני הציוויים, אלא שמעבר על ציווי של בני נוח אינו מוגדר כעבירת לאו או ביטול עשה. זה לא נמצא בספירה ההלכתית של מצוות ואיסורים, אלא בספירה האוניברסלית של טוב ורע. במקרה כזה אנחנו אומרים שהוא גם עבריין וגם אדם רע.

אבל בתפיסה המקובלת שאין כאן שני איסורים, ייתכן שההרכבה כאן היא שונה. כשמוסיפים קומה של ישראל נוצר מבנה חדש שמחליף את הקודם. הקומה הראשונה באה לידי ביטוי רק במקום שהקומה השנייה אינה מדברת עליו. הדבר דומה למבנה שראינו לגבי שור תם ומועד, שגם שם לא משלמים פעם וחצי אלא רק פעם אחת. החצי של התמות רק משתנה בפרטיו בגלל הוספת הקומה של המועדות, אבל מה שנוצר הוא מבנה חדש.

זוהי בעצם משמעותו של המבנה אותו הצגנו למעלה בסוף סעיף א כהרכבה מזגית דו-קומתית:

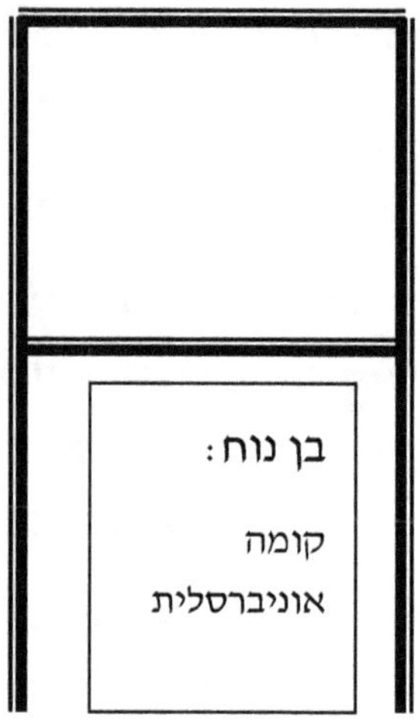

משמעות הדבר היא שישראל אינו שני בני אדם, וגם לא אדם אחד עם שני פרצופים, אלא בן אדם אחד רחב יותר. רק כשהעליון לא מופיע אנחנו פוגשים את התחתון.

נספח: האם יש יהודי שצריך גיור או גוי שלא צריך גיור?

לסיום הפרק נעסוק באנקדוטה הלכתית לא ידועה, שיכולה להיות מוסברת על סמך המודלים שהצגנו בפרק זה. בסוגיית יבמות מה ע״ב דנים בגוי שבא על בת ישראל. תנאים ואמוראים חלוקים שם בשאלה האם הוולד הוא ממזר או כשר. להלכה קי״ל שהוא כשר. אך ביחס למשמעותה של הכשרות הזו נחלקו ראשונים ואחרונים.

גם בסוגיית קידושין עה ע״א דנים בגוי שבא על בת ישראל, ומובאת שם הדעה שהוולד ממזר:

> ***ור׳ ישמעאל סבר לה כר׳ עקיבא, דאמר: עובד כוכבים ועבד הבא על בת ישראל - הולד ממזר.***

ובתוד״ה ׳ור׳ ישמעאל׳ שם כתבו:

> ***ושמא יש לומר אם הולד כשר א״כ הוא הולך אחר העובד כוכבים כדאמר בס״פ דלעיל (דף סז:) וליכא למיחש לכך אם תנשא לעובד כוכבים אבל השתא דקסבר הולד ממזר א״כ הולך אחר אמו ואיכא למיחש טפי שלא תנשא לעובד כוכבים.***

הם רואים את המחלוקת האם בן של גוי ובת ישראל הוא ממזר או כשר כשאלה האם הוא הולך אחרי בת ישראל (ואז הוא ישראל ממזר, כי אין כאן תפיסת קידושין) או אחרי הגוי (ואז הוא כשר). כלומר יש כאן צד שהבן הולך אחרי האב. כעין זה ניתן לראות גם בתוד״ה ׳אמוראי׳ (יבמות טז ע״ב). אם כן, תוס׳ מבינים שהשיטה שהוולד כשר סוברת שהוולד הזה הוא גוי (וראה מהרש״א שם בקידושין שדן בסתירה בדברי תוס׳). וכן הובא בפסקי התוס׳ שם אות קמב.

כך משמע גם ברש״י קידושין סח ע״ב, ד״ה ׳לימא׳:

לימא קסבר רבינא עובד כוכבים ועבד הבא על בת ישראל הולד ממזר גרסי׳ - דאתא לאשמועינן דלא שדינן ליה בתר עובד כוכבים דנימא עובד כוכבים הוא ואם נתגייר יהא מותר לבא בקהל אלא בתר ישראלית שדינן ליה וכיון שבעבירה נולד הוה ליה ישראל פסול כשאר נולדים ממי שאין עליו קידושין דתנן במתני׳ (לעיל /קידושין/ דף סו:) שהם ממזרים.

כלומר גם לשיטתו הוולד הוא גוי. כך גם הוכיח ב**שעה״מ** איסו״ב פט״ו ה״ג מדברי רש״י על התורה (ויקרא כד, י). התורה שם כותבת:

וַיֵּצֵא בֶּן אִשָּׁה יִשְׂרְאֵלִית וְהוּא בֶּן אִישׁ מִצְרִי בְּתוֹךְ בְּנֵי יִשְׂרָאֵל וַיִּנָּצוּ בַּמַּחֲנֶה בֶּן הַיִּשְׂרְאֵלִית וְאִישׁ הַיִּשְׂרְאֵלִי:

וברש״י שם כתב:

בתוך בני ישראל - מלמד שנתגייר:

שוב רואים שבן של יהודיה וגוי הוא גוי שצריך גיור. אמנם יש שדחו (ראה רמב״ן ובעלי התוס׳ על התורה שם) את הדיוק ואמרו שמדובר לפני מתן תורה, שאז הכל הלך אחר האב (״באומות הלך אחר הזכר״ – יבמות עח ע״ב).

מאידך, מהרש״א שם טוען שרש״י סותר דבריו, שכן בקידושין עו ע״א ד״ה ׳ופרכינן איסורא׳ הוא כותב:

ופרכינן איסורא משום שפחה - דע״כ עובד כוכבים ועבד הבא על בת ישראל הוולד כשר אלא שפחה וולדה עבד.

רואים כאן שלשיטתו שעבד שבא על בת ישראל הוולד הוא כשר ולא צריך גיור. וכך גם לדעת רוב הפוסקים הוולד כשר ואינו צריך גרות. וכן הוכיח ב**אמרי משה** סי׳ כז סק״י-יב, מה**שו״ע** אבהע״ז סי׳ ד ה״ה שכתב:

ישראל שבא על אחת מאלו, הולד כמותה. ואחד מאלו, חוץ מממזר שבא על בת ישראל, הולד כשר לקהל אלא שפגום לכהונה.

רואים שהוא מכשיר את הבן לקהל, ולא כתב שצריך גיור. ובפרט שהוא הרי כתב שהוולד פגום לכהונה, ומשמע שהוא ישראל לכל דבר (בגוי אין משמעות לטענה שהוא פגום לכהונה). כך הוא מוכיח גם מהרמב״ם איסו״ב פט״ו ה״ג, וראה גם בה״ד שם, וכן הוכיח מה**מ״מ** שם בה״ט.

אמנם ב**או״ש** פט״ו ה״ג טען ברמב״ם לא כך:

והנה בשער המלך האריך בהך דינא דהולד כשר אם הוה עו״ג ומחוסר גירות, כמו שכתבו תוספות בקדושין ע״ה ע״ב ד״ה ור׳ ישמעאל, וביבמות ט״ז ע״ב, ועי״ז ערך מערכה בקושיות ותירוצים. והנלע״ד פשוט, דזה שכתבו דהוי כעו״ג הוא לפי הנך דסברי וכן המסקנא (יבמות מב, ב) דהולד כשר אפילו באשת איש, וטעמו ע״כ משום דשדינא בתר עו״ג, ואין ממזרות לעו״ג, וכמו נכרי שבא על נכרית, ומטעם זה הוה מחוסר גירות, ועו״ג הוא עדיין, אבל למאן דאמר דבאשת איש הוי ממזר ובפנויה כשר, בודאי אין שום סברא לומר רק דשדי ליה בתר אימיה וכמו ישראל גמור הוה, דאם הוה שדינן ליה בתר נכרי והוה נכרי, א״כ באשת איש אמאי הוי ממזר, הא אין ממזרות לעו״ג ודוק:

הוא מסביר שדברי רש״י ותוס׳ נאמרו לפי השיטה שגוי שבא על בת ישראל הוולד כשר אפילו אם הבת ישראל שהגוי בא עליה היא נשואה. וההסבר הוא שהוולד מתייחס רק לאביו ולא לאמו. ובהמשך דבריו הוא דן לגבי גיור וטוען שאף שהוא גוי הוא לא צריך גיור, כי הוא מתגייר אגב אמו, כמו ילד שהורתו שלא בקדושה ולידתו בקדושה.

לאחר מכן הוא מחלק בין עבד לגוי:

ונראה בעיני פשוט טובא, דאף אם נימא כמו שיטת תוספות דעו״ג גמור הוי, מכל מקום אם בא עבד על בת ישראל אינו עבד, דאיך שייך שיהיה לרבו זכות בו במה שנזרע בישראלית, ולא שמענו שיהיה לרבו זכות, רק בגוונא דא, דמוכר שפחתו לחבירו ומשייר מה

שתוליד או תתעבר אחר כן לעצמו, כמבואר בירושלמי ב״ב פ״ג ה״א א״ר נסא בשלא היתה האשה עוברה, אבל זה לא מצאנו בשום דוכתא שיאמר אדם לשפחתו הרי את בת חורין וולדך מה שתתעבר אחרי כן אשייר לעצמי, ויהיה לו כמו שהיה קודם זכות לולדות, אלא דמה שהיא נתעברה כשהיא ישראלית אי אפשר דיהיה לשום אדם זכות וקנין בהן, ואיך מוחא סביל דא, דעבד שיבוא על בת ישראל יהיה הולד עבד, לכן ברירא דהא מילתא, דאם עבד שלא טבל בא על ישראלית הולד עו״ג הוא דהוי לא עבד, ואם העבד טבל, הולד הוה כמי שנולד מעבד משוחרר שבא על בת ישראל, דהולד כשר אף שלא טבל העבד אחר שחרור, כמוש״כ הרב המגיד (פי״ג הי״ב). ובזה נפלו תמו כל הראיות שהביא המהרש״א (קידושין עה, ב תוד״ה ורבי ישמעאל) והשער המלך דרש״י סבר דעו״ג הבא על בת ישראל הולד ישראל, ולפ״ז לא נשאר עד אחד,

בזה הוא מיישב את הסתירה שראינו למעלה בדברי רש״י.

ו**באמרי משה** (סי׳ כז סקי״ב) הקשה על סברתו מדוע לא ייתכן עבד שהוא בן לישראלית? הוא אמנם לא קנוי לישראל, אבל יחסו (וחיובו במצוות) הוא כשל עבד? ואולי ה**או״ש** סובר שהיחס והחיוב במצוות הוא תוצאה של הקניין. **באמרי משה** שם מוכיח זאת מעבדי גר שמת, שיש פסוק שמיתתו מתירה את עבדיו, ומוכח שללא הפסוק היה עליהם איסור עבדות אף ללא בעלים.

אך נראה שיש לדחות את ראייתו בשני אופנים: 1. ייתכן שזה גופא מה שלמדנו מהפסוק של עבדי גר שמת, שהאיסור תלוי בקניין. 2. בעבדי גר שמת מדובר שהיה איסור, ולכן הוא לא פוקע בכדי גם אם פקע הקניין, כמו שמצאנו במעוכב גט שחרור (עבד שהופקר ועדיין בעי גט). אבל אצלנו מדובר בעבד שרוצים ליצור עליו מלכתחילה חלות איסור בלי הקניין, וזה לא אפשרי.

ניתן אולי להסביר שיש צורך בגיור על אף שהבן הוא יהודי, רק בגלל הצד הגויי שבו. זאת אם נניח שהגיור הוא ניקוי הערלות והיהדות היא תוצאה

שבאה אחריו. בגוי רגיל הגיור מנקה אותו מערלותו וכך הוא הופך ליהודי. אבל בבן של גוי שבא על בת ישראל הלכתית הוא יהודי אבל יש בו צד של גוי. הגיור נדרש (מדאורייתא) כדי לנקות את צד הגויות שבו.

בבכורות מז ע״א שנינו:

והאמר רב פפא, בדיק לן רבה: כהנת שנתעברה מעובד כוכבים מהו? ואמינא ליה: לאו היינו דרב אדא בר אהבה, דאמר לויה שילדה - בנה פטור מחמש סלעים? ואמר לי: הכי השתא! בשלמא לויה - בקדושתה קיימא, דתניא: לויה שנשבית או שנבעלה בעילת זנות - נותנין לה מן המעשר ואוכלת, אלא כהנת, כיון דאי בעיל לה - הויא זרה!

רואים שלדעת רבה כהנת שנתעברה מגוי הוולד חייב בפדיון הבן כמו בנה של זרה. ובספר **שעה״מ** שם הוכיח מכאן שגוי שבא על בת ישראל הוולד ישראל ואינו צריך גיור, ונותר בצ״ע על השיטות שצריך גיור.[40] אבל ב**אמרי משה** שם, כתב ליישב קושיית **שעה״מ** כדברינו לעיל, שהוא אמנם יהודי, אבל אין פירושו שלא צריך גיור, שכן הגיור בא על צד הגוי שבו (מהאבא).

וכעין זה כתב ב**אחיעזר** סי׳ ב סק״ו. הוא מקשה שגר כקטן שנולד, ולכן לא ברור כיצד הוא מתייחס אחר אמו? ותי׳ שגר שנתגייר הוא כקטן שנולד בלי אב ואם (וכך דייק מלשון רש״י בסנהדרין נח ע״א, ד״ה ׳שהורתו׳). אבל אצלנו יש לו אם ישראלית, אזי גם כשהוא מתגייר הוא מתייחס אחריה, ע״ש.

---

[40] אך גם לשיטתו הדבר לא ברור, שהרי הוולד לכאורה צריך היה להיות כהן. ואם הוא לא כהן (כלומר לא מיוחס לאמו) אז הוא חייב להיות גוי (כי הוא מיוחס לאביו).

לסיכום, נמצאנו למדים שיש ארבע שיטות בדינו של וולד גוי שבא על בת ישראל: ראשית, נחלקו תנאים ואמוראים האם הוא כשר או ממזר, ולהלכה קי"ל שהוא כשר. אלא שבשיטה שהוא כשר ראינו שנאמרו ארבע שיטות: או שהוא גוי שזקוק לגיור, או שהוא יהודי שלא זקוק לגיור, או שהוא גוי שלא צריך גיור, או שהוא יהודי שכן צריך גיור. 1. רש"י ותוס' בקידושין סוברים שהוא גוי. 2. **האו"ש** מציע שהוא כגוי שלא צריך גיור כי הוא מתגייר אגב אמו. 3. **האמרי משה** מעלה אפשרות שהוא יהודי שדורש גיור מדאורייתא. 4. רוב הראשונים והפוסקים סוברים שהוא יהודי כשר (ואולי פגום לכהונה, כפי שעולה מחלק מהראשונים בסוגיית יבמות, ואכ"מ).

מה זה אומר מבחינת התמונה שתוארה כאן? נראה כאן שישנם מצבי ביניים שבהם יש תערובת של יהודי וגוי, כלומר אדם שהקומות אצלו מופיעות במעורבב ובאופן חלקי. יש מקום לדון האם מדובר במצב שבין יהודי לגוי, או בתערובת שונה של הקומות (כלומר בהרכבה לא שכונית, אלא מזגית).

פרק עשירי
מודל דו-קומתי לקשר האישות

מבוא

בפרק זה נעסוק בדוגמה נוספת של הרכבה קומתית, ושוב נראה שהמודל הזה מסביר ומאחד כמה תופעות הלכתיות שנראות על פניהן תמוהות. בסוף הפרק נחזור ונראה שהמודל המוצג כאן אינו אלא מקרה פרטי של המודל הדו-קומתי של ישראל ובני נוח מהפרק הקודם.

אישות של בני נוח ושל ישראל

דוגמה נוספת למבנה דו-קומתי היא היחס בין אירוסין לנישואין. ניתן לראות זאת דרך דברי הרמב״ם בתחילת הל׳ אישות, שם הוא מגדיר את מושג האישות של התורה בניגוד למה שהיה מקובל בעמים קודם למתן תורה (ונשאר בתוקף לגביהם גם לאחר מכן):

> ***קודם מתן תורה היה אדם פוגע אשה בשוק אם רצה הוא והיא לישא אותה מכניסה לביתו ובועלה בינו לבין עצמו ותהיה לו לאשה, כיון שנתנה תורה נצטוו ישראל שאם ירצה האיש לישא אשה יקנה אותה תחלה בפני עדים ואחר כך תהיה לו לאשה שנאמר*** (דברים כ״ב) ***״כי יקח איש אשה ובא אליה״.***

כלומר ישראל מצווים להקדים למעשה הנישואין את פעולת הקידושין. מעשה הנישואין נותר כשהיה, הכנסת האישה לביתו, אך יש תנאי שיקדמו לו קידושין. על פי ההלכה, לאחר הקידושין האישה מאורסת לבעלה, שזהו מצב

ביניים בין פנויה לנשואה. במצב כזה חלות עליה כמה הלכות: היא אסורה לכל אדם אחר ומותרת לארוס מדאורייתא (אך לא מדרבנן). אם הוא כהן, אזי גם אם היא ישראלית היא אוכלת בתרומה, ועוד. רוב המחוייבויות שיש לבעל כלפי אשתו מתחילות בשלב הנישואין (חלקן מדאורייתא וחלקן מדרבנן).

יש השואלים מדוע הרמב״ם מצא לנכון להקדים לדבריו את ההקדמה ההיסטורית הזו, שלכאורה אין לה משמעות הלכתית לאחר מתן תורה. לאחר שניתנה תורה ברור שלפני הנישואין עלינו לעשות קידושין, ולכאורה אין השלכה למצב ששרר לפני מתן תורה. טענתנו היא שגם כאן יש מודל דו-קומתי, בשני היבטים: א. גם אחרי הנישואין השתייר משהו ממצב האירוסין. ב. גם אחרי מתן תורה השתייר משהו ממצב בני נוח. הקשר בין שני ההיבטים הללו הוא שהקומה של הנישואין היא בעצם קומה ששייכת לעולמם של בני נוח, והיא היא מצב הנישואין ששרר לפני מתן תורה. כלומר מתן תורה הוסיף קומה לנישואין כפי שנראו לפניו, אבל במקרה זה הקומה הנוספת מופיע לפני הקומה האוניברסלית ולא אחריה, שכן את הקידושין עושים לפני הנישואין. יתר על כן, האירוסין גם קודמים מהותית לנישואין, כלומר הנישואין מבוססים עליהם ומופיעים על גבם. להלן ננסה להסביר את המשמעות של שני השלבים ביצירת הקשר (הקידושין והנישואין), ונראה ביטויים הלכתיים שונים לקיומם של שני השלבים הללו גם בפירוק הקשר הזוגי, ונבחן את משמעותם.

מצוות גירושין

בפרשת כי-תצא התורה מתייחסת למצב בו זוג נשוי מחליט להיפרד (דברים כד, א):

כִּי יִקַּח אִישׁ אִשָּׁה וּבְעָלָהּ וְהָיָה אִם לֹא תִמְצָא חֵן בְּעֵינָיו כִּי מָצָא בָהּ עֶרְוַת דָּבָר וְכָתַב לָהּ סֵפֶר כְּרִיתֻת וְנָתַן בְּיָדָהּ וְשִׁלְּחָהּ מִבֵּיתוֹ:

במצב כזה על הבעל לכתוב לאישה 'ספר כריתות' (=גט), אשר נתינתו ביד האישה היא אקט הפירוד ההלכתי. נתינת הגט בידה מחילה את הגירושין, ומכאן והלאה האישה "מותרת לשוק". האם יש מצווה לגרש אישה? לכאורה ברור שלא. זוהי פרוצדורה הלכתית, כלומר מי שרוצה לגרש את האישה עליו לעשות ככל שההלכה דורשת. אם הוא לא עשה זאת, האישה אינה מגורשת, אך ברור שהוא לא ביטל מצוות עשה.

למרבה הפלא, אנו מוצאים שמוני המצוות מונים את המצווה לגרש אישה בגט. לדוגמה, הרמב"ם במצוות עשה רכב כותב:

והמצוה הרכ"ב היא שצונו לגרש בשטר על כל פנים כשנרצה לגרש והוא אמרו יתעלה (תצא כד) וכתב לה ספר כריתות ונתן בידה. וכבר התבארו משפטי מצוה זו רוצה לומר דין גרושין בשלמות במסכתא המחוברת לזה רוצה לומר מסכת גיטין:

הוא חש בקושי, ולכן הוא מוסיף "על כל פנים כשנרצה לגרש". כלומר המצווה היא שאם רוצים לגרש יש לעשות זאת בשטר, כלומר בצורה שהתורה קבעה.

ניתן היה לחשוב שזוהי מצווה מותנה (כמו שחיטה- שהיא מצווה על מי שרוצה לאכול בשר, או ציצית – שהיא מצווה על מי שלובש בגד של ארבע כנפות), כלומר שאם אדם רוצה לגרש את אשתו עליו לעשות זאת בגט כפי שקבעה התורה, והעושה כן מקיים מצווה.

בפשטות לא נראה שזה אופיה של המצווה, שהרי אמרו חז"ל: "כל המגרש אשתו ראשונה – אפילו מזבח מוריד עליו דמעות" (ראה גיטין צ ע"ב ומקבילות). לא סביר שמי שרוצה לגרש הרוויח מצווה שמי שאינו מגרש את אשתו לא עשה אותה. מצבו הרוחני של המגרש לא יכול להיות טוב יותר ממי שלא גירש.

ייתכן לומר שאין כאן מצווה אלא לכל היותר איסור, לאו הבא מכלל עשה. מדובר באיסור לגרש בלי ספר כריתות (=גט). אך גם זו הגדרה תמוהה: וכי יש איסור בגירושין שלא בספר אלא בדיבור בעלמא? מי שגירש את אשתו בדיבור ללא ספר כריתות לא עבר כל איסור אלא פשוט לא גירש אותה. כל עוד לא התקיימה הפרוצדורה ההלכתית הנדרשת, האישה אינה מגורשת. אם כן, מה איסור יש כאן? מה איסור יש באמירה כאילו גירשתי את אשתי, אף שבעצם לא גירשתי אותה? האם אסור לדבר שטויות?

אפשרות נוספת עולה דווקא בשיטת הרמב״ם. לדעת הרמב״ם מניין המצוות כולל גם מצוות שאינן ציוויים ממש, אלא הגדרת פרוצדורות הלכתיות (ראה למשל מצוות עשה צה וצ״ו). ואולי באמת זו משמעותה של 'מצוות' גירושין אצל הרמב״ם. זו מצווה שענייננה הוא הגדרת פרוצדורה: מי שגירש כך הצליח, ומי שלא – לא. אבל אין כאן מצווה במובנה הרוחני, של מצווה או עבירה, עונש או שכר וכדומה.

גם בעל **החינוך** כותב במצווה תקעט:

> ***מצוה על הרוצה לגרש את אשתו שיגרשנה בשטר.***
>
> ***שנצטוינו כשנרצה לגרש נשותינו לגרש אותן בכתב, ועל זה הכתב יאמר הכתוב 'ספר כריתות', והוא שיקראו אותו רבותינו זכרונם לברכה גט. וכמו כן המתרגם תרגם ספר זה גט, ועל זה נאמר [דברים כ״ד, א'], וכתב לה ספר כריתת ונתן בידה ושלחה מביתו.***

עד כאן הדברים נראים דומים מאד למה שראינו ברמב״ם. כלומר ברור שאין מצווה לגרש את האישה, אולם כשהאדם רוצה לגרש את האישה הוא מצווה לגרש אותה בגט ולא בדיבור בעלמא (כפי שהיה קודם מתן תורה). כפי שהסקנו למעלה, נראה שזוהי מצווה הגדרתית-פרוצדורלית בלבד.

כפי שכבר הערנו, אחד המאפיינים היסודיים של מצוות הגדרתיות הוא שבביטולן אין כל איסור. לדוגמה, ישנה מצווה שמגדירה את מי שנגע במת

כטמא בטומאת מת. מי שלא נגע במת, כמובן אינו טמא. האם הוא ביטל מצוות עשה כלשהי? ודאי שלא. אין כל אפשרות לבטל את מצוות העשה הקובעת שהנוגע במת הוא טמא. זוהי הגדרה בעלמא, ותו לא. אם כן, המאפיין המובהק ביותר של מצווה הגדרתית הוא שלא ניתן לעבור עליה. אין כל אפשרות לבטל עשה הגדרתי, בדיוק כמו שאין אפשרות לקיים אותו (כלומר להרוויח שכר על מצוות עשה).

והנה בעל **החינוך** מסיים את המצווה תקעט במילים המפתיעות הבאות:

ונוהגת מצות גיטין בכל מקום ובכל זמן.

ועובר על זה וגירש את אשתו ולא כתב לה הגט כמצות התורה וכענין שפירשו חכמינו זכרונם לברכה, ביטל עשה זה. ועונשו גדול מאד, לפי שדינה כאשת איש והוא מחזיק אותה כמגורשת, ועונש אשת איש ידוע כי הוא מן העברות החמורות בתורה יותר.

כלומר מי שגירש אישה בלי גט כמצוות התורה ביטל עשה זה, ואף עונשו גדול. אם כן, נראה שלפי **החינוך** ניתן לבטל את העשה הזה, ולכן ברור שלא מדובר כאן בעשה הגדרתי גרידא.

ההסבר שמביא **החינוך** לעונש החמור שמוטל על מי שביטל את העשה הזה הוא שמעשהו יצר כאן מצב בעייתי: האישה מוחזקת מגורשת בעוד שבפועל היא אשת איש, והדבר עלול להביא לבעיות חמורות. וכך גם כותב בעל **החינוך** קודם לכן:

משורשי המצווה...ואמנם ציותנו התורה בשלחנו אותה לבלתי שלחה בדבור לבד, פן יהיה לנו זה לאבן נגף ולצור מכשול להיות זמה בתוך עמנו, שתטעון המזנה על בעלה כי הוא גרשה ממנו, גם יהיה מעשה הגירושין מצוי הרבה. אכן עתה שנתחייבנו לכתוב הדברים בספר והעד עדים צריכה להראות שטר כל הטוענת גירושין...

אבל זו לא יכולה להיות כוונת **החינוך**, שכן התיאור הזה אינו נוגע לביטול העשה של גירושין אלא לאיסור אחר, הכשלת האישה ואחרים בעבירה (איסור ׳לפני עיוור׳). אם בעל **החינוך** כותב שמי שגירש את אשתו בלי גט כשר ביטל עשה, כוונתו היא שהוא עבר על ה׳מצווה׳ לגרש בגט. אם כוונתו היתה שהוא עובר על הכשלה בעבירה, זהו לאו (״לפני עיוור״) ולא עשה. אם כן, חומרת העונש מוסברת **בחינוך** על סמך השלכות ההלכתיות החמורות של המצב שנוצר, אך ביטול העשה אינו אלא ביטול של חובה הלכתית שמוטלת עליו.

אם כן, המסקנה היא שלפי בעל **החינוך** מי שגירש את אשתו בגט לא כשר (או ללא גט) ביטל עשה של גירושין. ומכאן עולה בבירור שלפחות לשיטתו מצוות גירושין בגט אינה מצווה הגדרתית, שהרי מצווה הגדרתית כלל לא ניתן לבטל. להלן נבאר זאת יותר, אך קודם נעמוד על רמז נוסף לכך.

ראיה נוספת: דיעבד ולכתחילה בגירושין

הרמב״ם בהל׳ גירושין פ״ב ה״ז כותב:

> ***ומה בין פסול לבטל, שכל מקום שנ׳ בחיבור זה בגט שהוא בטל הוא בטל מן התורה וכל מקום שנ׳ פסול הוא פסול מדברי סופרים.***

הוא קובע כי בהלכות גירושין אנו מחלקים בין שני סוגים של בעיות ביחס לגיטין: 1. בעיות שמחמתן הגט בטל. 2. בעיות שמחמתן הגט פסול. גט בטל כלל אינו גט, וכאילו לא נעשתה כאן פעולת גירושין. לעומת זאת, גט פסול הוא גט כשר מן התורה, אך חכמים פסלו אותו.

והנה לכל אורך מסכת גיטין הגמרא מתייחסת לפסולים שונים בגט, ולכל קבוצה כזו יש דינים שונים. נמנה כאן את הרמות השונות כדי לחדד את הדברים: א. ישנם פסולי דרבנן שמבטלים את הגירושין לגמרי, ואם היא נישאת לאדם אחר מכוח הגט הזה אזי אף הבנים שנולדו לה מאישה השני הם

ממזרים (מדרבנן כמובן, שהרי אנחנו עוסקים בפסולי דרבנן). ב. ישנם פסולים שהאישה שנישאת צריכה לצאת, אך בדיעבד בניה אינם ממזרים (אפילו מדרבנן). ג. ישנם פסולים שבדיעבד (אם נולדו ילדים) האישה כלל לא צריכה לצאת מבעלה השני. ד. וישנם פסולים שאף לכתחילה היא אינה צריכה לצאת, אך יש לתת לה עוד פעם גט כשר. ה. וישנם פסולים שאפילו לא מצריכים נתינה נוספת של הגט, כלומר אין להם שום השלכה הלכתית, פרט לאופן הכתיבה או המסירה של הגט לכתחילה.

והנה, בעל **ברכת שמואל** מקשה על כך: וכי נתינת גט היא מצווה, שבה אנחנו יכולים לדבר על "מצווה מן המובחר" ומצווה שלא מן המובחר? מהי המשמעות של פסולים שאין להם כל השלכה הלכתית? האם כשניתן גט פסול מצוות הגירושין קויימה באופן לא מהודר? הרי אין בכלל מצווה לגרש את אשתו. השאלה הרלוונטית היחידה היא האם הגירושין חלו, כלומר האם המעשה הצליח או לא (האם האישה מגורשת או לא). אם היא מגורשת לכל דבר ועניין, אז מה עניינם של הפסולים הללו? בצורה כללית יותר נשאל זאת כך: כיצד ניתן לדבר על פסולים לכתחילה במצווה פרוצדורלית?

זוהי ראיה נוספת לכך שגירושין אינה מצווה הגדרתית, אלא מצווה ממש. ניתן לראות אותה כמצווה מותנה, אלא שאז קשה מה שראינו למעלה. ואולי מדובר בלאו הבא מכלל עשה, כלומר מצווה שניתן לעבור עליה ולא לקיימה, אבל אז קצת קשה כיצד ניתן לדבר על מצווה מן המובחר. אם לא עברתי על הלאו אזי המצווה קויימה. נראה שזהו לאו הבא מכלל עשה (לא להשאיר אישה כבולה לבעלה בלי היתר נישואין). ומכיון שלהלכה אנחנו פוסקים שלאו הבא מכלל עשה הוא עשה, יש יותר מקום להבין דיבורים על פסולים לכתחילה גם במצווה זו.

אם כן, קושיית ה**ברכת שמואל** אינה אלא רמז נוסף לכך שמצוות הגירושין אינה מצווה הגדרתית.

אפשרות ראשונה: במקום שיש מצווה לגרש

ישנם מצבים שבהם יש מצווה לגרש את האישה (ראה בסוגיית גיטין צ ע״א. במצבים כאלו לפעמים גם כופים את הבעל לגרש את האישה. אם כן, יש מקום להציע שכוונת **החינוך** היא לומר שבמקרים אלו יש מצווה לגרש את האישה, אך לא כמצווה כללית. במקומות שיש מצווה לגרש אותה, מי שלא עשה כן ביטל עשה.

אך הצעה זו אינה אפשרית בדעת **החינוך**. הוא אינו מזכיר בדבריו את המצבים שבהם יש חובה לגרש, אלא מדבר באופן כללי. גם הנימוק שלו לחומרת העונש אינו מזכיר את הבעייתיות שהביאה לחובה לגרש אלא את הבעייתיות של הצגת אישה שאינה מגורשת כאילו היא מגורשת. ברור שכוונתו לומר משהו על כל פעולה של גירושין.

אפשרות שנייה: שתי קומות בבניין התא הזוגי

הרמזים הנ״ל מוליכים אותנו להשערה שיש ביחס האישות רובד נוסף, אשר פוקע בעצם הגירוש בפועל של האישה מהבית, גם אם לא ניתן לה גט כשר. השערה סבירה תהיה לקשור את הרובד הזה לרובד שקיים בכל קשר זוגי בעולם, כלומר לנישואין, כמו אלו ששררו בעולם לפני מתן תורה (ראה דברי הרמב״ם שהובאו לעיל). כפי שראינו, משמעותם של הנישואין היא הכנסה בפועל של האישה לביתו, פשוט לחיות יחד, ואך סביר הוא לטעון שהתרת קשר הנישואין תיעשה באופן ההפוך: הוצאת האישה מביתו, גם ללא מתן גט כשר (אשר נחוץ רק כדי להתירה לשוק).

ראינו למעלה שלפי ההלכה תהליך יצירת הקשר הזוגי נעשה בשני שלבים: הקידושין – שהם פעולה הלכתית פורמלית (נתינת כסף או שטר). משעת הקידושין נוצר עליה איסור אשת איש. והנישואין – שהם פעולה חברתית רגילה (שהיתה מקובלת גם לפני מתן תורה), שיוצרים את החיים ביחד. אם

כן, אך סביר הוא שהתרת הקשר הזוגי צריכה לטפל בשני ההיבטים הללו. אנחנו רגילים לראות את התרת הקשר כפעולה אחת בלבד, מתן גט כשר בפני עדים. אבל כאן אנחנו רואים שבעצם יש כאן שתי פעולות: הוצאתה מהבית, ומתן גט.

ההוצאה מהבית היא הפעולה ההפוכה לנישואין, שהם הכנסה שלה לבית. שתי אלו הן פעולות אנושיות-חברתיות רגילות, שלא התורה הגדירה וכוננה אותן. אבל איסורי אשת איש, שנוצרים על ידי הפעולה הפורמלית-הלכתית של הקידושין, פוקעים על ידי הפעולה ההלכתית-פורמלית של מתן גט כשר בפני עדים.

כעת נוכל ליישב את הקשיים שעלו לעיל. המצווה לגרש את אשתו היא אכן לא מצווה הגדרתית בלבד. לכן ניתן לבטל אותה (לעבור עליה). המצווה לגרש בגט מופנית רק כלפי מי שכבר החליט לגרש את אשתו. במצב כזה יש עליו מצווה שלא יסתפק בשילוחה הפיסי מביתו (=פירוק הנישואין), אלא עליו לסיים את התהליך עד לפירוק הסופי (=התרת הקידושין), במתן גט כשר. מי שהוציא את אשתו מהבית ונתן לה גט לא כשר – ניתק את קשר הנישואין ביניהם, ועל כך יש עליו איסור להשאיר את המצב החלקי הזה בעינו.

מדברינו אלה עולה בבירור שדברי **החינוך** עוסקים בכל אדם שמגרש את אשתו, ולאו דווקא באותם מקרים שיש חובה הלכתית לעשות כן. בכל מקרה של גירושין יש מצב שבו האישה היא 'גרושת הלב', כלומר שהאדם כבר החליט לגרש את אשתו, ולפחות ברמה המנטלית הוא הוציאה מביתו. במצב כזה יש עליו חובה להשלים את הפעולה ולנתק את הקשר סופית, כדי לא לכבול אותה אליו.

קשר למודל שתי קומות כללי יותר: יהודי ובן-נוח

המבנה עליו הצבענו כאן רומז למבנה עומק יסודי יותר. בחלקו הראשון של הפרק הזה הצגנו מודל דו-קומתי עבור ההבחנה בין יהודי לבין בן-נוח. לפי המודל שהוצע שם, היהודי נתפס כמבנה בן שתי קומות: קומה א – אוניברסלית, שמשותפת לו עם בני-נוח. קומה ב – פרטיקולרית, שהיא ייחודית לו בלבד. למסקנה, צידדנו במודל השני.

כעת אנחנו רואים ביטוי לעניין זה בתחום דיני האישות. בניין הזוגיות של היהודי מורכב משתי קומות: הראשונה – אוניברסלית, הנישואין. קומה זו דומה מאד למה שאנו מוצאים אצל בני נוח. השנייה – פרטיקולרית, הקידושין. קומה זו היא ייחודית ליהודים. כלומר קשר זוגי בין שני יהודים הוא קשר זוגי אוניברסלי בתוספת לרכיב פרטיקולרי שקיים במקביל (אם כי לא נוצר במקביל. הקידושין קודמים לנישואין). ניתן לקשור זאת לדברי הראי״ה שראינו שם, שהסביר שדיני בני נוח מבוססים על התופעות הטבעיות וההלכה ליהודים מבוססת על הפורמליזם ההלכתי (לדוגמה, רגע המוות של בהמה אצל בני נוח הוא גמר הפרכוס, ואצל יהודים היא נחשבת כמתה אחרי שנשחטה, גם אם היא מפרכסת). גם כאן, נישואי וגירושי בני נוח מבוססים על הליך טבעי, כניסה ויציאה מביתו של הבעל. ואילו ההלכה עבור היהודים מוסיפה קומה פורמלית על גבי המציאות הטבעית.

ועל אף זאת, הקומה של בני נוח מצויה גם אצל יהודים, וגם לאחר מתן תורה. בכל קשר זוגי יהודי יש גם רכיב של בני נוח. לכן יהודי שמוציא את אשתו מהבית אכן גירש אותה, גם אם הוא לא נתן לה גט. הוא גירש אותה במובן האוניברסלי. המצווה קובעת איסור לעשות גירושין של בני נוח עבור יהודים, כלומר להותיר את האישה כבולה אליו פורמלית אחרי שניתק הקשר האנושי הפשוט (שהיא יצאה מביתו).

לפי זה ברור מדוע הרמב״ם הביא את התיאור ההיסטורי בתחילת הלכות אישות. זה לא תיאור היסטורי גרידא, אלא ביאור של מבנה קשר האישות

שקיים אצלנו. זהו תיאור כרונולוגי של היווצרות המצב העכשווי, ולכן כל רכיביו של התיאור הזה רלוונטיים עבורנו גם כיום. להלן נראה השלכות הלכתיות קונקרטיות יותר של הטענה הזו.

מצווה מכוננת ומכוונת

ברצוננו להעיר כאן בקצרה על משמעות הדברים. ניתן להבחין בתוך ההלכה בין מצוות מכוונות (regulative) למצוות מכוננות (constitutive). מצווה מכוננת היא מצווה שהתחום שמוגדר על ידה לא קיים לפני הציווי, כלומר שהציווי מכונן אותו. מצווה מכוונת, לעומת זאת, היא מצווה שמטרתה לכוין תחום שקיים גם בלעדיה.[41]

דוגמה לדבר היא לשון הפסוקים בפרשת שלח (במדבר טו, לז-מ):

וַיֹּאמֶר ה׳ אֶל מֹשֶׁה לֵּאמֹר: דַּבֵּר אֶל בְּנֵי יִשְׂרָאֵל וְאָמַרְתָּ אֲלֵהֶם וְעָשׂוּ לָהֶם צִיצִת עַל כַּנְפֵי בִגְדֵיהֶם לְדֹרֹתָם וְנָתְנוּ עַל צִיצִת הַכָּנָף פְּתִיל תְּכֵלֶת: וְהָיָה לָכֶם לְצִיצִת וּרְאִיתֶם אֹתוֹ וּזְכַרְתֶּם אֶת כָּל מִצְוֹת ה׳ וַעֲשִׂיתֶם אֹתָם וְלֹא תָתוּרוּ אַחֲרֵי לְבַבְכֶם וְאַחֲרֵי עֵינֵיכֶם אֲשֶׁר אַתֶּם זֹנִים אַחֲרֵיהֶם: לְמַעַן תִּזְכְּרוּ וַעֲשִׂיתֶם אֶת כָּל מִצְוֹתָי וִהְיִיתֶם קְדֹשִׁים לֵאלֹהֵיכֶם:

התורה מצווה אותנו להטיל פתילים בצורה מאד מסויימת על בגד ארבע כנפות שאנחנו לובשים. לכאורה אין לכך שום משמעות לפני הציווי ומעבר לו.

---

[41] מקורה של ההבחנה הזאת הוא בפילוסופיה אנליטית, שם נוהגים להבחין בין כללים מכוננים (כמו כללי השחמט, שמכוננים את המשחק) לבין כללים מכוונים (כמו חוקי התעבורה, שמטרתם לכוין את התנועה באופן אופטימלי ומסודר). ראה על כך במאמרי **מידה טובה**, לפי עקב וקרת, בשנה השלישית, תשס״ז.

אבל הפסוק כאן אומר: "והיה לכם לציצית", שמשמעו הוא שהמבנה שהוגדר כאן הוא (ולא אחר) זה שיהיה לנו לציצית. כלומר המושג 'ציצית' היה קיים עוד קודם לכן, והתורה מצווה שנעשה דווקא את זה לציצית, ולא משהו אחר.

מהי 'ציצית' במובנה האוניברסלי? כנראה סמל שמטרתו להזכיר לנו ולאחרים את זהותנו. אבל עזרא מסביר כאן שהביטוי דומה לציצת הראש, כלומר סמל שמתנוסס על ראשינו. אם כן, התורה בציווי הזה לא מגדירה מושג חדש. המושג 'ציצית' קיים עוד לפני כן. התורה רק מצווה עלינו לעשות את הציצית שלנו דווקא באופן הזה. אם כן, המושג 'ציצית' הוא מושג שההלכה מכוונת אותו ולא מכוננת אותו.

לפי דרכנו עולה כי גם הגירושין, ואולי האישות בכלל, אינם מושגים שהתורה מכוננת אותם. הנישואין והגירושין היו קיימים עוד לפני מתן תורה, ולכן הם קודמים לתורה ולהלכה. התורה רק מכוונת אותנו כיצד עלינו לבצע נכון את פעולות הנישואין והגירושין. עושים זאת על ידי הוספת רובד פורמלי-הלכתי לתהליך החברתי הזה.

הקשיים שהוצגו למעלה הניחו שהתורה מכוננת את מושג הנישואין והגירושין, ולכן המסקנה המתבקשת היתה שגירושין לא כשרים הם חסרי כל משמעות. אין גירושין מחוץ לפרוצדורה המדוייקת שמגדירה ההלכה. כעת התברר לנו שהתורה במצוות הגירושין אינה מגדירה את פעולת הגירושין אלא רק מכוונת אותה.

ההבחנה בין מצוות מכוננות ומכוונות מניחה את ההבחנה אותה עשינו כאן בין שתי הקומות. התפיסה של מצוות כמכוונות ולא כמכוננות פירושה הוא שיש להן רכיב משמעות אוניברסלי ובנוסף לו יש רכיב פרטיקולרי שמכוין אותו. הרכיב האוניברסלי קיים עוד לפני ההלכה ובלעדיה, ועליו ההלכה מוסיפה רכיבים פרטיקולריים שמטרתם לכוין את הביצוע של האקט ההלכתי כך שהוא ייעשה באופן נכון יותר.

כעת נראה כמה השלכות של המודל הדו-קומתי שהוצג כאן.

הקשר הזוגי כמציאות טרום הלכתית: חידושו של המהרי״ק

ההלכה קובעת שאישה שזינתה במזיד תחת בעלה נאסרת על הבעל ועל הבועל. אולם אם היא עושה זאת בשוגג או באונס, היא אינה נאסרת (אלא אם הבעל הוא כהן). בשו״ת מהרי״ק, שורש קסז, מחדש חידוש גדול ביחס לדין זה, ונראה שיסודו נעוץ במודל הדו-קומתי שהוצג למעלה.

בדרך כלל אנו מכירים שני סוגים של שגגה: שגגת עבירה ושגגת עובדה. אדם יכול להיות שוגג מפני שלא ידע שהמעשה שלו אסור, ואדם יכול להיות שוגג מפני שלא ידע ששוררות כעת הנסיבות בהן המעשה הוא אסור. לדוגמה, אדם צד בשבת מפני שלא ידע שאסור לצוד בשבת (=שגגת מלאכה), או מפני שלא ידע ששבת היום (=שגגת שבת).

והנה, טוען המהרי״ק, לגבי איסור של אשה שזינתה על בעלה ניתן להבחין בין שני סוגים דומים של שגגה: אישה שזינתה, אבל חשבה שאין בכך איסור. אישה שזינתה אבל חשבה שהיא מקיימת יחסים עם בעלה (בחושך). לכאורה בשני הסוגים הללו יחול אותו דין: האישה אסורה על הבעל והבועל. אולם מהרי״ק טוען אין מקום להשוואה בין שני סוגי השגגה הללו בהקשר של זנות. אם האישה חשבה שהאדם אתו היא מקיימת יחסי אישות הוא בעלה, אזי דינה כשוגגת והיא באמת לא נאסרת על הבעל. היא לא חשבה לפגוע בתא המשפחתי, ולכן באמת לא פגעה בו. אולם אם היא ידעה שהלה אינו בעלה אך לא ידעה שאסור לזנות עמו, במקרה כזה היא נאסרת על הבעל, בדיוק כמו במקרה של מזיד.

מדוע באמת המצב השני אינו נחשב כשוגג לעניין זה? למה סובר מהרי״ק שההלכה כאן חורגת מהגדרת השגגה המקובלת בכל מרחבי ההלכה האחרים? המהרי״ק שם מסביר שבמקרה השני האשה מעלה מעל באישה, גם אם עשתה זאת מבלי להיות מודעת לאיסור. סוף סוף היא רצתה לקיים יחסי

אישות עם מישהו שאינו בעלה ולפגוע בתא המשפחתי, ולכן גם אם לא היה בכך איסור – עובדתית היא מעלה בקשר הזוגי שביניהם. מעילה כזאת מפרקת את הקשר הזוגי ואוסרת אותה על הבעל ועל הבועל.

לפי דרכנו נראה שפירוש הדברים הוא שמהרי״ק רואה את הקשר הזוגי כמשהו שאינו הלכתי גרידא. במישור ההלכתי הרגיל, לגבי האיסור האישה היא שוגגת גמורה, שכן היא לא ידעה שהמעשה הזה הוא אסור על פי ההלכה. אולם לגבי המציאות של הקשר הזוגי היא מזידה, שהרי היא רצתה במזיד לפגוע בקשר הזה. מהרי״ק טוען שהאיסור שלה על בעלה נובע ממעילה במציאות הקשר הזוגי ולא ממעילה באיסור. במילים אחרות נאמר שהמעילה עליה מדובר כאן היא מעילה בקומה הראשונה, האוניברסלית, של הקשר הזוגי, זו שאינה קשורה בהכרח לאיסורים ההלכתיים. אישה לא נאסרת לבעלה בגלל מעילה בקומה ההלכתית אלא בגלל פגיעה בקשר הזוגי האוניברסלי בין איש לאישתו, שהוא מציאות חברתית-עובדתית.

הקשר הזוגי כמציאות טרום הלכתית: חידושו של ה׳פנ״י׳

ניתן אולי להוסיף כאן דוגמה נוספת. ראשית, עלינו להקדים את העיקרון שהגמרא קובעת בכמה מקומות ש״לא מצאנו אשת שני מתים״ (ראה גיטין פב ע״ב ומקבילות), כלומר שלא ייתכן מצב שאישה תיפול לייבום בפני שני אנשים שונים. במילים אחרות, כוונת הגמרא לומר שאישה לא יכולה להיות נשואה לשני אנשים שונים (וכך להתחייב ייבום מכוח שניהם, במקרה ששניהם ימותו).

הסיבה היסודית לכך שלא ייתכן מצב של נישואין לשני בעלים היא שקידושין לא תופסים בעריות (נשים שאסורות על המקדש באיסור ערווה החמור). אשת איש היא אחת העריות (היא אסורה על כל העולם באיסור ערווה), ולכן קידושין לא תופסים בה. לכן אם אישה נשואה למישהו, קידושין של כל אדם

אחר לא יתפסו בה שהרי היא אשת איש. לכן לעולם היא לא יכולה להיות נשואה לשני בני אדם.

הקדמה נחוצה נוספת היא ששפחה חרופה (כלומר חציה שפחה וחציה בת חורין) יכולה להינשא לעבד עברי. ובכל זאת, מי שיבוא עליה לא עובר איסור דאורייתא (היא כן עוברת), על אף שהוא מתחייב להביא קרבן אשם. והנה, **הפנ״י** בגיטין מג ע״ב מקשה מכאן על העיקרון של אשת שני מתים. נביא את הדברים מה**אבני מילואים** סי׳ מד סק״ד שמביא את דבריו וחולק עליו:

> ***ובחידושי פני יהושע פ׳ השולח (דף מ״ג) הקשה דאכתי משכחת אשת שני מתים קודם שחרור וחזרה ונתקדשה לשמעון דקדושי שמעון נמי תפסי בה כיון שאין חייבין על קידושי ראובן רק אשם, לא הוי אפי׳ כחייבי לאוין דעלמא דקידושין תופסין בה.***

הוא מקשה שאם אדם יקדש שפחה חרופה הקידושין יתפסו (שהרי קידושין תופסים אפילו בחייבי לאו, וכאן אין אפילו לאו), ולכן היא יכולה להיות נשואה לשני בעלים, ולהתחייב ייבום משניהם.

והוא מתרץ:

> ***ומתרץ דהא דקי״ל בעלמא קידושין תופסין בחייבי לאוין היינו חייבי לאוין דעלמא אבל ע״י קידושין בלא״ה לא משכחת קידושין אחר קידושין דכיון שתופסין קידושי ראובן הרי היא ברשותו ואין לה יד לקבל קידושין מאחר עכ״ל.***

טענתו היא שבעריות רגילות הקידושין לא תופסים בגלל חומרת האיסור (איסורי ערווה). אבל באשת איש מעבר לחומרת האיסור יש עוד סיבה שקידושין לא תופסים בה: היא כבר מקודשת לאחר. עצם היותה לא פנויה מהווה מכשול בפני הקידושין, בלי קשר לאיסור לבוא עליה. ברמה הפורמלית ניתן לומר ש״אין לה יד לקבל קידושין מאחר״.

משמעות הדברים היא שלפי **הפנ״י** יש באישה משהו מעבר לחומרת האיסור שמונע תפיסת קידושין. בדומה למה שראינו בדברי מהרי״ק למעלה, הדרך אליה חסומה בפני כל באי עולם לא רק בגלל האיסור אלא גם בגלל העובדה החברתית שהיא נשואה לאחר. מה שמונע את תפיסת הקידושין הוא עצם מציאות התא הזוגי ולא רק האיסור שמתלווה לזה.

להשלמת התמונה רק נציין שזוהי דעת **הפנ״י**. אבל **האב״מ** שם חולק עליו, ולדעתו קידושין אכן תופסים בה והיא יכולה להיות נשואה לשני אנשים. ובכל זאת היא לא אשת שני מתים כי היא לא תתחייב ייבום מכוח הנישואין הללו (ראה שם את ההסבר לכך).

משעה שנתן עיניו לגרשה שוב אין לו פירות

הגמרא בגיטין יז ע״א עוסקת בשאלה מדוע נדרשת כתיבת הזמן בשטר הגט. עולות שם שתי תשובות אפשריות:

> ***איתמר: מפני מה תיקנו זמן בגיטין? רבי יוחנן אמר: משום בת אחותו, ריש לקיש אמר: משום פירות. ריש לקיש מ״ט לא אמר כרבי יוחנן? אמר לך: זנות לא שכיחא. ורבי יוחנן מאי טעמא לא אמר כריש לקיש? קסבר: יש לבעל פירות עד שעת נתינה. בשלמא לריש לקיש, משום הכי קא מכשיר ר״ש, אלא לרבי יוחנן, מאי טעמא דר״ש דמכשיר? אמר לך רבי יוחנן: אליבא דר״ש לא קאמינא, כי קאמינא אליבא דרבנן. בשלמא לרבי יוחנן, היינו דאיכא בין רבי שמעון לרבנן, אלא לריש לקיש, מאי איכא בין רבי שמעון לרבנן? פירי דמשעת כתיבה ועד שעת חתימה איכא בינייהו.***

לפי ריו״ח מטרת כתיבת הזמן היא כדי שזמן הגירושין יהיה ברור, ולא תהיה לאדם אפשרות להגן על אישתו שזינתה בטענה שהיא כבר היתה מגורשת באותה שעה. ר״ל מבסס את החובה לכתוב זמן בגט על כך שלאחר הכתיבה

הפירות של נכסי המילוג כבר אינם שייכים לבעל, וצריך להבהיר את הזמן כדי שהבעל לא יוכל למכור את הפירות בנכסי המילוג שלה כשהם כבר לא שלו. ריו״ח חולק עליו וסובר שיש לבעל פירות עד זמן הגירושין עצמם, ולכן זמן כתיבת הגט אינו חשוב. מה שקובע הוא זמן נתינת הגט לאישה, ועל כך יש עדי מסירה.

ובהמשך הגמרא מודים כולם שלפי ר״ש במשנה (יז ע״א), שמכשיר גט שנכתב ביום ונחתם בלילה, אין לבעל פירות אלא עד שעת הכתיבה. גם להלן יח ע״א הגמרא מביאה זאת כדבר פשוט:

ר״ש מכשיר. אמר רבא: מאי טעמא דר״ש? קסבר: כיון שנתן עיניו לגרשה, שוב אין לו פירות.

ולהלכה הגמרא יח ע״ב אומרת:

אתא לקמיה דרבי יהושע בן לוי, אמר ליה: כדאי הוא ר״ש לסמוך עליו בשעת הדחק.

לכאורה נראה שאין הלכה כר״ש, אלא בשעת הדחק, וכך הביאו הפוסקים (ראה ב**שו״ע** אבהע״ז סי׳ קכז ה״ב, ורמב״ם גירושין פ״א הכ״ה ובנו״כ שם). אמנם יש שכתבו שהלכה ממש כמותו (ראה ב**הגהמי״י** הל׳ גירושין פ״א סק״נ ועוד).

הרי״ף (ראה גיטין ח ע״ב בדפיו) מסביר שהפירות הם של הבעל עד שעת נתינת הגט, וכן משמע ברמב״ם הל׳ גירושין פכ״ב הכ״ד (אמנם עיין **או״ש** על אתר). הרי״ף מסביר זאת בכך שפירקונה (=החובה לפדות אותה מהשבי) הוא ודאי עד שעת נתינת הגט (ראה כתובות מז ע״ב, שהחובה לפדותה תוקנה כנגד הזכות שלו בפירות מנכסי מילוג. ושם נב ע״א מבואר שההדדיות בחובות נשמרת). אמנם הר״ן והרמב״ן שם מקשים מדוע לא נאמר שגם חובת פרקונה פוקעת משעת כתיבת הגט.

בעל **הקרבן נתנאל** על הרא״ש שם בסק״ה כותב שלא שייך לומר שפרקונה פוסק משעת כתיבה, שכן פרקונה היא זכות שלה ממנו ולא שלו ממנה. ולא ייתכן שמעשה שלו (כתיבת הגט) יפקיע זכויות שלה. אז למה אחרי מתן הגט, שגם זה מעשה שלו, גם הוא מסכים שהזכויות ההדדיות פוקעות? כאן זה ברור מפני שקשר האישות עצמו פקע, ממילא כל הזכויות שמסתעפות ונגזרות ממנו פוקעות גם הן. מייד נראה ששורש המבוכה הוא במודל הדו-קומתי שהוצע כאן.

חזרה למצב של אירוסין

ראינו דעה תנאית שיש לה מקום גם בהלכה, לפיה משעת כתיבת הגט שוב אין לבעל פירות בנכסי מילוג. מדוע באמת הזכות בפירות פוקעת משעת כתיבת הגט? מה מתרחש בעת כתיבת הגט שמפקיע את זכויותיו של הבעל? לכאורה היינו מצפים שהכל יתרחש בעת הגירושין עצמם (בשעת הנתינה, כדעת ריו״ח).

כדי להבין זאת, יש לשים לב לכך שרבא מנסח את סברת ר״ש בצורה מעט שונה. הוא לא תולה זאת בשעת כתיבת הגט, אלא בכך שהבעל כבר נתן עיניו לגרשה. כלומר יש כאן מצב של ״גרושת הלב״, זהו מצב שהאדם כבר החליט לפרק את התא המשפחתי, אך עדיין לא נתן לאשתו גט כשר כהלכתו. במצב כזה משהו מהקשר הזוגי מתפרק, וביטוי הלכתי לכך אנו מוצאים בדעת ר״ש שהבעל מאבד את זכויותיו בפירות. לפי ריו״ח זה קורה בעת הגירושין הסופיים, אבל לפי ר״ש (ור״ל אחריו) זה קורה כבר בשעה שהוא ׳משלחה מביתו׳ מנטלית.

הגמרא מזהה בין מצב שהבעל כתב גט לבין מצב שהבעל רק החליט לגרשה. כתיבת הגט אינה אלא ביטוי להחלטה לגרשה, ולפחות לפי ר״ש זהו הפרמטר

הקובע לעניין בעלותו על הפירות. משעה שהחליט לגרשה הוא מאבד את זכותו בפירות.[42]

כעת נוכל להבין גם את דברי הראשונים שחובת פירקונה פוקעת משעה שכתב גט, על אף שזהו מעשה שלו ולא שלה. לפי דרכנו הדברים אינם קשים כלל ועיקר. משעה שנתן עיניו לגרשה הסברנו שפוקעים הנישואין, ונותרים רק הקידושין. למעשה, פירוש הדבר הוא שהיא חוזרת בחזרה למצב של ארוסה (עד שתקבל מבעלה גט כשר). אם כן, כעת ההלכות אינן אלא תוצאה של המצב החדש הזה, ולכן מחד אין עליו חובה לפדותה ומאידך אין לו גם זכות לפירות בנכסיה. החובות שקשורות לנישואין פוקעות ונותרות רק חובות כמו במצב של אירוסין. נזכיר שגם הקמת החובות ההדדיות הללו נעשית רק בשעת הנישואין. לארוסה אין חובות וזכויות כאלה. אם כן, גם בתהליך פירוק הקשר הזוגי, כשחוזרים למצב של אירוסין פוקעות גם החובות ההדדיות. חלק מאותו איסור שעליו דיבר **החינוך** (לגרש בלי גט) הוא להותיר אישה בלי חובות וזכויות ובלי היתר לשוק (כבולה לבעל הראשון).

המסקנה מן התמונה שתוארה עד כה היא שכמו שבבניית הקשר הזוגי ישנם שני שלבים: הפורמלי/פרטיקולרי (=הקידושין) ואחריו המהותי/אוניברסלי (=הנישואין), כך גם בהתרת הקשר הזוגי יש שני שלבים: גרושת הלב, משעה שנתן עיניו לגרשה או שכתב לה גט, שאז פוקעים הנישואין והיא חוזרת למצב של ארוסה. ואח״כ השלב של מתן הגט אשר מפקיע את הקידושין ומתיר אותה לשוק.

---

[42] נציין שבתוד״ה 'נכנס אחריה', ב״ב קמו ע״ב כפרו בזיהוי הזה, אך דבריהם קשים (ראה גם במהרש״ל ומהרש״א שם).

עד כה ראינו שתי השלכות הלכתיות לכך שגרושת הלב זוהי חזרה למצב של ארוסה: פקיעת חיוב פדיונה ופקיעת הזכויות בפירותיה. כעת נראה השלכות הלכתיות נוספות של התיאור הזה.

משעה שנתן עיניו לגרשה אסור לבוא עליה

באותה סוגיא עצמה (יח ע"א) נדונה השאלה ממתי מונים לאישה 90 ימי הבחנה שהיא צריכה לחכות אחרי הגירושין עד שהיא נישאת בשנית (כדי שאם היא בהריון יהיה ברור בכל מצב מיהו אבי הוולד שנולד לה):

רב כהנא ורב פפי ורב אשי עבדי משעת כתיבה, רב פפא ורב הונא בריה דרב יהושע עבדי משעת נתינה. והלכתא: משעת כתיבה.

כלומר מה שקובע הוא שעת כתיבת הגט ולא שעת הגירושין, וכך גם נפסק להלכה (ראה רמב"ם הל' גירושין פי"א הי"ט, ו**שו"ע** אבהע"ז סי' יג ה"א). ושוב עולה השאלה מדוע יש משמעות הלכתית לשעת כתיבת הגט? התשובה נעוצה בדין נוסף, שמצטרף גם הוא לענייננו. הרמב"ם שם כותב כך:

ומיום כתיבת הגט מונין למגורשת, ואפילו היה על תנאי או שלא הגיע לידה אלא אחר כמה שנים, מיום הכתיבה מונין, שהרי אינו מתיחד עמה משכתבו לה.

כלומר משעה שהגט נכתב אסור לבעל לבוא עליה. וכן הוא ב**שו"ע** שם (אף שהרמ"א שם מביא גם דעות להחמיר ולמנות משעת נתינת הגט).

מקור הדין הזה בסוגיית גיטין צ ע"א:

א"ל רב משרשיא לרבא: אם לבו לגרשה והיא יושבת תחתיו ומשמשתו, מהו? קרי עליה: (משלי ג***) אל תחרש על רעך רעה והוא יושב לבטח אתך.***

כלומר יש איסור מדברי קבלה לבוא על אשתו כשהוא חושב בלבו לגרשה. וכן מצינו בסוגיית נדרים כ ע״ב:

(יחזקאל כ) וברותי מכם המורדים והפושעים בי - אמר רבי לוי: אלו בני תשע מדות, בני אסנ״ת משגע״ח: בני אימה, בני אנוסה, בני שנואה, בני נידוי, בני תמורה, בני מריבה, בני שכרות, בני גרושת הלב, בני ערבוביא,

כלומר בני ״גרושת הלב״ הם אחד מהסוגים של ״בני תשע מידות״, כלומר מי שנולד מיחסי אישות בעייתיים.

אמנם נחלקו הראשונים באשר לאיסור זה. יש הסוברים שהאיסור הוא רק לשמש עמה (**מל״מ וחלקת מחוקק**), ויש הסוברים שהאיסור הוא להמשיך לחיות עמה, אפילו ללא תשמיש (**טור** וראב״ד על הרי״ף ומאירי). אך לכל הדעות יש כאן עוד משהו שמתרחש בשלב של גירושי הלב.[43] נראה כי עוד רכיב שקשור לנישואין פקע בשלב זה. גם היתר התשמיש הוא נגזרת של הנישואין, ולכן החזרה לאירוסין מפקיעה גם אותו. ואכן אסור (מדרבנן) לבוא על אשתו ארוסה עד שיכניסה לביתו. יחסי אישות הם חלק מהחיים יחד, ולכן הם מאפיינים את הנישואין ולא את הקידושין. ומכאן שגם בדרך לפירוק הקשר, ברגע שחזרנו למצב של אירוסין, שוב אין היתר לקיים יחסי אישות.

נציין כי לפי השיטות שאסור לו לחיות עמה (ולא רק שאסור לו לבוא עליה), ברור שיש כאן מצווה לגרשה. זה מחזק מאד את טענתנו למעלה בדעת **החינוך**, לפיה המצווה לגרש היא מצווה מותנה ולא מצווה הגדרתית. כאשר אדם רוצה לגרש את אשתו, וכאשר היא כבר ״גרושת הלב״ אצלו, יש מצווה

---

[43] נציין שיש שכתבו שהאיסור הוא רק כשהיא אינה יודעת שברצונו לגרשה (כמו האיסור ״לא תשנא את אחיך בלבבך״ – ראה **ספהמ״צ** לרמב״ם, ל״ת שב), מה שמשנה מעט את התמונה.

חיובית לגרשה, כלומר להשלים את הפקעת הקשר ביניהם, ובכך להתירה לשוק. אסור להשאיר אישה כשהיא אסורה אליו באזיקים אם הוא אינו יכול לחיות עמה. טעם האיסור הוא ככל הנראה מניעת עגינות של האישה (חוסר יכולת לממש את זכותה לחיי אישות), או מניעת מצב שמהווה פירצה לזימה (כתיאור ה**חינוך** לעיל).

אמנם במצב האירוסין שקודם לנישואין יש פוסקים שאוסרים לגרשה (ראה מהרשד״ם שמובא ב**מל״מ** פ״י מהל׳ גירושין הכ״א), וכאן ראינו שיש בכך אפילו מצווה. אם כן, לכאורה הזיהוי שלנו בין המצבים הוא בעייתי. אך ברור שאין בכך כדי לערער על הזיהוי הזה, שכן יש משמעות לכיוון ולמגמה. האירוסין הרגילים הם בדרך לנישואין ואילו גרושת הלב זהו מצב בדרך לגירושין. זהון אולי ההסבר מדוע האיסור לבוא על גרושת הלב הוא מדברי קבלה ולא רק איסור דרבנן כמו במצב של אירוסין רגילים. ולכן גם לכל הדעות אין איסור לגרשה, וכנראה אפילו מצווה יש בזה (או איסור לא לגרשה, כפי שכתב ה**חינוך**).

השלכות דאורייתא

עד כאן עסקנו בהלכות מדאורייתא (איסור על הבעל והבועל בשגגת איסור, איסור על מי שלא מגרש כדין), ובהלכות שנוגעות לחובות והזכויות ההדדיות שבין הבעל לאישה. הלכות אלה יסודן במישור דרבנן, או לכל היותר בדברי קבלה (לגבי האיסור לבוא על גרושת הלב). ראינו שהזכויות והחובות הללו פוקעות משעה שנתן עיניו לגרשה, והסברנו זאת בכך שהיא חוזרת למצב של אירוסין. אך אנו מוצאים גם אספקטים נוספים שנוגעים לחובות ולזכויות ההדדיות, חלקם מדאורייתא, שפוקעים משעה שנתן עיניו לגרשה.

הגמרא בב״ב קמו ע״א, דנה במי שנכנס אחרי אשתו לחורבה על מנת לגרשה:

אמר רב יהודה אמר רב: מעשה באדם אחד שאמרו לו אשתו תותרנית היא, ונכנס אחריה לחורבה לבודקה; אמר לה: ריח צנון אני מריח בגליל, אמרה ליה: מן יהיב לן מכותבות דיריחו ואכלנא ביה! נפל עלה חורבה ומתה; אמרו חכמים: הואיל ולא נכנס אחריה אלא לבודקה, מתה - אינו יורשה.

אמנם רוב הפוסקים מפרשים את הגמרא באישה ארוסה, ואינו יורשה כי לא נשאה (אין ירושה אלא מן הנישואין). אך הרשב״ם שם ע״ב, ד״ה 'נפלה עליה', כותב:

נפלה עליה חורבה ומתה - ובא הבעל לפני ב״ד והיה רוצה לירש את אשתו ואמרו חכמים הואיל ולא נכנס עמה לבא עליה אלא לבודקה ולגרשה ומתה בתוך כך אינו יורשה אית דגרסי הכי ומוקי לה בארוסה ולא נהירא לי דאפילו בא עליה בימי אירוסין קודם הכנסתה לחופה לא ירית לה כדתני חנן בר אמי אשתו ארוסה לא אונן כו' מתה אינו יורשה דאין הבעל יורש את אשתו עד שתכנס לחופה כדנפקא לן (לעיל /בבא בתרא/ דף קט:) ירושת הבעל משארו הקרוב אליו ממשפחתו וירש אותה דהיינו לאחר שנכנסה לחופה.

*הלכך בנשואה מוקמינן לה והכי גרסי' ואמרו חכמים הואיל ונכנס אחריה לבודקה מתה אינו יורשה דכיון דהיה בדעתו לגרשה אם ימצאנה בעלת מום ובתוך כך מתה קודם שנתפייסו אינו זוכה בירושה ומהכא שמעינן שמי שמתה אשתו מתוך קטטה שיש בדעתו לגרשה שוב אינו יורשה כדאמרי' במס' גיטין (*דף יח*) משנתן עיניו לגרשה שוב אין לבעל פירות.*

הרשב״ם דוחה את הפירוש שמדובר בארוסה, ומעמיד את הגמרא בנשואה. לטענתו מכאן לומדים שבכל מקרה משעה שנתן עיניו לגרשה שוב אינו יורש אותה, כמו שראינו שמשעה זו גם אין לבעל פירות.

אמנם רוב הפוסקים לא למדו את הגמרא כך (ראה **שו״ע** אבהע״ז סי׳ צ סק״ה, ובביאור הגר״א שם סקט״ז ו**ב״ש** סקכ״א שם), אך לפחות דעת רשב״ם (וכך הוא בר״י מיגאש שהובא בחי׳ הרמב״ן שם, וב**תורי״ד** על אתר) היא שמשעה שנתן עינו לגרשה שוב אינו יורשה.

האחרונים (ראה ברש״ש שם, ועוד) כבר העירו שהרשב״ם מדמה כאן דין דאורייתא (=ירושת הבעל, שנלמדת מ׳שארו׳ – זו אשתו) לדין דרבנן (=זכות בפירות), ולכן טענתו אינה מובנת. כיצד ייתכן שדין דאורייתא ישתנה ללא נתינת גט? מעניין לציין שהראשונים החולקים עליו לא ציינו זאת כבעייה בדבריו (פרט לרמז בלשון הריטב״א על אתר).

אך לדברינו ההסבר בשיטת הרשב״ם וסיעתו הוא פשוט. אין כאן השוואה בין איבוד הפירות לבין ירושתה, אלא מכיון שגרושת הלב חוזרת למצב של ארוסה, חלים עליה כל דיני ארוסה, רובם מדרבנן אבל יש גם דינים דאורייתא. אחד הדינים הללו הוא שהבעל שוב אינו יורשה. כלומר המקשים הבינו שהעובדה שאין לבעל פירות היא זוג של תקנה או קנס מיוחד מדרבנן, ולכן לא ראו מקום להשוות זאת לדין ירושת הבעל. אבל הרשב״ם רואה בזה עיקרון גורף, ולפיו הקשר הזוגי חוזר למצב של אירוסין, ולכן איבוד הפירות ופקיעת החובה לפדותה אלו רק תוצאות מדרבנן של מצב שהשתנה כבר בדאורייתא. מכאן כנראה היה ברור לרשב״ם שגם הלכות דאורייתא שתלויות בנישואין יפקעו במצב זה.

הרש״ש שם מוסיף וטוען שלפי הרשב״ם הבעל אף אינו מיטמא לה (שהרי החובה להיטמא לה גם היא נלמדת מדרשה מקבילה: ׳שארו׳ - זו אשתו). כן הוא מוסיף שהבעל גם לא מתאבל עליה, וגם זה מתוך אותה דרשה. השורה התחתונה היא שהמסקנה מדברי הרשב״ם ותורי״ד והר״י מיגאש היא שלא מדובר כאן בהפקעות מקומיות, אלא בחזרה עקרונית למצב של אירוסין, על כל השלכותיו. מסתבר שלפחות לשיטות אלו גם כל שאר החובות מדאורייתא

ומדרבנן שחלות על וכלפי אישה נשואה (ולא כלפי ארוסה) יפקעו, בדומה להיבטים שראינו.

וראה ב**משך חכמה**, פ׳ בהעלותך, שהקשה מי היה הכהן בסנהדרין של משה רבנו (כמו תוס׳ שבררו מי היה הכהן שראה את נגעי מרים). הבעיה היתה שכל הכוהנים היו קרוביו של משה רבנו, ולכן הם לא יכלו לשבת ביחד אתו בסנהדרין. הוא מסביר שם (בדומה לרשב״ם הנ״ל) שמשעה שנתרחק פנחס מאשתו שוב אינו יורשה, ולכן הוא כשר להעיד לקרוביה.

כן מצאנו בסוגיית גיטין לה ע״ב שכהן הנשוי לגרושה, אף שהוא פסול לעבודה, משעה שנדר לגרשה הוא כשר לשוב ולעבוד בביהמ״ק. גם כאן מדובר בדין דאורייתא שמשתנה משעה שנתן עיניו לגרשה (אמנם כאן דרוש נדר), ולא צריך גירושין ממש.

סיכום: שארות וקידושין

ראינו שיש באישה שני דינים: שארות וקידושין. האישה היא שאר של בעלה החל מהנישואין, והשארות מחילה כמעט את כל ההתחייבויות ההדדיות (ירושה וטומאה ואבלות מה״ת, ושאר חיובים, כמו חובה לפדותה וזכות בפירות וכדו׳, מדרבנן). הקידושין מהווים תשתית פורמלית עם מעט מחוייבויות הלכתיות שכלולות בה.

עוד ראינו שכפל הרבדים הזה מלווה את הזוג בכל נישואיהם, ואף כשהם מחליטים להיפרד עליהם לנתק את שני הקשרים הללו. גט כשר מנתק את שני הקשרים ביחד, ושילוח מביתו, פיסית או מנטלית (משעה שנתן עיניו לגרשה – גרושת הלב), מנתק רק את קשר השארות.

זיהינו את קשר השארות עם הנישואין, כלומר עם התא הזוגי כמבנה חברתי-אוניברסלי. ואילו קשר הקידושין והשלכותיו הם הקומה הפרטיקולארית-פורמלית-הלכתית, שמיוחדת לישראל מכוח ציווי התורה. כאמור, הציווי הזה

מכוון את הקשר הזוגי ולא מכונן אותו. כשרוצים להקים קשר זוגי יש להקדים לו צעד פורמלי של קידושין.

הערה מתודולוגית קצרה

יש מקום לדון במשמעות ההליך המתודולוגי בו נקטנו כאן. לכאורה אספנו דוגמאות ממקורות שונים שמצטרפים לכלל תמונה לפיה בפירוק הקשר הזוגי ישנם שני שלבים, ובשלב הראשון ישנה חזרה למצב שהוא כעין אירוסין. אך מעיון במקורות עולה כי לכל אחד מן ההיבטים הללו ישנה סיבה ספציפית. לא מצאנו מישהו שקובע באופן מפורש שהבסיס לטענתו ההלכתית הוא ראיית המצב של גרושת הלב כסוג של גרושה, או כחזרה למצב של ארוסה, ובודאי לא קביעה של מודל שתי קומות לקשר הזוגי.

האם זה לגיטימי לאסוף עובדות שלכל אחת יש בסיס שונה, ולבנות מן הצירוף שלהן תיאוריה מטא-הלכתית כוללת? האם לא נכון יותר שלכל עמדה הלכתית כזו היתה סיבה ספציפית (דרשה מישארו', תקנה מקומית לשלול זכות בפירות, וממילא חובת פדיון וכדו'), ואין מקום להכללה המטא-הלכתית הזו? האם ההכללה הזו אכן קולעת למה שעמד בבסיס החשיבה של הפוסקים (אמוראים/ראשונים/אחרונים)? האם בכלל צריך לנסות ולקלוע לכך?

אלו הן שאלות נכבדות, והן נוגעות לרובד מאד יסודי של המחלוקת בין הלימוד המסורתי בישיבות לבין המחקר האקדמי. מחמת קוצר המצע, אין כאן המקום להרחיב בה. בכל אופן, ברור כי המתודולוגיה הזו אינה רק כלי טכני, אלא היא מבטאת תפיסת עולם ואוסף של הנחות יסוד לא פשוטות שדורשות עיון כשלעצמן. יש כאן ראייה של ההלכה כאובייקט שעומד לעצמו,

ולא רק כצירוף של פסיקות מקומיות שכל אחת אמורה להיבחן בפני עצמה, וסכומן יוצר את המכלול.[44] יתר על כן, זה מצטרף אצלנו לראיות נוספות לקיומו של המודל הדו-קומתי ביחס לאישות, ובעצם בכל מרחבי ההלכה. חשיפת המבנה הלוגי הזה מסייעת לטענתנו שבבסיס אוסף ההלכות הללו מונחת תפיסת עולם כמו גם לוגיקה פרשנית.

כעת נעמוד על כמה השלכות נוספות של המודל הדו-קומתי הזה.

השלכה ראשונה: יש שארות לאחר מיתה

אחרי שזיהינו את שתי הקומות שמרכיבות את מבנה הקשר הזוגי, נוכל לראות בקלות שכבר כמה מהאחרונים העירו על הבדלים בין שני הרבדים הללו.[45] לדוגמה, כאשר הבעל או האישה מתים פוקע הקשר הזוגי ביניהם, כאילו ניתן גט (ראה משנה ריש קידושין). והנה, מצינו דעות הגורסות כי קשר השארות נותר גם לאחר מיתת האישה, ומה שפוקע הוא רק הקידושין שביניהם. הדבר מעיד כמובן על כך שיש כאן שני רבדים בלתי תלויים, שפקיעת האחד אינה מובילה בהכרח לפקיעתו של השני (כפי שראינו גם למעלה).

מקור הדברים הוא בגמרא יבמות נה ע״ב:

אמר רבא: למה לי דכתב רחמנא שכבת זרע בשפחה חרופה, שכבת זרע באשת איש, שכבת זרע בסוטה? דשפחה חרופה - כדאמרן. דאשת איש - פרט למשמש מת. הניחא למאן דאמר משמש מת

---

[44] ראה במאמרו של מ. אברהם, ׳בין מחקר ליעיון׳ – הרמנויטיקה של טכסטים קאנוניים׳, **אקדמות** ט.

[45] ראה, לדוגמה, **כלי חמדה**, פ׳ אמור, סי׳ ב.

בעריות - פטור, אלא למ"ד חייב, מאי איכא למימר? אלא, פרט למשמש מתה, דסד"א, [הואיל] לאחר מיתה נמי איקרי שארו, אימא ליחייב עלה באשת איש, קמ"ל.

הגמרא מסבירה שהסוברים שמשמש (=מקיים יחסי אישות) מת חייב מסבירים את הפסוק על משמש מתה. מדוע נדרש פסוק ללמד שמשמש עם אישה מתה פטור? הגמרא תולה זאת בהו"א שמכיון שהאישה קרויה שארתו של בעלה גם לאחר שהיא מתה, אזי היינו חושבים שמי שישמש עם גופתה יהיה חייב משם בא על אשת איש. למסקנה הפסוק מחדש שאדם שעושה זאת פטור, וכך גם נפסק להלכה ברמב"ם ו**בשו"ע**. אמנם היה מקום להבין שחידוש הגמרא הוא זה גופא: שהאישה אינה שארתו של בעלה לאחר מיתתה. כלומר יש כאן רק הו"א שנדחית מכוח הפסוק. אך מלשון הגמרא עולה די בבירור שהחידוש הוא אחר: על אף שבאמת גם למסקנה היא קרויה שארתו של בעלה לאחר מיתתה, בכל זאת התחדש שמי שבא עליה הוא פטור (ומהלשון אף משמע שיש בכך איסור).

לעומת זאת, בסוגיית ב"ב קיד ע"ב שדנה בענייני ירושה, פשוט לגמרא שהבעל אינו יורש את אשתו בקבר (רש"י ותוס' נחלקים בשאלה האם מדובר כשהוא בקבר או כשהיא בקבר, ואכ"מ):

הא קא משמע לן, דאשה את בנה דומיא דאשה את בעלה, מה אשה את בעלה - אין הבעל יורש את אשתו בקבר, אף אשה את בנה - אין הבן יורש את אמו בקבר להנחיל לאחין מן האב.

ההשלכה היא האם יורשי הבעל שנותרו בחיים זוכים בירושת אישתו, או שהירושה חוזרת לבית אביה (קרוביה מלידה). נראה שהגמרא כאן אינה רואה את האישה כשארתו של בעלה, ומכאן היא לומדת שגם לגבי הבן אין לאם ירושה בקבר.

והנה בתוד"ה 'לאחר מיתה', בסוגיית יבמות מקשה:

והא דפשיטא לן בפרק יש נוחלין (ב״ב דף קיד:) דאין הבעל יורש את אשתו כשהוא בקבר וקאמר נמי התם כשם שאין האיש יורש את אשתו בקבר להנחיל לקרוביו כך הבן לא יירש את אמו בקבר להנחיל לאחיו מן האב הא דפשיטא ליה בבעל טפי מבבן היינו מהך דרשא דהכא דאשמועינן דלאחר מיתה לא מיקרי שארו.

תוס׳ מבינים שמסקנת הסוגיא היא שאין שארות לאחר מיתה, באופן שדחינו לעיל. אמנם בתוד״ה ׳מה אשה׳, בסוגיית ב״ב על אתר, גם הם מקשים זאת:

אבל תימה דאמאי פשיטא ליה בבעל טפי מבבן דמה שפי׳ ריב״ם דלכך פשיטא ליה בבעל משום דשאירות פקע ליה על ידי מיתה כמו ע״י גירושין אין נראה דאמר בהבא על יבמתו (יבמות דף נה:) דלאחר מיתה נמי מיקריא שארו.

ריב״ם מפרש כתוס׳ ביבמות, ששארותו של הבעל פוקעת לאחר מיתה, כמו ע״י גירושין. וכנראה שהוא יפרש את סוגיית יבמות הנ״ל באופן שדחינו, אך התוס׳ עצמו דוחה את דבריו, ומוכיח מנוסח הסוגיא שם שיש שארות לאחר מיתה, כפי שראינו לעיל. לאחר מכן תוס׳ מציע הסבר אחר לקושיית ריב״ם לשיטתו שלו, ואומר שאמנם יש שארות לאחר מיתה, אך זוהי שארות חלקית (ולכן יש לה מגבלות לגבי אופני ירושה מסויימים, ואכ״מ). נמצאנו למדים שבעלי התוס׳ חלוקים האם יש שארות לאחר מיתה או לא.

אמנם לפי דרכנו היה מקום להתבונן על הסתירה הזו באופן אחר. הסוגיא ביבמות עוסקת בבעילת מתה, והאיסור הנדון הוא בעילת אשת איש. איסור זה נובע מן הקידושין ולא מן הנישואין, שהרי משעת הקידושין יש איסור על כל העולם לבוא עליה. הנישואין אינם מוסיפים מאומה לעניין זה. לעומת זאת, בסוגיית ב״ב הנדון הוא על הירושה, ודין ירושת הבעל, כפי שראינו, תלוי בנישואין ולא בקידושין. לכאורה עולה מכאן שלא ברור לגמרא ביבמות שהמיתה מפקיעה את הקידושין, אך לגבי הנישואין פשיטא לגמרא בב״ב שהם פוקעים עם מיתת האישה.

אלא שאז קשה המינוח של הגמרא ביבמות שלאחר מיתה אקרי 'שארו', שהרי כפי שראינו המונח 'שאר' מתייחס דווקא לנישואין ולא לקידושין.

אמנם דווקא לפי הדעה שחידוש הפסוק הוא שאין שארות לאחר מיתה, אפשר להסביר שביבמות הגמרא הסתפקה אולי משהו מקניין הקידושין נותר גם לאחר מיתה, והחידוש הוא שלא. ובסוגיית ב"ב הדיון נגע בשארות, וזה היה פשוט לגמרא שהשארות פוקעת לאחר מיתה. אך הדעה בתוס' (וזה גם פשט הגמרא ביבמות) שהשארות קיימת גם לאחר מיתה, עדיין צל"ע.

השלכה שנייה: אכילה בתרומה

נושא נוסף שהאחרונים מבחינים לגביו בין שארות לבין קניין הקידושין הוא אכילת אשת כהן בתרומה. כידוע, תרומה מותרת באכילה רק לכוהנים ולא לישראלים. מה דין כאשר בת ישראל נישאת לכהן? התורה עצמה קובעת שהיא יכולה לאכול בתרומה. האם גם לגבי ארוסה זהו הדין, או שמא אכילה בתרומה תלויה בנישואין? מתברר שכבר ארוסה יכולה לאכול בתרומה.

אמנם חז"ל מביאים לעניין היתר אכילה בתרומה של אשת כהן שני לימודים שונים: בכתובות נז ע"ב ומקבילות לומדים זאת מהפסוק "וכהן כי יקנה נפש קנין כספו" (ויקרא כב). הגמרא לומדת מכאן שאשתו יכולה לאכול בתרומה שכן היא קניין כספו (=היא נקנתה לו בכסף הקידושין). בסוגיית קידושין ה ע"א מבואר שמעיקר הדין מדובר גם בארוסה. לעומת זאת, אנו מוצאים בחז"ל עוד לימוד מהפסוק (ראה, לדוגמה, רש"י במדבר יח, יא): "כל טהור בביתך יאכל קדש". האחרונים (ראה, לדוגמה, **אמרי משה** ו**אבני מילואים** בתשובה יז שבסוף הספר ועוד) מציעים שהלימוד הראשון עוסק בארוסת כהן והשני רק באשת (=שארת) כהן.

הם מביאים כמה וכמה השלכות להבחנה הזאת, ולא ניכנס אליה בפירוט כאן. יסוד ההבחנה הזו הוא שקשר הארוסה לבעלה הוא בעל מאפיינים של

קניין,[46] ולכן ניתן ללמוד את האכילה שלה בתרומה מהפסוק "קנין כספו הוא יאכל בו". לעומת זאת, לנשואה יש קשר נוסף לבעלה, והוא השארות. היא אוכלת בתרומה גם מכוח היותה "כל טהור בביתך", כלומר חלק מביתו של הכהן (כאמור, יש לכך השלכות הלכתיות שונות, ואכ"מ). הראשונים ביבמות סו ע"א (ראה בתוד"ה 'מנין לכהן' ובחי' הרמב"ן שם ועוד) מעלים אפשרות שאשת כהן אוכלת בתרומה מחמת עצמה ולא מכוח הכהן. גם השלכה זו נראית קשורה להבחנה שלנו.

השלכות שמבטאות את מהותו של קשר השארות

ראינו שיש בין הבעל לאשתו שני סוגי קשר: קניין ושארות. מהי מהותו של קשר השארות? אם הקידושין מתייחסים לאיסורי הביאה, שלו ושל העולם, הרי שקשר הנישואין הוא אשר הופך אותם לקרובי משפחה. אמנם אנו מוצאים בכמה הקשרים, הלכתיים ואחרים, שהקירבה בין בעל לאשתו שונה מקרבת משפחה רגילה. הזכרנו למעלה את הדרשות שלומדות מהמילה 'שארו' לרבות את אשתו. השארות אינה כל קרבת משפחה אלא רק קרבה של אישות. אם כן, הייחודיות של קשר האישות היא בהיותו קשר של שארות. מה עניינה של השארות? נביא כאן כמה דוגמאות שיבהירו זאת.

בעל כאשתו ואישה כבעלה

הגמרא בסנהדרין עוסקת בפסול קרובים לעדות. בין היתר היא נזקקת לפסול אישה לבעלה ולהיפך, באומרה:

---

46 אמנם אין הכוונה לומר שהיא קנויה לו כעבד, כפי שהעירו הראשונים. ראה על כך במאמרנו לפרשת חיי-שרה, תשסה.

בעו מיניה: מהו שיעיד אדם באשת חורגו? בסורא אמרי: בעל כאשתו. בפומבדיתא אמרי: אשה כבעלה. דאמר רב הונא אמר רב (נחמן): מניין שהאשה כבעלה - דכתיב +ויקרא י"ח+ ערות אחי אביך לא תגלה אל אשתו לא תקרב דודתך היא והלא אשת דודו היא! מכלל דאשה כבעלה.

הגמרא רואה את האישה כחלק מבעלה. הראשונים מרחיבים זאת ואומרים שבכל יחסי הקירבה האחרים כל צעד מרחיק את קצות השרשרת. לדוגמה, אחי אמו של אדם רחוק ממנו שני צעדי קרבה. לעומת זאת, כאשר אחד הצעדים הוא קשר של אישות, אזי לפחות במקרים מסויימים המרחק לא משתנה. הסיבה היא שהקשר בין אישה לבעלה הוא קשר של זהות, ולכן הוא אינו מוסיף מרחק.

הגמרא בברכות כד ע"א משתמשת בעיקרון דומה, בניסוח מעט שונה ('אשתו כגופו'):

בעי מיניה רב יוסף בריה דרב נחוניא מרב יהודה: שנים שישנים במטה אחת, מהו שזה יחזיר פניו ויקרא קריאת שמע, וזה יחזיר פניו ויקרא קריאת שמע? אמר ליה הכי אמר שמואל: ואפילו אשתו עמו. מתקיף לה רב יוסף: אשתו ולא מיבעיא אחר? אדרבה! אשתו כגופו, אחר לאו כגופו!

עיקרון זה מופיע בהקשר אחר גם בסוגיית בכורות לה ע"ב.

והנה בתוד"ה 'והיו', כתובות נב ע"א, מסבירים את החובה של הבעל לפדות את אשתו מהשבי בדמים מרובים יתר על כדי דמיה (למרות האיסור לפדות את השבויים יתר על כדי דמיהם) בכך שאשתו כגופו. תוס' מוסיפים שלגבי בתו האיסור לפדות את השבויים יתר על כדי דמיה בעינו עומד.

היבט זה מעניין במיוחד לענייננו, שכן כפי שראינו למעלה החובה לפדות את אשתו קיימת רק משעת הנישואין, כלומר זוהי חובה שנובעת מהשארות ולא

מהקניין. אם כן, העיקרון של אשתו כגופו מתאר אך ורק את השארות ולא את הקניין. הארוסה אינה כגופו של ארוסה, שכן היא עדיין אינה שארתו. יש ביניהם רק קשר פורמלי, אבל הקשר הזוגי המלא נוצר רק בנישואין. אז נוצרת השארות, שהיא הרכיב החברתי-אוניברסלי שבקשר הזוגי.

פלגינן דיבורא

הגמרא בסנהדרין ט ע״א עוסקת בסוגיית ׳פלגינן דיבורא׳. משמעות העניין היא שבמצבים מסויימים בהם אדם מעיד עדות שחלקה הוא בעייתי וחלק אחר שלה הוא קביל, במקום לפסול את כל העדות אנו מחלקים אותה: החלק הבעייתי נמחק, והחלק הקביל נותר על כנו ומתקבל.

הרא״ש במסכת מכות ז ע״א מביא בשם הראב״ד שחלוקה כזו של העדות מתבצעת רק בעדות כזו שבה פסלותו של החלק הפסול בתוכה נובעת מכך שהעד הוא בעל דבר שמעיד על עצמו. אולם במקרה שהעד מעיד על קרובו אין למחוק את החלק הפסול, וממילא החלק הזה יפסול את כל שאר העדות (מדין ״בטלה מקצתה בטלה כולה״).[47] לדוגמה, אדם שמעיד על עצמו: פלוני הלווה לי בריבית, הרי יש חלק כשר בעדותו, והוא העדות על פלוני שהלווה בריבית. אך ישנו גם חלק פסול, והוא החלק בו האדם מעיד על עצמו שהוא לווה בריבית (ללוות בריבית גם היא עבירה מן התורה, והכלל הוא שאין אדם משים עצמו רשע, כלומר הוא לא יכול להעיד על עצמו שהוא עבריין). במקרה כזה אנו עושים ׳פלגינן דיבורא׳, ומקבלים את העדות על המלווה אך לא את

---

[47] הסבר הדברים הוא שכאשר אדם מעיד על עצמו אין לדברים כלל שם של עדות. זו אינה עדות פסולה, אלא זו כלל לא עדות. היא כלל לא נרשמת בפרוטוקול. לעומת זאת, עדות של קרובים היא עדות פסולה, כלומר היא כביכול נרשמת בפרוטוקול אך כעדות פסולה. ועדות שחלקה פסול נפסלת כולה. ראה אריכות גדולה בעניין זה בספר **קובץ שיעורים** במכות שם.

החלק שלה שעוסק בלווה. כאשר פולגים את העדות, החלק הפסול כביכול נמחק מן הפרוטוקול. לעומת זאת, אם אדם יעיד שפלוני הלווה בריבית לקרובו (ולא לו עצמו), או אז החלק הפסול נפסל מחמת שהוא עדות של קרוב (ולא עדות של בעל דבר, כלומר של אדם על עצמו). במצב כזה החלק הפסול נותר על כנו כעדות פסולה, וממילא כיון שיש חלק פסול בעדות הוא פוסל גם את החלק הכשר, והעדות כולה בטלה.

והנה, בגמרא בסנהדרין שם אנו מוצאים מקרה שבו בא אדם ומעיד: "פלוני בא על אשתי". מה הדין במקרה כזה? לכאורה, לפי החילוק של הראב"ד, היינו מצפים שהעדות כולה תיפסל. הסיבה לכך היא שהאדם מעיד כאן על קרובתו, ולכן החלק הפסול של העדות נותר על כנו, וממילא הוא פוסל גם את החלק השני. אך לפחות בהו"א הגמרא מבינה שעושים דין 'פלגינן דיבורא' גם במקרה זה. לכאורה האפשרות הזו מאד קשה להבנה לפי שיטת הראב"ד הנ"ל.

אך לפי דרכנו הדברים מובנים. הגמרא מבינה שהעדות של אדם על אשתו אינה עדות על קרוב אלא ממש כמו עדות שלו עליו עצמו, ולכן עלתה כאן אפשרות לעשות 'פלגינן'. שוב אנו רואים שקשר השארות הוא קשר של זהות. נעיר כי לפי דרכנו סביר מאד שאפשרות זו לא היתה עולה לגבי ארוסה אלא רק לגבי אישה נשואה.

דברי בעל ה'צפנת פענח'

נסיים את ההדגמה בדברי אגדה של בעל **הצ"פ**, אשר מבאר בצורה דומה אגדתא של חז"ל. הגמרא בסוטה יז ע"א אומרת:

דריש ר"ע: איש ואשה, זכו - שכינה ביניהן, לא זכו - אש אוכלתן.

ורש"י על אתר מסביר:

שכינה ביניהם - שהרי חלק את שמו ושיכנו ביניהן יו"ד באיש וה"י באשה. לא זכו אש אוכלתן - שהקב"ה מסלק שמו מביניהן ונמצאו אש ואש.

כלומר יש אות אחת משם ה' אצל האיש (יו"ד) ואות אחת אצל האשה (ה"א). אם הם זכו אז השם (י-ה) מחבר אותם ליישות אחת, אבל אם הם לא זכו אזי שם ה' מסתלק מביניהם ומה שנותר הוא פעמיים 'אש'.

בעל **הצ"פ** מבאר את הכוונה בצורה עמוקה יותר. הוא מסביר שמאמונת הייחוד עולה כי הקב"ה הוא אחד ואחיד, ולא מורכב מחלקים. הוא מוסיף ששם ה' שמבטא באופן מהותי את עצמותו, גם הוא בעל אותן תכונות: כל אותיותיו מצטרפות למהות אחת (=זוהי 'הרכבה מזגית' של האותיות, כלומר הן מתמזגות לכלל יישות אחת), והוא לא מורכב מאותיות בודדות (='הרכבה שכונית', כלומר שהחלקים הם שכנים זה לזה, אך לא מזוגים יחד).

הוא מביא המחשה הלכתית לעיקרון הזה מהירושלמי. ישנה מחלוקת לגבי מי שכותב בשבת את שתי האותיות שמ מתוך המילה 'שמעון', האם הוא מתחייב ככותב שתי אותיות בשבת, או שהוא פטור כי זה רק חלק משם ארוך יותר ולא מילה עצמאית. הירושלמי קובע כי לגבי שם ה' אין כל מחלוקת, והכותב שתי אותיות מתוך שם ה' חייב לכל הדעות. ההסבר שמציע בעל **הצ"פ** לכך הוא שלשם ה' אין חלקים, וכששתי האותיות הללו עומדות לבדן הן אינן חלק של שם ה', אלא סתם שתי אותיות. ולכן זה כמו מי שכותב שתי אותיות רגילות בשבת, שהוא כמובן חייב.

כעת, מסביר בעל **הצ"פ**, אפשר להבין את אגדת חז"ל באופן יותר עמוק. אם האיש והאשה לא זוכים ולא קיים ביניהם קשר של קיימא, אזי האות יו"ד שאצל האיש והאות ה"א שאצל האשה עומדות כל אחת לעצמה שכן אין קשר ביניהן. אם כן, הן אינן יכולות ליצור שם ה', שכן שם ה' אינו מורכב מחלקים נפרדים. רק כאשר בני הזוג זוכים שתי האותיות מצטרפות ליישות אחת, ואז הן מהוות ביחד שם ה', ובכך הן מחברות אותם לקשר של קיימא. **הצ"פ**

מסביר שאין צורך להגיע לכך שאותיות השם מסתלקות כדי להיוותר עם אש, אלא די בכך שהן ניתקות זו מזו, שכן בכך הן מפסיקות להוות חלקים משם ה'.

במינוח שלנו נאמר כי זהו עניין ה'שארות'. הגמרא אומרת שיש שלושה שותפים באדם: הוריו והקב"ה. אם כן, השותף השלישי של שני בני הזוג הוא שיוצר משניהם יישות מצורפת אחת. אם הוא נמצא ביניהם אז יש ביניהם קשר של שארות, ואם לא – אז הקשר הוא פורמלי בלבד ולא מהותי. שוב נמצאנו למדים שהמהות נמצאת מעבר לפורמליזם., החלק הפורמלי מיועד רק לכוון את המוסד החברתי-אוניברסלי, ולא להחליף אותו ולבוא במקומו.

נישואין אזרחיים[48]

לסיום, ברצוננו להציג כאן השלכה הלכתית אקטואלית של המודל הדו-קומתי שהוצג כאן, ביחס לנישואין אזרחיים. נקדים ונאמר שבמדינת ישראל נושא המעמד האישי מתנהל על פי ההלכה. הדבר יוצר כמה וכמה בעיות לא פשוטות, מפני שרוב הציבור בישראל, גם זה היהודי, אינו מחוייב להלכה. לדוגמה, יש לא מעט מעוכבי נישואין, כלומר אנשים שלא יכולים להינשא מסיבות הלכתיות. אנשים אחרים מעדיפים לחיות כבני זוג ביחד בלי להתקדש קודם לכן כדת משה וישראל.

כפתרון לבעייה זו עולה לא פעם ההצעה להכיר חוקית בנישואי בני נוח, כלומר בנישואין במשמעות אזרחית שמתבצעים ללא קידושין לפניהם ולא

---

48 לסקירה על כל הנושא הזה, ראה במאמרו של אבישלום וסטרייך, רטוריקה ומהות ירדו כרוכין זה בזה. המאמר מופיע באתר הפקולטה למשפטים של האוניברסיטה העברית: http://law.huji.ac.il/upload/avishalomv.pdf, מתאריך נובמבר 2012. ראה גם במאמרו של הרב דייכובסקי ב**תחומין** ב, עמ' 252.

לפי כללי ההלכה. זוהי המקבילה למה שמכונה בעולם "נישואין אזרחיים", אלא שכאן ישנה הצעה לתת לזה מעמד הלכתי. יתירה מכך, לפי הצעה זו פירוק של הנישואין הללו לא ידרוש גט. במונחי המודל שלנו – אם כשהוקמו הנישואין הללו לא היו קידושין, אזי הפירוק שלהם דורש את פירוק הנישואין ולא את פירוק הקידושין, וזה יכול להיעשות גם ללא גט (ראינו למעלה שהגט מטרתו לפרק את הקידושין ולהתירה לשוק. הנישואין מתפרקים משום שנתן עיניו לגרשה).

כיצד יכולה ההלכה להכיר בנישואין אזרחיים? בסיס ראשוני לזה יכול להימצא בדברי הגאונים שמובאים ברמב"ם הל' גירושין פ"י הי"ט:

> ***הורו מקצת הגאונים שכל אשה שתבעל בפני עדים צריכה גט, חזקה שאין אדם עושה בעילתו בעילת זנות, והגדילו והוסיפו בדבר זה שעלה על דעתם עד שהורו שמי שיש לו בן משפחתו חוששין לו ולא תתייבם אשתו שמא שחרר שפחתו ואחר כך בא עליה, ויש מי שהורה שודאי שחרר שאין אדם עושה בעילתו בעילת זנות.***

הדברים מובאים בהקשר בו עוסק הרמב"ם במצב שזוג שנפרד חוזר ומתייחד. השאלה שעולה שם לדיון הוא האם ייחוד כזה כולל כוונה לחזור ולבנות את ביתם, כלומר כוונת קידושין. הגאונים סוברים שניתן ללמוד מכאן לגבי כל אדם שבועל אישה בפני עדים, שכנראה כוונתו לשם קידושין כי חזקה היא שאדם לא עושה בעילתו בעילת זנות. מכאן היה מקום להסיק שנישואין אזרחיים נכנסים לגדר הזה, שהרי סביר שבני הזוג לא מתכוונים לבעילת זנות אלא לכינון של יחסי אישות וזוגיות מלאה. אם כן, יש כאן קידושין מכללא (לפחות כאשר הדבר נעשה בפני עדים. זהו בדרך כלל המצב).

אמנם הרמב"ם עצמו מייד אחר כך דוחה את הדברים:

> ***וכל הדברים האלו רחוקים הם בעיני עד מאד מדרכי ההוראה ואין ראוי לסמוך עליהן, שלא אמרו חכמים חזקה זו אלא באשתו שגירשה בלבד או במקדש על תנאי ובעל סתם שהרי היא אשתו***

ובאשתו הוא שחזקתו שאינו עושה בעילתו בעילת זנות עד שיפרש שהיא בעילת זנות או שיפרש שעל תנאי הוא בועל, אבל בשאר הנשים הרי כל זונה בחזקת שבעל לשם זנות עד שיפרש שהוא לשם קדושין, ואין צריך לומר בשפחה או בגויה שאינה בת קדושין שאין חוששין להן כלל והרי הבן מהן בחזקת גוי ועבד עד שיודע בודאי שנשתחררה אמו או נתגיירה.

הרמב״ם טוען שהדברים נאמרו רק לגבי בני זוג שהיו נשואים ונפרדו. אבל בעילת זנות רגילה ודאי אין לראות בה קידושין מכללא.

הראב״ד בהשגתו שם מחזק את דברי הגאונים:

/השגת הראב״ד/ והרי הבן מהן בחזקת גוי ועבד עד שיודע בודאי שנתגיירה אמו או נשתחררה. א״א בגויה ודאי כן הוא כדבריו שהרי אין בידו לגיירה אבל בשפחתו שיש בידו לשחררה דבריהם קרובים דלא שביק היתירא ואכיל איסורא אלא א״כ הוחזק בפריצות עריות, וכן בת ישראל שתבעל בעדים אם לא היו חשודים בפריצות עריות העמד בני ישראל ובנות ישראל על חזקתן ובחזקת כשרות הן שלא יתפרצו בפני עדים לזנות ודברי הגאונים ז״ל קיימים הם.

הוא טוען שכל מי שאינו חשוד בפריצות ודאי מחזיקים אותו שכוונתו לקדש כדין.

יש לשים לב שכל הדיון שמתנהל כאן הוא רק בשאלה האם יש חזקה שהם אינם מתכוונים לבעילת זנות. גם הנימוק אותו מביא הרמב״ם אינו עצם החוסר בקידושין כדין, שהרי ניתן לקדש בביאה. הוא רק טוען שלא נכון לומר שבסתמא כל שני בני זוג שמקיימים יחסי אישות מתכוונים להתקדש כדין. לדעתו חזקה שזוהי בעילת זנות, ותו לא. אבל בנישואין אזרחיים הרי ברור שכוונתם לחיות יחד ולא רק לבעול בעילת זנות. אם כן, יש מקום לומר שגם לפי הרמב״ם נישואין אזרחיים יוכרו הלכתית כנישואין מלאים שקדמו להם קידושין מכללא.

מאידך, יש צד לחומרא בנישואין אזרחיים לעומת בעילת זנות רגילה, שכן הנישאים בדרך זו מבטאים בבירור את העובדה שהם אינם מעוניינים בנישואין כדת משה וישראל. כלומר כאן ברור שהם מתכוונים להיות זוג נשוי ולא לבעול בעילת זנות, אבל בו-בזמן גם ברור שכוונתם אינה לקידושין כדת משה וישראל.

כך אכן כותב הריב״ש בשו״ת שלו בסי׳ ו:

> ***הכא בנדון זה לא בעל לשם קידושין. דכיון שהתנו בנישואין בחקות העובדי כוכבים ובבית במותם מפי הכומר, הרי הוא כאילו פירשו שאין דעתם לשם קידושין כדת משה ויהודית, אלא בדרכי עובדי כוכבים שאינן בתורת קידושין וגיטין. ואם כן, אינה כנשואה, והרי היא אצלו כמו פלגש בלא כתובה וקידושין.***

כך הוא גם בשו״ת רדב״ז ח״א סי׳ שנא לגבי מומר:

> ***...תו איכא טעמא אחריתי, כיון שנשא אותה בערכאותיהם שוב אינו רוצה בדת משה וישראל, וא״כ איך נחוש שמא בעל לשם קדושין והוא אינו חפץ בתורת קדושין. וכיוצא בזו כתב ריב״ש ז״ל בתשובה סימן ו... ומכאן אתה למד שהמתיחד עם גרושתו והיא בנדתה אינה צריכה גט דמה נפשך, אם הוא זהיר בנדה הרי לא בעל, ואם אינו זהיר בנדה כיון דלא חייש לאיסור כרת לא חייש לבעילת זנות ולא בעל לשם קדושין.***

כך גם נפסק להלכה ברמ״א אבהע״ז סי׳ כו וסי׳ קמט ה״ו. הדברים חזרו ונדונו בפוסקים עד ימינו אלה. יש מהם שלא מכירים בנישואין כאלה, ויש שמכירים בהם, ואחרים מסתפקים ברמות שונות של ספק ודורשים מתן גט לחומרא עם פירוק הקשר הזוגי. לסקירת ההתייחסויות השונות ראה אצל וסטרייך בפרק השני, וביתר פירוט ב**אוצר-הפוסקים** סימן כו, א אות ג (כרך י).

אולם הרב שלמה דייכובסקי, לשעבר חבר בית הדין הרבני הגבוה בישראל, הציע דרך הלכתית אחרת ביחס לנישואין אזרחיים. טענתו היא שאין לראות בהם קידושין מכללא כדת משה וישראל, ועדיין יש מקום להכיר בהם ברמה ההלכתית.

נישואי בני נוח

בית הדין הרבני בפסק הדין הידוע כ״בני נוח״ הציע דרך חדשה שמבוססת על גישתו של ר׳ יוסף ראזין, הרוגצ׳ובר, שמופיעה בכמה מתשובותיו בשו״ת **צפנת פענח** (מהדורת דווינסק תש, חלק א, סי׳ א-ד, ומהדורת וורשא, סי׳ כו-כז, וכן בתשובתו שהובאה בשו״ת **דבר אברהם**, ח״ג סי׳ כט).[49] **הצ״פ** כותב בדרך קצרה עם הפניות מרובות, ולכן נתאר כאן את שיטתו בלשוננו.

לדעתו יש שני רכיבים בחיי האישות: קניין איסור – כלומר שהאישה נאסרת על אחרים, וקניין – כלומר שאישה זו קנויה לבעלה (אין הכוונה שהיא רכושו כמובן, אלא שהיא אשתו). והנה, בן נוח לא שייך בו תורת גיטין וקידושין, ובכל זאת מבואר שיש בו איסור עשה של ״ודבק באשתו״ ולא באשת חברו (סנהדרין נה ע״א), ואשתו קנויה לו. אם כן, ברור שכך גם בישראל, גם אם הוא חי עם אישה ללא חופה וקדושין, שייך בו איסור עשה של ״ודבק באשתו״ (הדברים מפורשים בתוד״ה ׳לכ״ע בעשה׳, קדושין יג ע״ב).

---

[49] לתיאור השיטה הזאת, ראה את פסק הדין של הרבנים שרמן, דייכובסקי ובן שמעון, שמובא באתר דעת: http://www.daat.ac.il/daat/psk/psk.asp?id=93. ראה גם **משכן שילה**, לרב שילה רפאל (אב״ד הרבני בירושלים), סי׳ קלו וקי״מ, וכן הרב יצחק אהרון שפירא, שאלת נשואים אזרחיים בתשובותיו של הרוגאציובי, **אוריתא** טו; הרב ישראל מאיר לאו, ביאור דעת הצפנת-פענח בדין נישואין אזרחיים, **יחל ישראל**, סי׳ לב.

מכאן הוא מסיק שבנשואין אזרחיים של יהודי ויהודייה, גם אם אין באישה גדר איסור של אשת איש לגבי אחרים, עדיין יש בה גדר של קניין, כלומר שהיא מיוחדת לבעלה וצריכה ממנו גט כדי להפקיע את הקניין הזה.

הוא מביא לכך ראיה מדין אשת יפת תואר שהותרה במלחמה (תחילת פרשת כי-תצא). באשת יפת תואר נאמר: "ולקחת לך לאשה" (דברים כא, יא), ודורשת הגמרא (קדושין כב, א): "לקוחין יש לך בה". רש"י ותוס' שם פירשו שהמדובר לאחר שהיא התגיירה. אבל **הצ"פ** מפרש שהכוונה היא קודם גירותה, ולמרות שאין קדושין תופסים בה כי היא גויה, כיון שהתורה התירה לו לחיות עמה קיים כאן הגדר של "ודבק באשתו ולא באשת חבירו".

מכאן הוא טוען שגם נישואין אזרחיים יש להם תוקף של נישואי בני נוח, ולכן הם זוקקים גט כדי להתירם. אמנם לא מצאנו גט אצל בני נוח, אבל לשיטתו זה רק מפני שבשנים קדמוניות לא היה נוהג לרשום נישואין באופן משפטי-רשמי, ולכן גם התרת הנישואין נעשתה בדרך של היפרדות פיזית בלבד. אבל כיום שגם בעמים נוהגים לרשום נישואין באופן רשמי, ההיפרדות זוקקת גט.

ובכל זאת, גם לדעת **הצ"פ** ישנם כמה הבדלים בין גט של נשואי תורה לזה של נשואין אזרחיים. בראשון נוהגים לכתוב לשון כפולה, שמגורשת ממנו ומותרת לכל אדם. לדעת **הצ"פ** מורה נוסח כפול זה על התרת איסור העריות ועל הפקעת הקניין. אבל בגט של נשואין אזרחיים, שיש בו רק היסוד הקנייני, אין צורך בכפילות. ומכאן נובע הבדל נוסף: בגט הראשון, דין תורה הוא שיהא נכתב לשמה, ואילו בשני הריהו זהה לשטר שחרור של עבד עברי, שפרט זה אינו מעכב בו.

הדיינים מסבירים בפסק דינם שניתן לומר כי על פי שיטת **הצ"פ** אף שבעת קבלת התורה הוחלו על בני ישראל דיני קידושין וגירושין מיוחדים להם, לא הסתלקו מהם דיני נישואין וגירושין של בני-נח. וזה ממש בדומה למודל שהצגנו כאן, לפיו הקומה הראשונה, האוניברסלית, לא מסתלקת לאחר מתן תורה, והיא נשארת גם לגבי יהודים. אלא שנוספת עליה קומה נוספת.

אמנם יש לשים לב לכך שאנחנו הצענו מודל הפוך: אצל בני נוח קיימים הנישואין והאיסור על האחר, והקניין שהוא הקידושין לא קיים שם. לכן לא נדרש גט בנישואי בני נוח, שכן הגט מטרתו להתיר את הקידושין ולא את הנישואין.

ובאמת שיטתו המחמירה של בעל **צ"פ**, הדורשת גט שיימסר מיד הבעל לידי האשה (אף שמדובר בגט בעל דרישות הלכתיות מופחתות), לא התקבלה על דעת רוב הפוסקים.[50] זאת בהתאמה מלאה לדברינו כאן, שהקומה האוניברסלית שקיימת אצל בני נוח מקבילה לנישואין בלא קידושין, ולכן היא אינה זוקקת גט כלל ועיקר.

כך עולה מדברי הרמב"ם, הל' מלכים פ"ט ה"ח:

> ***מאימתי תהיה אשת חבירו כגרושה שלנו, משיוציאנה מביתו וישלחנה לעצמה, או משתצא היא מתחת רשותו ותלך לה, שאין להם גירושין בכתב, ואין הדבר תלוי בו לבד, אלא כל זמן שירצה הוא או היא לפרוש זה מזה פורשין.***

והרדב"ז שם מסביר:

> ***כיון שאינם בתורת קדושין אינם בתורת גירושין, שאם רצה הוא והיא לישא אותה מכניסה לביתו ובועלה בינו לבין עצמו ותהיה לו לאשה וכן לענין התרתה לאחרים הדבר תלוי ברצון כל אחד מהם.***

וכך מסבירים זאת הדיינים בפס"ד הנ"ל:

---

[50] ראה **דבר אברהם**, שם; **שרידי אש**, ח"ג סי' כב; שו"ת **חלקת יעקב** אה"ע סימן עד; שו"ת **יביע אומר** חלק ח - אה"ע סימן י ד"ה 'הנה בספרי' ועוד.

וכך הוא ביאורם של דברים אלו. לבני נח אין דין של "קידושין" (ירוש' קידושין פרק א' הלכה א'; רש"י סנהדרין נב ב ד"ה לאשת אחרים), אבל יש להם דין של "נישואין" (רמ"ה סנהדרין נב ב). אחת משבע ברכות האירוסין והנישואין היא: "אשר קדשנו במצוותיו ואסר לנו את הארוסות והתיר לנו את הנשואות לנו ע"י חופה וקידושין בא"י המקדש עמו ישראל ע"י חופה וקידושין". כלומר, ענין ה"קדושין" מיוחד לעם ישראל, בעוד שענין ה"נישואין" הינו אוניברסלי (וראו סדור אבודרהם, ברכת האירוסין). ה"גירושין" של בן-ישראל הוקשו ל"קידושין", כך שמי שאין חלים עליו דיני הקידושין המיוחדים לישראל, אינו נמצא ב"תורת גירושין". כלומר, אין חלים עליו דיני הגירושין המיוחדים לישראל. על פי דינים מיוחדים אלו, הגירושין מבוצעים באמצעות גט אשר נכתב בציווי ובמאמר הבעל, רק הבעל יכול לגרש את אשתו, וצריך הדבר להיעשות מרצונו, ועוד.

נעיר כי לפי דרכנו אין צורך להיזקק להיקש של הקידושין לגירושין, אלא כפי שראינו הגט מתיר את הקידושין, ולכן אצל בני נוח שאין להם קידושין לא נדרשת גם נתינת גט.

פסק הדין שם מסכם את הדברים כך:

כאמור, על פי השיטה שייסד לנו בעל ה"צפנת פענח", עם מתן תורה הוטלו על בני ישראל דיני קידושין וגירושין המיוחדים להם, אבל בכך הם לא נפטרו מן העול אשר הדין העברי הטיל על בני נח. הדין העברי אומנם שולל את ההכרה המלאה ב"נישואין אזרחיים", ודורש מבני זוג יהודים להשלים את היחסים ביניהם באמצעות נישואין כדמו"י. יחד עם זאת, מכיר הדין העברי בנישואין אלו כנישואין של בני נח. אם אפשר לומר - על משקל אמרתו של השופט

זילברג "נישואין לצורך ביגמיה"- הרי נישואין אזרחיים אלו של יהודים הינם על פי דין תורה "נישואין לצורך גירושין כדין בני נח."

אם כן, המסקנה העולה מדברי **הצ"פ** היא שיש קומה בסיסית של בני נוח שנותרת גם לאחר שנוספה הקומה הייחודית במתן תורה. אמנם החלוקה שלו שונה משלנו, ודומה כי הדבר נובע מכך שהוא עושה שימוש בחלוקה המקובלת אצל המפרשים בין קניין ממון לקניין איסור, שרבים עושים בה שימוש הן לגבי עבד והן לגבי אישה. אבל כאן החלוקה הזו לא ממש מתאימה. יש איסור על האישה כבר אחרי הקידושין, כלומר מחמת הקניין. השלב הפרטיקולרי אינו קניין איסור אלא הקידושין. לפי דרכנו אין צורך להגיע לחלוקה בין קניין איסור לממון: האיסור קיים גם בשלב הקידושין (שהוא שלב הקניין), ומה שחסר שם הוא השארות או האישות, שנוצרות עם הנישואין. אצל בני נוח יש איסור על אף שאין קידושין, שכן יש רמת איסור נוספת שנוצרת עם הנישואין. איסור זה פוקע ללא גט, אלא בעצם הפירוד ביניהם (זהו מה שכינינו למעלה גרושת הלב). אמנם כדי להפקיע את האיסור הפרטיקולרי מחמת הקידושין יש לתת גט כדת משה וישראל.

בחזרה אלינו

הפוסקים והדיינים השונים רואים זאת כחידוש מרעיש של **הצ"פ**, ולכן הם אף מנסים לסייג אותו ולהכניס אותו לגדרי ההלכה (כמה מהם כותבים שאלו נישואין רק צורך מתן גט, ולא נישואין של ממש). אך לאור התמונה שתוארה כאן, מדובר בנישואין לכל דבר ועניין, אלא שאלו נישואין בלי קידושין. זו אינה אלא דוגמה נוספת של מודל דו-קומתי, כמו שראינו בכמה וכמה הקשרים הלכתיים אחרים. כפי שראינו, המודל הזה מבוסס היטב כבר בתלמוד ובראשונים, ולא **הצ"פ** הוא התקדים המרכזי שכונן אותו.

נציין כי התמונה הזאת מתקשרת לשני פרקים שונים אצלנו: ראשית, הפרק הנוכחי שמצייר תמונה דו-קומתית של קידושין ונישואין. אבל גם בפרק הקודם (התשיעי) עמדנו על מודל דו-קומתי בין ישראל ובני נוח. מה שעולה מכאן הוא שבעצם המקרה של קידושין ונישואין הוא מקרה פרטי של המודל הדו-קומתי של ישראל ובני נוח. ברגע שמבינים את זה, מזהים מייד כל אחת מהקומות, והמודל של "נישואי בני נוח" עולה מאליו.

האם המודל הזה הוא מזגי או שכוני?

בספר הראשון בסדרה שלנו עסקנו בהרחבה בסוגיית חופה. ראינו שם את דרכי ההיסק השונות, וניתחנו אותן במודל לוגי מפורט. בסוף הסוגיא שם ישנו צעד דחייה שמתקשר לתמונה אותה תיארנו כאן. אנו נשתמש במודל שלנו כדי להסביר את הצעד הזה.

כזכור, הגמרא שם ה ע"א-ע"ב מנסה ללמוד בקו"ח שניתן לקדש אישה בחופה (ולא רק בשלוש הדרכים המנויות במשנה: כסף, שטר וביאה):

> ***אמר רב הונא: חופה קונה מקל וחומר... אלא פריך הכי: ומה כסף שאינו גומר - קונה, חופה שגומרת - אינו דין שתקנה...***

הגמרא מביאה שר"ה לומד שחופה קונה (=עושה קידושין) בקו"ח מכסף. כסף לא עושה נישואין ובכל זאת עושה קידושין, אז חופה שעושה נישואין קו"ח תעשה גם קידושין. לאחר מכן הגמרא מאריכה לדחות את הקו"ח ולחזור ולקומם אותו.

בסופו של דבר נמצא לו הסבר הולם, ואז מגיע רבא ותוקף את הקו"ח של ר"ה מהמשנה:

> ***אמר רבא, שתי תשובות בדבר: חדא, דשלש תנן וד' לא תנן;***

הפירכא הראשונה היא מהמשנה שמנתה רק שלו דרכים ואל ארבע. אבל זו רק אינדיקציה, שכן כעת עולה השאלה מדוע באמת המשנה עצמה לא עשתה את הקו״ח של ר״ה. על כך מביא רבא דחייה נוספת:

ועוד, כלום חופה גומרת אלא ע״י קידושין, וכי גמרי׳ חופה שלא ע״י קידושין מחופה שע״י קידושין?

חופה אמנם עושה נישואין אבל ייתכן שהיא מצליחה לעשות זאת רק מפני שקדמו לה קידושין. לכן אין הכרח לקו״ח שמנסה ללמוד מכך שחופה תעשה גם קידושין.

על כך עונה אביי:

א״ל אביי, הא דקאמרת: ג׳ תנן וד׳ לא תנן, תנא מילתא דכתיבא בהדיא קתני, מילתא דלא כתיבא בהדיא לא קתני;

הוא מסביר שייתכן שר״ה סובר שהמשנה הביאה רק את הדרכים שכתובות בפירוש בתורה, ולכן היא לא מנתה את חופה.

ומה באשר לפירכא השנייה? על כך אומר אביי:

ודקאמרת: כלום חופה גומרת אלא ע״י קידושין, רב הונא נמי ה״ק: ומה כסף שאינו גומר אחר כסף - קונה, חופה שגומרת אחר כסף - אינו דין שתקנה.

אביי מסביר שאמנם חופה פועלת רק אחרי שכבר חלו קידושין, אבל כסף לא מצליח לעשות אפילו את זה. כלומר אחרי שחלו קידושין ונותרו רק הנישואין, הכסף לא מצליח להחיל את הנישואין. אם כן, ברור שחופה חזקה ממנו.

ובאמת דברי רבא תמוהים מאד, שהרי אביי צודק שרואים שכסף חזק מחופה, שכן הוא מצליח לעשות משהו שחופה לא מצליחה. מדוע זה חשוב שלפני הנישואין נעשים קידושין? כיצד זה פורך את הקו״ח של ר״ה? הקושיא

מתחזקת לאור העובדה שאנחנו פוסקים הלכה כרבא, נגד ר״ה ואביי. להלכה, חופה באמת לא עושה קידושין. מדוע דעה כה תמוהה נפסקת להלכה?

רש״י כאן מסביר את דברי רבא כך:

ועוד כלום חופה גומרת - דקאמרת חופה שגומרת כו׳ וכיון שאינה גומרת אלא לאחר קידושין היאך אתה בא לדון חופה שלא ע״י קידושין מחופה שע״י קידושין.

נראה שכוונתו לומר שהחופה מצליחה להחיל נישואין רק בגלל שהיא מגיעה אחרי הכסף שהחיל קידושין. כלומר פעולת הנישואין אינה פעולה עצמאית, אלא המשך של פעולת הקידושין. מי שעושה אותה הוא הכסף שניתן בהתחלה ואחריו החופה. החופה לא עושה מאומה לבדה. לכן אי אפשר ללמוד מהקו״ח שחופה תחיל קידושין, שכן שם היא מגיעה לבדה בלי שקדם לה כסף. במובן מסויים, משמעותה של התמונה כאן היא שדווקא כסף הוא החזק יותר, ורק בזכותו החופה מצליחה להחיל נישואין. נכון שאחרי שחלו קידושי כסף, לא יכול הכסף להמשיך ולהחיל נישואין, שכן דרושה גם חופה. אבל החופה שעושה זאת מצליחה בכך רק בעזרת הכסף שניתן קודם לכן עבור הקידושין. כסף זה משתתף גם בהחלת הנישואין.[51]

משמעות הדבר היא שלפי רבא פעולת הנישואין לא עומדת לעצמה. היא מצליחה לחול רק מפני שקדמו לה קידושין. מה יקרה לפי זה בנישואי בני נוח? שם מדובר בנישואין שלא קדמו להם קידושין. נראה שבאמת שם חופה לא תועיל, אלא שלא נדרשת חופה. הכנסה לביתו היא היא המחילה את נישואי בני נוח.

---

[51] בספר הראשון (בפרק הרביעי של החלק השלישי) ראינו את המשמעות הלוגית של הטענה הזאת. ראינו שם שהפרמטרים המיקרוסקופיים במודל הזה פועלים במצטבר.

נמצאנו למדים שהנישואין אינם קומה עצמאית. גם בקומה המשותפת לישראל ולבני נוח יש הבדל: נישואי בני נוח נעשים ללא חופה, ונישואי ישראל עם חופה. מהי משמעות הדבר? שהמודל הדו-קומתי שציירנו כאן הוא מזגי ולא שכוני. קיומה של הקומה הפרטיקולרית (הקידושין) משנה גם את הקומה האוניברסלית.

במונחים אלו ניתן לומר שמחלוקת אביי ורבא היא בשאלה האם המודל הדו-קומתי של האישות הוא מזגי או שכוני: אביי סובר שזה שכוני, ולכן הוא רואה את הנישואין כשלב עצמאי שאינו תלוי בקידושין. לשיטתו נראה שגם נישואי בני נוח יזקקו חופה אחרי מתן תורה. לשיטתו נישואין אזרחיים ידרשו חופה. אבל להלכה אנחנו פוסקים כרבא, והוא סובר שמדובר במודל מזגי. אצל יהודים שעשו קידושין גם הנישואין נראים ונעשים אחרת. אבל אצל בני נוח באמת נשאר המצב שלפני מתן תורה: הכנסה לביתו עושה את הנישואין, והוצאה מביתו היא היא הגירושין.

השלכה נוספת של המזגיות: עונשה של נואפת

האם ניתן לראות השלכות נוספות של המזגיות של המודל הדו-קומתי שתואר כאן? ייתכן שהעונש המוטל על נואפת משקף את המודל הזה.

הרמב"ם ב**ספהמ"צ** לאו שמז כותב כך:

> ***והמצוה השמ"ז היא שהזהירנו מגלות ערות אשת איש והוא אמרו יתעלה (שם) ואל אשת עמיתך לא תתן שכבתך לזרע. ובעונש העובר על לאו זה הפרש. וזה שאשת איש אם היתה נערה מאורשה שניהם חייבים סקילה כמו שביאר הכתוב (תצא כב כד). (ואם היתה בת כהן היא בשרפה והוא בחנק כלומר הבועל) ואם היתה בת ישראל ובעולה שניהם חייבין חנק. [ואם היתה בת כהן דינה בשריפה (ר"פ אמור) והוא בחנק, כלומר הבועל].***

רואים כאן שאשת איש שנאפה היא בחנק ובועלה בחנק, ואם היא נערה מאורסה שניהם בסקילה. דינה של אישה ארוסה (שאינה נערה) לא מבואר כאן.

זהו המצב גם בהל' איסורי ביאה פ"א ה"ו:

אין לך ערוה בחנק אלא אשת איש בלבד שנאמר מות יומת הנואף והנואפת ומיתה האמורה בתורה סתם היא חנק, ואם היתה בת כהן היא בשריפה ובועלה בחנק שנאמר ובת איש כהן כי תחל לזנות באש תשרף, ואם היתה נערה מאורשה שניהם בסקילה שנאמר כי תהיה נערה בתולה וגו' וסקלתם אותם באבנים, וכל מקום שנאמר בתורה מות יומתו דמיהם בם הרי הן בסקילה.

והנה, מקובל לחשוב שדינה של בוגרת ארוסה הוא כמו אשת איש רגילה. אבל מלשון הרמב"ם כאן יש מקום לדייק שדינה בסקילה, שהרי הוא כותב ב**ספהמ"צ** שבבת ישראל היא בחנק אם היא בעולה, משמע שאם אינה בעולה היא בסקילה (אמנם בהלכה שהובאה למעלה אין אצלו לשון כזאת). אמנם בעונש הארוסה שהוא בסקילה הוא מדבר כאן רק על נערה, אבל ייתכן שהוא סובר שארוסה נקראת נערה, שכן דרכם היה לארס נערות.

ואולי קצת ראיה לזה, מסוגיית סנהדרין נ ע"א, שם הגמרא עוסקת בשאלה איזה עונש חמור יותר, והיא כותבת כך:

מדאפקיה רחמנא לארוסה בת ישראל מכלל נשואה בת ישראל מחנק לסקילה - שמע מינה סקילה חמורה.

נשואה בת ישראל היא בחנק וארוסה היא בסקילה, רואים שסקילה חמורה יותר. לא דובר כאן על נערה מאורסה אלא על ארוסה לעומת נשואה. ויש לדחות שהכוונה לנערה מאורסה שהרי רק היא הוצאה מן הכלל, אלא שלא נכנסו לפרטים כי אין כאן מקומו.

אמנם אפשרות זו קיימת בלשון הרמב״ם ב**ספהמ״צ**. אבל מלשון הרמב״ם בהלכות ראינו שמשמע שעונשה של בוגרת ארוסה הוא חנק ולא סקילה. הדברים מפורשים בהל' נערה בתולה פ״ג ה״ז, שם הוא כותב:

הוציא עליה שם רע והיא בוגרת אף על פי שהביא עדים שזינת תחתיו כשהיתה נערה הרי זה פטור מן המלקות ומן הקנס, ואם נמצא הדבר אמת הרי זו תסקל אף על פי שהיא בוגרת הואיל ובעת שזינתה נערה היתה.

וכן הוא בהל' איסורי ביאה פ״ג ה״ד:

הבא על נערה מאורשה שניהן בסקילה ואינן חייבין סקילה עד שתהיה נערה בתולה מאורשה והיא בבית אביה, היתה בוגרת או שנכנסה לחופה אף על פי שלא נבעלה אפילו מסרה האב לשלוחי הבעל וזנתה בדרך הרי זו בחנק

אם כן, נראה בבירור שלפחות בהלכות הוא סובר שבוגרת ארוסה היא בחנק ולא בסקילה.

והנה, ההלכה רואה את עונש הסקילה כעונש החמור ביותר. אם כן, יוצא כאן דבר תמוה: ארוסה נענשת בסקילה (לפחות נערה, ואולי גם בוגרת), ואילו אשת איש שהיא כבר נשואה היא רק בחנק. רואים שתוספת לקשר הזוגי מקילה על העונש, ולא ברור מדוע.

אמנם לשיטה המקובלת (כמו הרמב״ם בהלכות) שמדובר רק בנערה, אפשר היה להסביר שהיא מחללת גם את אביה ולכן עונשה חמור יותר. ובאמת בסנהדרין נ ע״א אנו מוצאים: ״ומאי חומרא – שכן מחללת את אביה״, לגבי בת כהן.

וכן נראה מדברי רש״י שם נ ע״א, ד״ה 'ומדאפקיה':

ומדאפקיה רחמנא לארוסה - בת כהן מכלל נשואה בת כהן משריפה לסקילה, - שמע מינה סקילה חמורה, דעל כרחיך ארוסה חמורה

מנשואה שמחללת ומזנה בית אביה, והכתוב החמיר עליה - דהא נשואה בת ישראל בחנק שהיא קלה מכולן, וארוסה בסקילה, לפום ריהטא דסוגיא הכי מיפרשא כדפרישית...

אבל אם מדובר גם בבוגרת, אזי הדבר תמוה (ודוחק לומר שגם בוגרת מחללת את אביה, שכן לשון הכתוב נלמדת בבבלי סנהדרין נא ע״ב רק על נערה). זו עוד ראיה שהדיוק שהצענו ב**ספהמ״צ** אינו נכון.

כך או כך, לכאורה יש כאן השלכה של מזגיות ההרכבה. כאשר הנערה הנואפת היא מאורסה עונשה בסקילה. אבל כשיש קומה נוספת על גביה – עונשה הוא חנק. על אף שכשהיא נשואה היא ודאי גם מאורסה, ולכאורה היה מקום להעניש אותה מצד אירוסין שבה. אבל תוספת הקומה של הנישואין משנה גם את קומת האירוסין, ולכן כעת עונשה חנק. השאלה מדוע נשואה נענשת בעונש קל יותר מארוסה עדיין צל״ע, ובפרט שהגמרא נ ע״א שהובאה למעלה מביאה זאת בלי להעיר מאומה.

לכן סביר יותר שבאמת עונש הסקילה נאמר רק על נערה, ובה יש עונש סקילה החמור מפני שהיא מחללת גם את אביה. אבל עדיין המזגיות בעינה עומדת, שכן אם נתמקד ספציפית לגבי נערה שנאפה, נראה שבניאוף מהאירוסין היא בסקילה ובניאוף מהנישואין היא רק בחנק. כלומר מיניה וביה יש כאן הרכבה מזגית. לפחות נערה כשהיא נשואה היא אינה כארוסה + עוד קומה, אלא משהו אחר.

פרק אחד-עשר
"שנה עליו הכתוב לעכב"

מבוא

בפרק זה נעסוק בדוגמה נוספת של הרכבה קומתית, ונראה שהמודל הזה מסביר עוד תופעות הלכתיות שנראות על פניהן לא מובנות.

הכלל "שנה עליו הכתוב לעכב"

בכל התורה, כאשר יש ציווי, הוא נתפס כמחייב ומעכב; אם הוא לא קוּיַם - לא יצאנו ידי חובה. לדוגמה, דיני הציצית והתפילין הם לעיכובא, אלא אם יש מקור וסיבה מיוחדת לכך שהם לא יעכבו. לעומת זאת, בתחום הקודשים מוסרים לנו חז"ל בכמה וכמה מקומות[52] שציווי בעלמא חזקתו שהוא אינו מעכב, אלא אם יש מקור מיוחד המלמד אותנו שהוא לעיכובא. כיצד התורה מלמדת אותנו שציווי מסוים מעכב? ישנן כמה צורות לעשות זאת. לדוגמה, אם התורה חוזרת פעמיים על הציווי (=שונה אותו), או אם היא כותבת את המילה "חוקה" באותה פרשה. בלשון חכמים: בקדשים "בעינן שָׁנָה עליו הכתוב לעכב".

---

52 ראה לדוגמה זבחים כג ע"ב ובמקבילות.

לכאורה, התופעה הזו תמוהה מאוד. אמנם לפעמים ישנם חילוקים בין תחום הקודשים לבין תחום החולין (לדוגמה, באכילת קודשים היום הולך אחרי הלילה בניגוד לחולין, ועוד), אך חילוקים אלו ככל הנראה קשורים לתכנים המעורבים בעניין. לעומת זאת, הכלל "שנה עליו הכתוב לעכב" הוא כלל פרשני, שנוגע להסקת מסקנות הלכתיות מהכתוב. במושכל ראשון, כללי הפרשנות לא אמורים להיות שונים בין קדשים לבין חולין, שכן התורה נקראת באותה דרך בכל מקום. אם ציווי מקראי אמור לעכב, זה אמור להיות בכל תחומי ההלכה, ואם נדרשת חזרה כדי ללמד שהוא מעכב, אזי גם הדרישה הזו הייתה צריכה לחול בכל תחומי ההלכה שבמקרא.

אמנם, יש מן האחרונים שטענו שהכלל הזה תקף בכל תחומי ההלכה במקרא.[53] אך קשה לקבל את הטענה הזו, כנגד מה שאומרים כל המפרשים. גם הראיות שהם מביאים לטענתם זו אינן מוחלטות, ואכ"מ. בכל אופן, לפי רוב המפרשים ככולם, הכלל הזה חל רק בתחום הקודשים.

ובאמת הוא אומר דרשני. מדוע שונה הכלל הפרשני לגבי פרשיות הקודשים מהכללים הנהוגים בשאר הפרשיות ההלכתיות במקרא? יתר על כן, לא מצאנו שמובא, בחז"ל או בראשונים, מקור כלשהו לכלל הזה. היינו מצפים שזו תהיה הלכה למשה מסיני, או מסורת כלשהי, אך ככל הידוע לנו אין רמז במקורות חז"ל למקורו של הכלל הזה. לכאורה, משמעות הדבר היא שיסודו של הכלל הזה בסברה, ולכן אין צורך במקור עבורו. אך לא מצאנו במפרשים סברה שתבאר את משמעותו ותקפותו של הכלל הזה, ובפרט את יישומו הייחודי דווקא לגבי תחום הקדשים.

---

[53] ראה לדוגמה **חזון אי"ש** נגעים סי' יב סק"כ ד"ה וזה דבעינן; **קהלות יעקב** זבחים סוס"י ה ד"ה השתא.

חידושו של הריטב"א: האם נדרש שינוי באזהרות

הגמרא במסכת יומא נג ע"א מביאה מימרא שעוסקת בחובה לתת בקטורת עשב או שורש (=עיקר) שגורמים לעשן לעלות זקוף למעלה (="מעלה עשן"):

אמר מר: ומניין שנותן בה מעלה עשן - תלמוד לומר וכסה. קרא לקרא?

רש"י מסביר שהגמרא מקשה מדוע נדרש פסוק לתת מעלה עשן, הרי כתוב בפירוש בפסוק "כי בענן אראה". על כך מובאים שם בגמרא כמה תירוצים:

- אמר רב יוסף, הכי קאמר: אין לי אלא עלה מעלה עשן, עיקר מעלה עשן מניין? תלמוד לומר וכסה. אמר ליה אביי: והא איפכא תניא, דתניא: נתן בה עיקר מעלה עשן, היה מתמר ועולה כמקל עד שמגיע לשמי קורה. כיון שהגיע לשמי קורה - ממשמש ויורד בכותלים עד שנתמלא הבית עשן, שנאמר +ישעיהו ו+ והבית ימלא עשן.

אלא אמר אביי: הכי קאמר, אין לי אלא עיקר מעלה עשן, עלה מעלה עשן מניין? תלמוד לומר וכסה.

רב ששת אמר: אין לי אלא אהל מועד שבמדבר, שילה ובית עולמים מניין? תלמוד לומר וכסה. - האי +ויקרא טז+ מוכן יעשה לאהל מועד השכן אתם נפקא! אלא, הכי קאמר: אין לי אלא ביום הכפורים, בשאר ימות השנה מניין - תלמוד לומר וכסה.

- רב אשי אמר: חד - למצוה, וחד - לעכב, רבא אמר: חד - לעונש, וחד - לאזהרה.

והריטב"א שם, ד"ה 'חד', מעיר:

ולרבא דאמר כי בענן אזהרה כל שכן דפרכינן שפיר דאפילו לא כתב רחמנא וכסה כיון דאיכא אזהרה מכי בענן למעלה עשן ממילא

משמע שהוא מעכב ומחייב עליה מיתה משום ביאה ריקנית, וזה ברור.

הריטב״א מסביר שרבא סובר שישנה אזהרה שלא יביא קטורת בלא מעלה עשן, ולכן לא צריך עוד פסוק כדי ללמד שזה מעכב. כוונתו לומר שבאזהרות, כלומר במצוות לא תעשה, אין את הכלל ״בעינן שנה עליו הכתוב לעכב״. כלל זה קיים רק במצוות עשה ולא בלאווין.[54]

גם כאן עלינו להבין מדוע כשיש לאו הכלל הפרשני הוא שונה? אם פסוקי התורה בקודשים לא מעכבים, מדוע שבאזהרות המצב יהיה שונה? ניתן היה לומר שיש איסור במעשה אבל בכל זאת הוא לא מעכב את העבודה עצמה.

האם חילוק הריטב״א הוא בין לאו לעשה?

הקהלות יעקב (זבחים סי׳ ה, ד״ה וחזינן) דן בכמה קושיות על דברי הריטב״א, ומגיע מכוחן לשתי הסתייגויות:

1. ישנם לאוין שכל מהותם היא אזהרה לקיים מצוות עשה.[55] לגבי לאוין כאלה דרושה כפילות גם לפי הריטב״א. במצבים אלו גם הלאו יצטרך שינוי לעכב.

---

[54] **בקהלות יעקב** זבחים בהערה לסי׳ ה, הביא ראיה נוספת לכך מסוגיית מנחות נט ע״ב: ״ת״ר: ׳לא ישים עליה שמן׳ - ואם שם, פסל״. וראה **שער המלך** (הלכות קרבן פסח פ״א ה״א, בעיקר ד״ה ועיין חידושי הריטב״א) שדן בזה באריכות, ובשו״ת **בית הלוי** ח״א סוס״י ל (ד״ה וראיתי לשער המלך).

[55] מקור ההבחנה בסוג לאוין כזה הוא ה**רמב״ן** בחידושיו לקידושין לד ע״א, לגבי מצוות מעקה. נציין כי האחרונים השתמשו ביסוד שלו כדי ליישב כמה וכמה קשיים בהקשרים שונים - ראה לדוגמה **דברי יחזקאל**, לר׳ יחזקאל ברנשטיין, סי׳ טו ענף ג (עמ׳ 152), לגבי האכלת קטנים ביום הכיפורים, ועוד. ראה על כך עוד בספרנו השלישי בסדרה, בעמ׳ 96.

2. לאו הבא מכלל עשה, אף שלהלכה הוא נחשב כעשה, לא נדרש לגביו שינוי כדי שהוא יעכב.

המסקנה היא שהחילוק של הריטב״א אינו חילוק בין מצוות עשה לבין לאוין. להלכה לאו הבא מכלל עשה הוא עשה, ובכל זאת לענייננו הוא נחשב כלאו. לעומת זאת לאו שתומך בעשה להלכה הוא לאו, אך לענייננו הוא נחשב כעשה. כיצד ניתן להסביר את שתי החריגות הללו?

בעל **קהלות יעקב** (ד״ה ׳ולפ״ז׳) טוען שיסוד החילוק של הריטב״א נעוץ בשאלת תוכנו של הציווי: אם זוהי מניעה, אזי לא צריך שינוי כדי לעכב. אך אם התוכן הוא עשייה, שם כן נצטרך שינוי לעכב. המסקנה היא שהחילוק אינו בין לאו לבין עשה (כלומר במעמד ההלכתי של המצווה הנדונה), אלא בין מניעה לבין ציווי על עשייה (כלומר בתוכן המעשי שלה). כעת מובנים היטב שני החריגים: לאו הבא מכלל עשה הוא במהותו מניעה. היא אמנם קלה יותר, ונחשבת כמצוות עשה, אך התוכן הנורמטיבי-הלכתי שלה הוא מניעה (ראה על כך בספרנו השלישי בסדרה בחלק השני). לעומת זאת לאו שתומך בעשה התוכן הנורמטיבי שלו הוא עשייה ולא מניעה (למעשה, זוהי מניעה מהימנעות). להלן נסביר זאת יותר.

הקשר להלכות תפילה

כדי להבין את יסוד העניין, עלינו להקדים ולבחון היבט מקביל שעולה בהלכות תפילה. אנחנו נצא מאבחנה שעושה הגמרא לגבי תפילה אחרי הזמן, ומתוכה נעמוד על מאפיין יסודי של תחום ה׳עבודה׳, שכולל הן את התפילה והן את הקודשים. לאחר מכן ננסה להבין מתוך כך מדוע רק בקדשים קיים הכלל ׳בעינן שינה עליו הכתוב לעכב׳, ומתוך כך נציע גם דרך להבין גם את חילוקו של ה**ריטב״א** שראינו לעיל ואת שתי ההסתייגויות של ה**קה״י**.

סוגיית ראש פרק רביעי בברכות: תפילה שלא בזמנה

המשנה והגמרא בתחילת פ"ד בברכות עוסקות בזמני התפילה. המשנה בראש פ"ד שם כותבת:

> ***תפלת השחר עד חצות, רבי יהודה אומר: עד ארבע שעות. תפלת המנחה עד הערב; רבי יהודה אומר עד פלג המנחה. תפלת הערב אין לה קבע; ושל מוספין כל היום, (רבי יהודה אומר: עד שבע שעות).***

ובגמרא שם כו ע"א מקשים:

> ***וכולי עלמא עד חצות ותו לא? והאמר רב מרי בריה דרב הונא בריה דרבי ירמיה בר אבא אמר רבי יוחנן: טעה ולא התפלל ערבית - מתפלל בשחרית שתים, שחרית - מתפלל במנחה שתים! - כולי יומא מצלי ואזיל.***

הגמרא תוהה מדוע מותר להתפלל עד חצות ותו לא, הרי כבר נפסק שיש אפשרות לתשלומין גם בזמן התפילה הבאה.[56] הגמרא מיישבת:

> ***עד חצות - יהבי ליה שכר תפלה בזמנה, מכאן ואילך - שכר תפלה יהבי ליה, שכר תפלה בזמנה - לא יהבי ליה.***

כלומר עד חצות נותנים לו שכר תפילה בזמנה, ומכאן ואילך יש לו שכר תפילה אך לא שכר תפילה בזמנה. כלומר אפשר להתפלל גם אחרי הזמן, אך התפילה הזו אינה מושלמת, ולכן גם השכר שניתן עליה אינו מלא.

---

[56] לא ניכנס כאן לערבוב התמוה שיש בגמרא בין תפילת תשלומין לבין תפילה שלא בזמנה. בשלב זה, נראה שהיא מזהה את שני המושגים הללו; יש ראשונים שנראה מדבריהם כי הזהות הזאת נותרת בעינה גם למסקנת הסוגיה, ואכמ"ל בזה.

כיצד עלינו להבין את החילוק הזה? לכאורה גם כאן ישנו ציווי (אמנם מדרבנן) שאינו מעכב. מנין הגמרא שואבת את ההנחה שהציווי לגבי תפילה אינו מעכב? במה הוא שונה מכל ציווי אחר?

חידוד הקושי לאור מחלוקת הרמב"ם והרמב"ן לגבי תפילה

כדי לחדד זאת, עלינו להקדים כאן את מחלוקת הרמב"ם והרמב"ן ביחס למצוות תפילה. כידוע, הרמב"ם מונה מצווה דאורייתא להתפלל (**ספר המצוות**, עשה ה). אמנם כל פרטי ההלכות (כגון זמנים ונוסח ומספר התפילות וכדומה) הם תוספת מדרבנן גם לדעתו. לעומתו, הרמב"ן בהשגותיו שם רואה את התפילה על כל פרטיה כמצווה דרבנן שאין לה שורש מדאורייתא (פרט לתפילה בעת צרה). נשוב כעת לחילוק העולה בסוגיית ברכות הנ"ל.

לפי הרמב"ם הגמרא מתפרשת בצורה פשוטה למדי. לשיטתו ישנה חובת תפילה מן התורה, ולא קצוב לה זמן. לכן מי שמתפלל אחרי הזמן שקבעו חכמים קיים את מצוות תפילה דאורייתא. אמנם את הדינים מדרבנן שקובעים זמנים לתפילה הוא לא קיים. לכן הוא מקבל שכר על מצוות תפילה דאורייתא, אך לא שכר מושלם על תפילה בזמנה כפי שחייבים להתפלל מדרבנן.

מה יאמר על כך הרמב"ן? כיצד הוא מפרש את החילוק בגמרא? אם אכן כל מושג התפילה הוא מדרבנן, הן עצם החובה להתפלל והן פרטי הדינים, אזי מה מקום לראות את המתפלל שלא בזמן כמקיים משהו? מדוע לחשוב שהזמנים שקבעו חכמים אינם מעכבים?

בדוחק אפשר היה לפרש שלפי הרמב"ן, במישור דרבנן עצמו יש שתי רמות של תקנה: ראשית ישנה חובה להתפלל, ללא כל פרטים מחייבים (כמו הגדר של הדאורייתא לפי הרמב"ם). שנית, יש חובה לעשות זאת לפי פרטי הדינים שקבעו חכמים. אך זהו דוחק. מדוע חכמים קבעו תקנה באופן כזה? מניין

שאבה זאת הגמרא, ומדוע לא מפרשים כך את כל התקנות מדרבנן? על כן פירוש זה לא נראה סביר.

הסבר הגמרא לפי שיטת הרמב״ן

על כן נראה שגם הרמב״ן מכיר בקיומה של תפילה מדאורייתא. גם הוא מסכים שיש מושג של תפילה מדאורייתא (=חפצא של תפילה), ומחלוקתו עם הרמב״ם היא רק ביחס לשאלה האם אנו מצווים מדאורייתא להתפלל או לא. הרמב״ן גם הוא מסכים שמי שהתפלל לפני מעמד הר סיני עשה פעולה של תפילה, כחלק מעבודת השם.

ישנם כמה אחרונים שכתבו זאת במפורש. לדוגמה, בחידושי **הגר״ח**[57] מחלק בין קיום מצוות תפילה לבין חפצא של תפילה בשיטת הרמב״ם, ובתוך דבריו הוא מוסיף וכותב:

> ***ואפילו להחולקים על הרמב״ם, היינו רק בחיובה. אבל קיומה ועניינה הוי לכו״ע מדין תורה.***

מה הוסיפו חכמים על המצב מדאורייתא? לא סביר שאחרי שניתנה תורה, ובודאי אחרי שיש תקנת חכמים להתפלל, נעקרה התפילה הטבעית הראשונית. עדיין מי שמתפלל, בכל צורה שהיא, עוסק בפעולה של תפילה. כאשר חכמים הוסיפו את פרטי הדינים בהלכות תפילה הם וודאי לא התכוונו לעקור את התפילה הטבעית והרגילה שלנו, אלא לקבוע חובה מחודשת שגם מי שאינו רוצה להתפלל (ומדאורייתא הוא אינו חייב לפי הרמב״ן), יהיה חייב לקיימה. אם כן, מי שהתפלל לא על פי פרטי התקנות של חכמים, ודאי מצבו

---

57 על הלכות תפילה, פ״ד ה״א.

אינו יותר גרוע מאשר מי שמתפלל תפילה מדאורייתא. הוא וודאי לא עשה איסור, וסביר שלמעשיו יש ערך של עבודת השם. אמנם ברור שעדיין את ההלכה הספציפית מדרבנן הוא לא קיים.

משמעות הדבר היא שתפיסת הרמב״ן די דומה לזו של הרמב״ם. לפי שניהם יש תפילה מן התורה, אלא שלרמב״ם זה חיוב ולרמב״ן זו רשות. ולפי שניהם חכמים הוסיפו עוד רובד של תפילה מדרבנן, עם כל פרטי והלכות תפילה, לפי הדפוס שהם קבעו. אבל ודאי שגם אחרי הקביעה של חכמים נותרת הקומה הראשונה בעינה. במונחי הפרקים הקודמים ניתן לומר שזהו מודל דו-קומתי לתפילה.

כעת כאשר אנחנו שואלים מה דינו של מי שהתפלל שחרית אחרי הזמן, התשובה היא ברורה: תפילתו היא פעולה בעלת ערך, ובודאי שהיא מהווה עבודת השם. תקנת חכמים לא עקרה זאת. הוא אמנם לא קיים את מצוות תפילה דרבנן (שחרית, במקרה זה), שכן הוא לא עשה את מה שהם ציוו, אך ברור שהוא התפלל (לפי הרמב״ן) ואפילו קיים את חובת התפילה מדאורייתא (לפי הרמב״ם). לכן הגמרא אומרת שהוא קיבל שכר תפילה, אך לא שכר תפילה בזמנה.

כעת נוכל לשוב לדיון בשאלת ׳בעינן שינה עליו הכתוב לעכב׳.

תפילה וקרבנות כ׳עבודה׳

לפי **הרמב״ם**, מצוות תפילה היא ביטוי יסודי של המושג ׳עבודה׳, וכך הוא כותב ב**ספר המצוות** עשה ח:

> ***והמצוה החמישית היא שצונו לעבדו יתעלה וכבר נכפל צווי זה פעמים, אמר (שמות כ״ג, כה): ״ועבדתם את ה׳ א-להיכם״ ואמר (דברים י״ג, ה): ״ואותו תעבדו״ ואמר (דברים ו׳ יג): ״ואותו תעבוד״ ואמר (דברים י״א, יג): ״ולעבדו״. ואעפ״י שזה הציווי הוא גם כן מן***

הציוויים הכוללים כמו שביארנו בשרש הרביעי, הנה יש בו יחוד שהוא צוה בתפילה. ולשון ספרי: "'ולעבדו' זו תפילה". ואמרו גם כן: "'ולעבדו' זה תלמוד". ובמשנתו של רבי אליעזר בנו שלרבי יוסי הגלילי (פרשה יב עמ' רכח) אמרו: "מנין לעיקר תפילה בתוך המצות? מהכא: 'את ה' א-להיך תירא ואותו תעבד'". ואמרו (מדרש תנאים ממדרש הגדול פ' ראה): "עבדהו בתורתו עבדהו במקדשו". כלומר, ללכת שם להתפלל בו ונגדו, כמו שבאר שלמה עליו השלום (מל"א ח', דה"ב ו').

הרמב"ם חוזר כאן כמה וכמה פעמים, ומקורותיו נעוצים היטב בחז"ל, שעבודה שבלב היא תפילה. תפילה מהותה עבודה. מסתבר שגם הרמב"ן אינו חולק על כך. בהמשך הסוגיה הנ"ל (ראש פרק ד בברכות) הגמרא עצמה מביאה שתפילות תוקנו כנגד הקרבנות.

העובדה שראינו, שלפיה תפילה שלא על פי הנחיות חכמים גם היא תפילה (אמנם לא מושלמת), מבוססת על ההנחה שעבודת השם היא מציאות עובדתית ולא רק תוצאה של ציווי. אם אדם עובד את השם אז הוא עבד את השם. עניין זה תלוי רק בכוונתו ולא במעשיו. ההנחיות המעשיות המפורטות בהלכה לא באו לעקור את העבודה הטבעית, אלא לתעל ולכוון אותה - לכל היותר להוסיף עליה, אך לא להחליף אותה. לכן פרטי הדינים במצוות תפילה לא באו להפקיע את שם תפילה מתפילה שנעשית כמו שהיא נעשתה לפני הציווי, אלא רק להוסיף עליה.

מכאן נוכל ללמוד גם לגבי עבודת הקרבנות. מסתבר שגם בזה, אם אדם הקריב קרבן באופן אינטואיטיבי מתוך רגש טבעי שלו הרי יש כאן עבודת השם. גם אם הוא עשה זאת שלא על פי ההלכה, סוף סוף הוקרב כאן קרבן ונעבדה כאן עבודה. ניתן לכנות זאת 'חפצא של עבודה' (כמו 'חפצא של תפילה' לפי הרמב"ן). בפועל הייתה כאן עבודה, גם אם לא בדיוק לפי

הכללים. לאור הגמרא בברכות, נוכל להסיק ששכר הקרבה הוא יקבל, גם אם לא שכר הקרבה לפרטיה ודקדוקיה.

המסקנה היא שכאשר התורה קובעת פרטי הלכות לגבי קרבנות היא לא באה לעקור את עבודת השם הטבעית. הרי עוד הרבה לפני הציווי כבר הקריבו האבות (וגם גויים) קרבנות לקב״ה. בדיוק כמו שהם התפללו עוד לפני הציווי של חכמים. לכן סביר שבשני המקרים הציווי ההלכתי לא בא במקום הרובד הטבעי הפשוט, אלא בתוספת אליו. ומכאן שגם אם אדם עשה את הדברים שלא על פי פרטי ההלכה, סוף סוף במציאות יש כאן עבודה, והוא יקבל עליה שכר. הוא ודאי לא יותר גרוע מהאבות שעשו זאת באותה צורה.

״שנה עליו הכתוב לעכב״

תורף הצעתנו הוא שזה שורשו של העיקרון ״בעינן שנה עליו הכתוב לעכב״. בתחום הקודשים (ומדרבנן גם בתפילה), ברירת המחדל היא שפרטי ההלכה אינם מעכבים בדיעבד. אם מישהו הקריב ללא אחד הפרטים, זוהי אמנם עבודה לא מושלמת, אך זו עדיין חפצא של עבודת השם.

מכאן נולד הכלל, שבקודשים בעינן שנה עליו הכתוב לעכב. כל עוד לא נכתבו דברים מפורשים אין סיבה להניח שפרט הלכתי שלא קויים עוקר את המשמעות האינטואיטיבית של עבודת השם שבהקרבת הקרבן. רק אם התורה אומרת במפורש שהיא עוקרת את העבודה (כאשר היא חוזרת על הציווי עוד פעם, או כשהיא כותבת את המילה ׳חוקה׳ וכדומה) רק אז היא נעקרת. במקרים אלו, התורה מחדשת שהעבודה שנעשתה באופנים הקודמים היא פסולה (ולא רק לא מושלמת). אך לשם כך נדרש מקור מיוחד, וברירת המחדל היא שלא זהו המצב.

זוהי הסיבה שדווקא בקודשים צריך אינדיקציה מיוחדת כדי לומר שפרט הלכתי כלשהו הוא לעיכובא. הסיבה לכך היא שקודשים שייכים לתחום

ה'עבודה', ועבודה קיימת גם אם היא לא נעשית בדרך ההלכתית המושלמת, וכנ"ל. לעומת זאת, בשאר המצוות רובן ככולן הן חידוש של התורה מכוח הציווי שניתן בסיני. לפני הציווי לא היתה לזה משמעות של מצווה. לכן לגבי שאר תחומי ההלכה ההנחה הפשוטה היא שהציווי מעכב, והתנהגות לא על פיו אינה בעלת ערך.

מסיבה זו גם לא נדרש מקור לכלל הזה, והוא אכן עולה מסברה. בדיוק כמו שהמושג 'חפצא של תפילה' לשיטת **הרמב"ן**, נוצר מסברה ללא כל מקור. אנחנו מבינים בעצמנו, שאם אדם עובד את השם בדרכו שלו, יש בכך ערך. אנחנו גם מבינים שהתורה אינה באה לשלול את הערך של המעשה הזה, אלא במקום שבו היא עושה זאת במפורש.

הערה: היחס לחובות מוסריות

מדוע במצוות המוסריות הדבר הוא שונה? המצווה לאהוב את הריע או לגמול איתו חסד וצדקה. האם גם שם הפרטים לא מעכבים? ראשית, בדרך כלל במצוות כאלה אין שאלה של יציאה ידי חובה, ולכן שאלת העיכוב לא עולה. אבל מעבר לזה חשוב להבין שיש הבדל משמעותי בין ההקשרים. במצוות המוסריות יש סברה שמלמדת אותנו מדוע חשוב לעשות זאת. אבל הסברה לא אומרת שעשיית הדבר היא מצווה בספירה הדתית. לעומת זאת, הסברה שביסוד עבודת ה' האינטואיטיבית אינה שכך ראוי לעשות, אלא שאם עושים זאת זוהי עבודת השם, כלומר סוג של מצווה בספירה הדתית.

זוהי הסיבה לכך שגם אם עושים את מצוות העבודה לא לפי הפרטים דשניתנו בסיני יש לזה ערך דתי. המצווה קויימה, והפרטים לא מעכבים. אבל במצוות

ההגיוניות האחרות (כגון המצוות המוסריות), שם ודאי יש לזה ערך אבל לא של מצווה (ראה את דברי רמב״ם סופ״ח מהל׳ מלכים, על קיום מצוות הגיוניות, כגון מצוות בני נוח, מסברא ולא מתוך ציווי).[58]

ההבדל בין עשה לבין לאו: הריטב״א והסתייגויות הקהלות יעקב

ראינו שיסוד הכלל ״בעינן שינה עליו הכתוב לעכב״ הוא בכך שאם התורה מצווה אותנו לעשות משהו בעת הקרבת הקרבן, אזי גם אם לא עשינו אותו - הקרבן הוא עדיין קרבן, והעבודה עדיין עבודה. כאשר יש מצוות עשה לעשות משהו בעת ההקרבה, גם הקרבה בלי הפרט הזה תיחשב כעבודה, שאמנם אינה מושלמת.

אולם מה קורה כאשר מדובר באיסור לאו? במקרה כזה הרי התורה עצמה מצווה עלינו במפורש לא לעשות משהו, ובזאת היא מודיעה לנו שהפעולה הזו היא פעולה פסולה (ולא רק לא מושלמת). כלומר כאן ברור שכוונתה הייתה לעקור משהו מן הפעולות הטבעיות והאינטואיטיביות שהיינו עושים אולי קודם לכן (לולא הציווי). לכן היא הטילה על כך לאו ולא הסתפקה בציווי של עשה (שבקודשים הוא נתפס כדין לכתחילה בלבד). לדוגמה, אם הייתה הוראה של חכמים לא להתפלל אחרי הזמן, אז מי שהיה עושה זאת לא היה מקבל שכר כלל; זו הייתה מצווה הבאה בעבירה. אך מה שיש בהלכות תפילה הוא הוראה להתפלל בזמן, ולכן גם מי שלא עשה זאת – עדיין התפלל ועבד את השם.

---

[58] ראה על כך במאמרי ׳בענין הכשלת חילוני בעבירה׳, **צהר** כה, עמ׳ 11-13 (מכוח דברי ה**רמב״ם** סופ״ח מהלכות מלכים).

מכאן עולה בבירור ובאופן טבעי החילוק של הריטב״א. רק במצוות עשה, בעינן ״שנה עליו הכתוב לעכב״; אבל בלאווין, ברור שהם מעכבים גם אם הכתוב לא שנה אותם שוב. לאו מעכב מעצם הגדרתו.

מכאן נוכל להבין היטב גם את שתי ההסתייגויות שראינו למעלה בשם בעל **הקהלות יעקב**. ראינו שם שהחילוק של הריטב״א אינו מכוון לציר ההלכתי-פורמלי של לאו מול עשה, אלא לציר המעשי של מניעה מול עשייה. אם הציווי הזה מורה לנו שפעולה כלשהי היא פסולה, אז אין לה ערך גם אם הכתוב לא חזר על כך. אבל אם הציווי מורה לנו לעשות משהו, אז גם אם לא עשינו אותו לפעולתנו הנותרת יש ערך של עבודה, אלא אם הכתוב מפרש לנו (על ידי כך שהוא חוזר על הציווי) שלא. אין זה משנה אם מדובר בלאו הלכתי או בעשה, השאלה היא מה תוכן הציווי. לכן לאו הבא מכלל עשה הוא לאו לעניין זה. ולכן לאו שבא לתמוך בעשה הוא עשה לעניין זה.

המשמעות הלוגית של דברינו

משמעותם הלוגית של הדברים היא שמצוות הפולחן (העבודה) בנויות במבנה של שתי קומות: הקומה הראשונה היא אוניברסלית-אינטואיטיבית. היא לא תלויה בציווי, וסביר שהיא חלה גם על בני נוח. הציווי הוא קומה נוספת, פרטיקולרית, שמוסיפה נדבכים ייחודיים מעבר לאינטואיציה ולמה שברובד הטבעי. נעיר שאם אכן הקומה הבסיסית בתמונה שמוצגת כאן היא רלוונטית גם לבני נוח, כי אז הפרק הנוכחי גם הוא אינו אלא דוגמה נוספת למודל הדו-קומתי מהפרק התשיעי (כפי שראינו גם בסוף הפרק הקודם).

אם הציווי לא מתייחס לקומה הראשונה היא נותרת בתוקפה גם לאחריו. במקרה כזה הקומה השנייה אינה נוגעת בראשונה, והמבנה הוא שכוני. אבל אם הציווי כן מתייחס לקומה הראשונה, בין אם הוא שונה את דבריו ובין אם הוא כותב ״חוקה״ כדי לעכב, משמעות הדבר היא שהוא פוסל דברים

שבקומה הראשונה היו כשרים וחיוביים. זהו מבנה דו-קומתי מזגי, שקיומה של הקומה השנייה משנה את הראשונה.

ככלל ניתן לומר שתחום העבודה הוא מבנה דו-קומתי מזגי. יש דברים שלא משתנים בקומה הראשונה עקב הציווי, אבל יש גם דברים שכן. עקרונית יש אינטראקציה בין הקומות.

סיכום

בספר הקודם עמדנו על סינתזה של מושגים בהלכה. ראינו שם כיצד ההלכה לוקחת שני מושגי אב ומתיכה אותם לכלל מושג שלישי, תולדה. המודל היסודי היה בנו של ניתוח בן שלוש שכבות שמלווה אותנו מהספר הראשון בסדרה שלנו: עובדות – מושגים – הלכות. כל מושג הלכתי יש מאפיינים עובדתיים שמתוכם נגזרות התכונות ההלכתיות שלו (ההלכות שחלות עליו).

בבואנו לנתח צירופים נוספים של מושגים בהלכה, כמו צירופי ימים שונים (יו״כ שחל בשבת, או יו״ט שחל בשבת) ראינו שלא די לנו בתמונה הכללית הזאת. עלינו להיכנס ברזולוציה גבוהה יותר לקשר בין העובדות להלכות. הקשר הזה מתגלב כמורכב יותר ממה שנראה במבט ראשון. בשורה התחתונה עדיין הטענה שהפונקציה f שמעתיקה אותנו מהעובדות להלכות היא חד-ערכית היא טענה נכונה. אלא שכדי לתאר אותה במלואה עלינו להתחשב במכלול הנסיבות העובדתיות. לפעמים יש מאפיינים עובדתיים מסוימים שנראים לנו על פניהם כבלתי רלוונטיים להלכה כלשהי, אבל מתברר שהם כן מעורבים בהיווצרותה או היעלמותה. ראינו שבמקרים בהם עסקנו כאן ניתן לתאר זאת דרך מכניזם של ״מהדרנא לאיסורא קמייתא״, כלומר דרך מכניזמים שבהם מאפיינים עובדתיים מסויימים מנטרלים או מעוררים מחדש קשרים רדומים בין עובדות לנסיבות.

בחלקו הראשון של הספר עסקנו באנליזה של הרכבות בקומה אחת. בחלק השני ראינו כמה וכמה מקרים בהם האנליזה מובילה אותנו למסקנה שיש כאן מודל דו-קומתי. הנטייה שלנו לתפוס מושגים כפשוטים היא שעומדת בעוכרינו. חלק מהמושגים ההלכתיים הכי יסודיים, כמו המושג יהודי, או נישואין יהודיים, או עבודת ה׳ אחרי מתן תורה, הם בעצם מושגים מורכבים. יש בבסיסם קומה אוניברסלית שהיתה לפני מתן תורה ונותרה גם לאחריו.

ראינו שההרכבה זאת אינה תמיד "שכונית". במקרים מסויימים יש השפעה בין הקומות, כלומר קיומה של הקומה השנייה משנה במשהו את הקומה הראשונה. גם שם טענו שזה עשוי להיות תוצאה של שכבות מנוטרלות, כפי שראינו בחלק הראשון.

כל הדוגמאות שהבאנו בחלק השני מבוססות על ראיית האדם מישראל, או על ראיית המצוות שמוטלות עליו, כמבנה דו-קומתי, ש'זוכר' עדיין את המצב שקדם למתן תורה ולהיווצרות העם היהודי. ניתן לומר שהראינו שיהודי חייב להיות קודם כל אדם, ולאחר מכן יהודי.

נציין כאן בפני הקורא, שהספר הבא שלנו, האחד-עשר בסדרה, יעסוק גם הוא באנליזה של מושגים מורכבים בהלכה, ושם נפגוש מכניזמים נוספים שלא נדונו בספר השמיני בוספר הנוכחי.

www.ingramcontent.com/pod-product-compliance
Lightning Source LLC
Chambersburg PA
CBHW070449100426
42812CB00004B/1241